MBA、MPA、MEM、MTA、MPAcc管理类联考同步辅导教材

管理类联考写作通关

高分秘籍

主　编 ◎ 贾振立
副主编 ◎ 张　静　李占斌　赵彦伟　刘芙蓉

- 严格依据教育部考试中心管理类联考大纲编写
- 大纲考点各个击破，快速提分事半功倍

华中科技大学出版社
http://www.hustp.com
中国·武汉

图书在版编目(CIP)数据

管理类联考写作通关高分秘籍/贾振立主编. —武汉:华中科技大学出版社,2021.6
ISBN 978-7-5680-7056-0

Ⅰ.①管…　Ⅱ.①贾…　Ⅲ.①汉语-写作-研究生-入学考试-自学参考资料　Ⅳ.①H15

中国版本图书馆 CIP 数据核字(2021)第 123977 号

管理类联考写作通关高分秘籍
Guanlilei Liankao Xiezuo Tongguan Gaofen Miji

贾振立　主编

策划编辑：李家乐
责任编辑：倪　梦
封面设计：廖亚萍
责任校对：李　弋
责任监印：周治超

出版发行：	华中科技大学出版社(中国·武汉)	电话：(027)81321913	
	武汉市东湖新技术开发区华工科技园	邮编：430223	
录　　排：	华中科技大学惠友文印中心		
印　　刷：	武汉科源印刷设计有限公司		
开　　本：	787mm×1092mm　1/16		
印　　张：	14.75		
字　　数：	315 千字		
版　　次：	2021 年 6 月第 1 版第 1 次印刷		
定　　价：	69.80 元		

本书若有印装质量问题，请向出版社营销中心调换
全国免费服务热线：400-6679-118　竭诚为您服务
版权所有　侵权必究

PREFACE 前言

　　管理类联考综合能力是高等院校和科研院所为招收管理类专业学位硕士研究生而设定的全国性联考科目,其科目编号为199。从2011年起,国家教育主管部门决定将新设立的工程管理硕士(MEM)与工商管理硕士(MBA)、公共管理硕士(MPA)、会计硕士(MPAcc)、图书情报硕士(MLIS)、旅游管理硕士(MTA)、审计硕士(MAud)等专业学位的入学考试并称为管理类联考。

　　管理类联考考试科目包括"管理类联考综合能力"(数学、逻辑推理、写作三大部分,满分为200分)与考研"英语二"(满分为100分)两科,总分300分。考试大纲综合能力写作部分的总分值为65分,其中论证有效性分析30分,论说文35分。

　　本书分为以下三个部分。

　　第一部分我们结合多年的教学、命题、阅卷经验,立足于教育部的《全国硕士研究生入学统一考试管理类专业学位联考综合能力考试大纲》对论证有效性分析和论说文的考试大纲、评分标准进行了详细的解读,并结合真题进行了实际的分析和说明。第二部分的论证有效性分析从批判性思维写作的实用角度来设计,不仅系统讲述了逻辑论证、逻辑谬误和批判性思维的知识和原理,侧重于批判性写作能力的提升,而且注重论证有效性分析的技能和方法训练。第三部分的论说文分别从审题立意、行文结构、分析说理、思维方法等方面深入阐释,通过对这些问题的研究和总结,考生可以掌握论说文写作的基本要求、思路和结构。

　　管理类联考的写作部分考查考生的分析论证能力和文字表达能力,通过论证有效性分析和论说文两种形式来考查。在本书中,我们从管理类联考的基本命题思路入手,通过对历年真题的深入分析与解读,结合历年管理类联考写作真题的特点,为考生复习迎考做了充分、系统的准备,尽可能为参加管理类联考的考生解决写作中所遇到的问题。

　　在备考的过程中考生很容易产生以下几大误区:

一、放弃写作复习，得不偿失

许多考生感觉复习时间紧张，英语、数学复习任务繁重，因此常忽略写作复习。实际上，各门科目都应分配复习精力，不能只复习一到两个科目。考生一般在写作上的复习时间最短，用本该复习写作的时间来复习英语、数学，其实边际贡献很小，最终数学、英语提升不了多少分，写作却大把大把地失分，实在得不偿失。

二、备考准备太晚，"坐以待毙"

许多考生误以为联考写作就是高考作文，轻视备考，准备较晚，到真正模拟考试时才发现并不是那么回事，临时又找不到好方法和好老师，最终只能"坐以待毙"。

三、学习只顾努力，不顾方法

有些考生误以为写作没有技巧，只要大量背、反复写就可以了，其实不然。写作不但有方法，而且还是最讲究方法的学科。方法对，事半功倍；方法错，原地踏步。例如，论证有效性分析不是随意反驳，而是有固定的错误类型和对应的答题模板；论说文审题有固定法则、结构有固定模板、出题有固定规律。只要考生重视方法，辅以认真训练，就能收到事半功倍的效果。

四、只看不练，高估自己的动手能力

很多同学在认真看了联考写作的参考书，理解了写作的方法和技巧后，总认为自己随时都可以文思泉涌。等到考场上才发现自己提笔后便毫无头绪。平时练习太少，掌握的方法和技巧没有得到实际应用，不知道重点和技巧点在何处，所以仍是一头雾水。

总之，本书编写的指导思想是紧扣管理类联考综合能力写作考试的特点，以提升能力为目标，以大量的真题、例题讲解为特色，把思维训练与写作技巧有效地结合起来。希望广大考生们认真复习备考，在考场上都能够发挥出最佳水平，考出自己最理想的成绩。

本书由贾振立主编，其中论证有效性分析部分由贾振立编写，论说文部分由李占斌、赵彦伟共同编写。另外感谢众多考生在编写的过程中给出的合理建议。在本书的编写过程中，由于时间、精力有限，疏漏和不足之处在所难免，欢迎各位考生批评指正。

最后，感谢曾经关心、支持、帮助本书出版的朋友们！感谢各地辅导培训机构（昆明瀚华教育、沈阳百源欣才、郑州中鼎教育、西安赛科、长沙燕园教育、深圳华杰、山西幂学教育）的大力支持。

贾振立

Contents 目 录

第一部分 考试指南 /1

第一章 管理类专业学位联考综合能力考试大纲 /2

第二章 管理类联考为什么考写作 /3

第三章 如何突破管理类联考写作 /5

第四章 如何进行管理类联考写作备考 /6

第二部分 论证有效性分析 /7

第五章 以始为终——通过真题吃透考试 /8

第六章 知己知彼——论证有效性分析深度解析 /10
　　第一节 什么是论证有效性分析 /10
　　第二节 论证有效性分析的考试大纲 /11
　　第三节 真题题干要求 /13
　　第四节 论证有效性分析的评分标准 /14
　　第五节 论证有效性分析与其他文体比较 /18
　　第六节 论证有效性分析备考策略 /21

第七章 追本溯源——掌握考试基本要素 /23
　　第一节 论证的概述 /23
　　第二节 论证的要素 /26
　　第三节 论证的结构 /28

第四节 同步练习 /32

第八章 步步为营——掌握应试写作步骤 /34
第一节 批判性阅读 /34
第二节 论证缺陷分析 /37
第三节 写作成文 /38

第九章 精准打击——考试常见错漏分析 /40
第一节 概念类错漏 /40
第二节 逻辑错误 /44
第三节 因果关系中的谬误 /52

第十章 谋篇布局——考场中快速成文 /61
第一节 标题 /61
第二节 开头 /64
第三节 结尾 /65
第四节 主体段落 /66
第五节 行文技巧总结 /67
第六节 参考范文 /68

第十一章 以始为终——百战归来悟真题 /71
第一节 管理类联考阶段真题 /71
第二节 MBA 联考阶段真题 /90
第三节 MBA 联考真题 /104

第三部分 论说文 /125

第十二章 以始为终——通过真题明白考试 /126

第十三章 知己知彼——论说文深度解析 /127
第一节 什么是论说文 /127
第二节 论说文考试大纲解析 /128
第三节 评分标准 /132
第四节 论说文题型总结 /137
第五节 论说文考试主题归纳 /141

第六节　论说文的复习建议　　　　　　　　　/142

第十四章　拨云见日——掌握审题与立意　/145
第一节　审题立意概论　　　　　　　　　　/145
第二节　审题　　　　　　　　　　　　　　/147
第三节　立意　　　　　　　　　　　　　　/149
第四节　部分真题审题立意精练　　　　　　/151
第五节　审题立意实战演练　　　　　　　　/153

第十五章　追本溯源——掌握论说文三大要素
　　　　　　　　　　　　　　　　　　　　/157
第一节　论点　　　　　　　　　　　　　　/157
第二节　论据　　　　　　　　　　　　　　/158
第三节　论证　　　　　　　　　　　　　　/160

第十六章　谋篇布局——掌握文章结构与语言
　　　　　　　　　　　　　　　　　　　　/165
第一节　标题　　　　　　　　　　　　　　/165
第二节　开头与结尾　　　　　　　　　　　/167
第三节　结构　　　　　　　　　　　　　　/169
第四节　语言　　　　　　　　　　　　　　/175

第十七章　以终为始——百战归来悟真题　/178
第一节　管理类联考阶段真题　　　　　　　/178
第二节　MBA 联考阶段真题　　　　　　　　/188
第三节　十月 MBA 联考真题　　　　　　　　/199

第十八章　乾坤在手，写作必备素材　　　/214

第一部分：考试指南

第一章 管理类专业学位联考综合能力考试大纲

（写作部分）

管理类联考综合能力考试中的写作部分主要考查考生的分析论证能力和文字表达能力，通过论证有效性分析和论说文两种形式来考查。

一、论证有效性分析

论证有效性分析试题的题干为一段有缺陷的论证，要求考生分析其中存在的问题，选择若干要点，评论该论证的有效性。

本类试题的分析要点：论证中的概念是否明确，判断是否准确，推理是否严密，论证是否充分等。

文章要求分析得当，前提充分，结构严谨，语言得体。

二、论说文

论说文的考试形式有两种：命题作文、基于文字材料的自由命题作文。每次考试为其中一种形式。

要求考生在准确、全面地理解题意的基础上，对命题或材料所给观点进行分析，表明自己的观点并加以论证。

文章要求思想健康，观点明确，论据充足，论证严密，结构合理，语言流畅。

第二章 管理类联考为什么考写作

管理类联考综合能力的考试是为高等院校和科研院所招收管理类专业学位硕士研究生而设置的具有选拔性质的全国联考科目,其目的是科学、公平、有效地测试考生是否具备必需的基本素质、一般能力和培养潜能,以便各高等院校和科研院所择优选拔考生,而综合能力考试无疑能对考生的综合素质进行考查。

写作是管理类联考综合能力考试科目的重要部分,占据 65 分,其中包含论证有效性分析和论说文,分别占据 30 分和 35 分。综合能力考试科目强调能力测试,这一点也体现在写作部分上。和一般语文考试的写作有所不同的是,管理类联考中的写作命题,除了测试考生的文字表达能力外,还主要测试考生的分析、概括、推理、论证的辩证逻辑思维能力。所以考试大纲为写作部分的考试规定了两种类型:论证有效性分析和论说文。

首先,作文是一个人的整体语文素质最集中、最综合的体现,它能反映出一个人的品德修养、生活经历、阅读知识等各方面的情况,能体现一个人观察、理解、分析、概括等思维能力的强弱和语言表达水平的高低。文如其人,一个人的综合素质如何,分析论证能力如何都反映在他的文章里,是藏不住也假不了的。如今人们的生活节奏很快,MBA 等专项考试招生的主要对象又是具有一定经验的管理人员,对他们来说,具有全面处理文字的能力是十分必要的。在这种情况下,如何能顺利通过考试又不增加过重的负担呢?考写作能力,便不失为一个好办法。所以,写作如今成了管理类联考的内容。

其次,管理类的考生,一般都有比较丰富的工作经验和生活阅历,有较高的思想水平和文化素养,而他们从事的又是管理工作,管理的核心是人,涉及人与人之间的沟通。如何让我们的管理更到位、沟通更有效呢?其实这就需要管理者既能表达清楚,又能论证有力,还要具有较强的表达能力与逻辑思维能力。在他们的专业学习过程中以至今后的工作中,少不了要与很多人打交道,如协调各种关系,进行各种商谈,分析各种材料,从事各种研究,判断各种信息,制订各种计划、方案等等。其间,写文章提出自己的结论和反驳别人的观点,以及迅速提取、加工有用的信息材料,做出重大决策,是其生活中必不可少的。通过写作培养具有全面处理文字能力的优秀人才,更成了当务之急。所以,为选拔高级管理人才的管理类联考自然要考写作了。写作可以相对全面地反映考生这方面的能力,有利于选拔出具有管理潜质的人才。一个高层次的管理人才也应具备高水平的写作能力,所以要重视其逻辑思维能力和议论、论辩能力的培养。

最后,考写作是为后续的学习、研究做准备。在我们国家,目前研究生教育还属于精英教育,每年只有少数人有机会接受研究生教育。进入研究生阶段后,研究生会进行相关领域的研究,这就要求其必须具备较强的逻辑思维能力。我们难以想象一个人的逻辑思维能力较弱却能做好研究。而写作其实是换了一种方式考逻辑,它能以书面的形式呈现考生的思维过程,以及考生的逻辑思维能力是如何在试卷中清晰地展现出来的。此外,考生在进行研究时,如果书面表达能力较弱势必影响思想的传达。因此,考写作有利于选拔出具有研究生潜质的人才。

第三章　如何突破管理类联考写作

通过考试大纲，我们可以看到管理类联考写作的实质：论证有效性分析着重考查未来的管理者从各种信息中分辨真伪、判断结论的合理性，从而带领组织不断前行的能力；论说文着重考查未来的管理者需要具备的基本伦理素养、意志品质以及书面表达能力，考查其在阐述一个观点时是否能做到自圆其说，在传递重要信息时是否能够减少失真。

首先，控制写作时间。管理类联考写作时间非常紧张，如果不能面向应试做专门的训练，时间会成为影响考试成绩的重要因素。

其次，熟知大纲的各项要求。写作虽是"吾笔写吾心"，但管理类联考写作是在特定时间、特定地点，有特定目的的作文。考生必须严格按照考试要求准备，否则便有偏离航向的风险。

再次，要熟悉评分标准。在熟悉评分标准的前提下，写出让阅卷老师喜欢的作文。

最后，联考是仿美式教育的产物。西方发达国家的商学院招生时，一般要求考生通过三类考试：数学考试、阅读考试、写作考试。这实际上是以后职业研究生教育考试的雏形，并且到目前为止，西方国家的研究生考试（如 GMAT, GRE）也包括这三种技能：计算（小学和初中的基础数学）、阅读理解（文字的阅读分析）以及写作。这与我们熟悉的考试有很大不同——记忆不再是核心内容之一，而各种应用层面的能力成为考查的重点。因此，在平时备考的过程中，考生有意识地从"分解动作"做起，切实提高自己的各项能力成为突破管理类联考写作效率最好的方法。在这里需要特别说明的是，因为考查对象是准备就读于商学院的考生，而将管理类联考写作完全与高考作文、文学创作混为一谈是不合适的。考生掌握足够的经管知识储备、合理的经济思维方式对管理类联考写作会大有裨益。当然，既然都是文字表达，管理类联考写作与其他写作也有着一定的关联，将管理类联考写作"神圣化"或是夸大管理类联考写作的难度，将其"妖魔化"都是没有必要的。

第四章 如何进行管理类联考写作备考

现在管理类联考竞争很激烈,要想考上一个理想的学校,认真备考是必不可少的。下面就管理类写作备考提四点建议。

第一,考生自己进行复习是必要的,但建议可以参加一个师资力量雄厚、管理规范的辅导班帮助复习。有的考生认为写作复习不重要,只需依靠平时的基础,不需要参加辅导班,这恐怕有些片面了。虽说写作能力依靠的是考生平时的基本功,而且写作能力的提高见效较慢,但考试也是一门学问,有其自身特点,且应试写作也不同于自由写作,是有一定的要求和限制的,也是有自身的规律的。因此光凭自己看大纲和复习资料,是不一定能吃透、能把握好的。参加管理类联考的考生大多数是边工作边复习的,时间很紧,自己在家复习,如果抓不住考试的重心,则会枉费时间,效果又不理想,十分可惜。

第二,目前市面上的辅导教材琳琅满目,良莠不齐,选取一本好的辅导教材尤为关键。根据大纲要求,可借助教师的指导将其吃透,不必兼看多种辅导教材,以免使自己心中无主。因为不同的辅导教材也都是根据大纲编写的,基本内容大同小异,找一本有特色的辅导教材进行复习就可以了。

第三,写作是一种实践活动,只听辅导班的课程是不够的,还必须按照授课教师的要求,参照范文,进行一定数量的写作练习;根据多写自改的原则,最好每周能写一篇作文,在适当的时候向教师请教,必见成效。

第四,写作水平的提高有一个循序渐进的过程,建议考生对写作的复习应当及早准备,如果临近考试再下功夫,短期内写作水平很难有显著的提高。

第二部分：论证有效性分析

第五章 以始为终——通过真题吃透考试

【2021年管理类联考真题展示】

论证有效性分析:分析下述论证中存在的缺陷和漏洞,选择若干要点,写一篇600字左右的文章,对该论证的有效性进行分析和评论。(论证有效性分析的一般要点:概念特别是核心概念的界定和使用是否准确并前后一致,有无各种明显的逻辑错误,论证的论据是否成立并支持结论,结论成立的条件是否充分等等。)

常言道:"耳听为虚,眼见为实。"但实际上"眼见未必为实"。从哲学上讲,事物表相不等于事物真相,我们亲眼看到的显然不是事物真相。只有将表相加以分析,透过现象看本质才能看到真相。换而言之,我们看到的未必是真实情况,即"所见未必为实"。

举例来说,人们都看到了旭日东升,夕阳西下,也就是说,太阳围绕地球转。但是,只是人们站在地球上看到的表象而已,其实这是地球自转造成的。由此可见,眼所见者未必实。

我国古代哲学家老子早就看到了这一点。他说过,人们只看到了房子的"有"(有形的结构),但没看到"无"(房子中无形的空间)才有实际效用。这也说明"眼所见者未必实,未见者为实"。

老子还说,讲究表面的礼节是"忠信之薄"的表现。韩非解释时举例说,父母和子女因为感情深厚而不讲究礼节,可见讲究礼节是感情不深的表现。现在人们把那种客气的行为称作"见外"也是这个道理。这其实也是一种"眼所见者未必实"的现象。因此,如果你看到有人对你很客气就认为他对你好,那就错了。

【参考范文】

眼见未必为实吗?

原文作者通过一系列的论证和举例,反复证明其观点"眼见未必为实"。其论证看似有理,实际上存在诸多逻辑问题,并没有有效地论证其结论。

首先,文中对"实"这个概念界定不清。这个"实"到底是什么?是"实实在在存在的现象",还是"背后的真相",还是"实际的功用"?对这个概念理解不一样,其结果就不一样。如果把"实"理解为"实实在在存在的客观现象",那么全文后面的一系列的论述都可能存在问题。事物表相也可能就是实,不一定只有真相才是"实"。

其次,事物表相不等于事物真相,我们亲眼看到的显然不是事物真相这种说法也过于绝对。有很多事物可能本身就比较简单,表相就是真相,可能根本没有必要去分析、去透过现象看本质。另外,作者仅仅通过"旭日东升,夕阳西下"这个例子就得出"眼见未必为实"的结论,显然过于草率,有以偏概全之嫌。

再次,作者引用老子关于"有"和"无"的表述,认为"无"才有实际效用,才是"实",有偷换概念的嫌疑。"实际效用"与"实"还是有区别的。作者这样论述,把文章的讨论带入了虚无缥缈的诡辩境地。

最后,文中韩非子举例说"父母和子女感情深厚而不讲礼节",并不能推出"讲礼节就是感情不深厚"。人们之间客气的行为,有可能是真的表示尊重,是真的对你好。

总之,材料在论证中存在着诸如此类的逻辑漏洞,所以,该论证的有效性及其得出的结论均是值得商榷的。

第六章 知己知彼——论证有效性分析深度解析

第一节 什么是论证有效性分析

论证有效性分析,就是对所提供的论证中论题的可接受性进行分析。论证有效性分析是借鉴GMAT考试作文题型之一的"Analysis of an Argument"而设立的一种写作考试类型。论证有效性分析结论的给定可以是肯定性的,也可以是否定性的。肯定性的,就是认为所提供的论证有充分的说服力,可接受性强,进而对其进行肯定性的分析与评论。肯定性的分析结论又可以分为绝对肯定和相对肯定。绝对肯定是对构成论证的所有成分进行肯定;相对肯定是原则上或总体上肯定所提供的论证,但对其中不合理或缺乏说服力的部分予以否定、质疑或完善。否定性的,就是认为所提供的论证没有充分的说服力,可接受性差,进而对其进行否定性的分析与评论。否定性的分析结论可以分为绝对否定和相对否定。绝对否定是对构成论证的所有部分进行否定;相对否定是原则上或总体上否定所提供的论证,但对其中合理的或具有一定说服力的部分予以肯定。

对于大多数中国学生来说,论证有效性分析是在面临管理类联考时才首次遇到的一种考试题型。其借鉴美国GMAT考试部分题型,要求考生阅读一篇论证性文章,分析其中存在的论证缺陷,指出缺陷位置及缺陷原因。只需要分析原文的论证缺陷,不需要考生表达自己的观点和看法。论证有效性分析考试的原型——批判性思维,多年来始终是美国高等学府的本科必修课程之一,这对于打好高等教育求学基础很有帮助。

论证有效性分析就是要找出一段材料论证的缺陷,而论证就是用某些前提去支持或反驳某个观点的过程或语言形式。既然要对这段论证做出分析,那么怎么分析呢?一般来讲,我们应主要分析这段论证在概念、论证方法、论证过程及结论等方面的有效性。

在进行论证有效性分析时,我们关键要注意以下几点。
(1) 找出题干论证中较重要的几个逻辑问题(一般逻辑问题会出现6—7个)。
(2) 中肯、简要地阐述这些问题何以成为问题(切忌长篇大论)。
(3) 只分析整篇文章推理过程,切忌陈述自己的观点或表明自己的态度。

论证有效性分析作为管理类联考试题,意在通过考查考生的推理、分析、表达能力,判断考生是否具备攻读管理类硕士研究生的思维能力。

第二节 论证有效性分析的考试大纲

一、论证有效性分析考试大纲

论证有效性分析试题的题干为一段有缺陷的论证，要求考生分析其中存在的问题，选择若干要点，评论该论证的有效性。

本类试题的分析要点：论证中的概念是否明确，判断是否准确，推理是否严密，论证是否充分等。

文章要求分析得当，前提充分，结构严谨，语言得体。

二、论证有效性分析考试大纲解析

（一）论证有效性分析试题的题干为一段有缺陷的论证，要求考生分析其中存在的问题，选择若干要点，评论该论证的有效性

（1）论证有效性分析的题干是一段论证。所以我们就必须了解构成论证的三要素：论点（结论）、论据和论证过程。若忽视对任何一个论证构成要素的回应，都不是完整准确的论证有效性分析。同时，还需要认识到，论证三要素之中，结论是核心，整个论证都是围绕结论而展开的。所以，对论证有效性分析的每个逻辑问题，最好都要能回到对题干结论的质疑上来。

（2）题干给出的是"一段有缺陷的论证"。命题人在命题时，对于大多数题干给出的都不止一段文字，而是由几段文字构成的一篇文章。所谓"有缺陷"，指的是逻辑缺陷，而不是事实问题。不少同学直接将"有缺陷"等同于"绝对错误"，其实不然。"有缺陷"的意思是有问题、有漏洞、不完善。换而言之，材料呈现给我们的并不是绝对错误的论证，而是不严谨的论证，推理之中存在某些不妥之处。所以，同学们在写作时必须注意表达措辞，不要过于主观和绝对。切忌完全推倒论证材料，将文章错写成驳论文。

此外，还要注意，材料存在缺陷并不意味着每一句话都有问题。事实上从历年真题来看，材料中通常也包含正确的论证内容，所以分析文章时大家只需关注有漏洞的论证即可。

（3）分析其中存在的问题。这要求我们分析其中存在的"问题"，这个"问题"仅仅是指论证的问题，而非其他方面的问题，比如语言文字、语法病句、修辞毛病、印刷错误等。往年考试中，就曾有一位同学，大学本科读的是中文专业，文字功底深厚，于是在整篇分析中都在寻找其中的词语搭配不当及标点符号使用错误的地方，和材料论证毫无关联。结果只能以零分告终！

所以同学们务必记住，只需论证缺陷问题。考试不是要求挑选出任何有异议的内容，而是要求论证有缺陷的相关内容。

（4）选择若干要点，评论该论证的有效性。一篇论证中往往存在诸多缺陷，一般而言，真题材料中的逻辑漏洞多为6—8个。但我们无须全部分析，出于字数要求及段落结构等方面的考虑，要求大家选取4点写作即可。由于考纲并未直接说明选取几个点进行分析，不少考生在此暴露了较大问题。有些考生由于不会展开分析，于是为了单纯凑数，便将所有漏洞依次列举；还有的考生害怕多找多错，索性只选了两三个点进行质疑分析。

请大家务必记住，4点缺陷是我们考试时的最优选择，不要多也不要少。

一方面，写作在精不在多，不要选择5点缺陷或更多。因为篇幅有限，如果将一堆缺陷罗列成文，那势必导致每一点的分析评论都不能详细展开，不能分析到位。另一方面，也不要选择3点或更少。实际上，写作水平优秀的考生毕竟只是少数，在时间紧、任务重的高压考场环境中，很多考生很难做到文思泉涌、面面俱到。如果只选取两三点来写，那么为了凑足600字，每一点缺陷的分析就需要承担大量文字。粗略计算，除去开头结尾，中间每一点缺陷就至少要写160字，难免会有不少考生越写越干、越写越僵，要么不知所云、单纯凑字，要么行文啰嗦、自相矛盾。

所谓"评论"就是直接指出论证的缺陷所在，要求简单明了，让阅卷人"秒懂"你找到的逻辑缺陷究竟是什么。考生不需要驳倒对方的观点，更不需要提出新的观点并对自己的观点展开论述。

（二）本类试题的分析要点是：论证中的概念是否明确，判断是否准确，推理是否严密，论证是否充分等

大纲提供了上述四大分析概念要点，这就是出题人在告诉我们寻找逻辑缺陷的方向和角度。通过逻辑课程的学习我们都知道，"概念""判断""推理""论证"正是逻辑范畴中的四大要素。概念是最小的逻辑单位，概念构成判断，判断构成推理，推理组成论证。所以任何论证的逻辑问题都必然隐藏在这几个重要环节中。这就为我们的寻找和分析指明了方向，便于我们由此摸清出题人的惯用套路，也就是常考的逻辑漏洞。只要我们掌握了这些，拿到任何一篇材料，考生若从"概念""判断""推理""论证"这四个角度顺着去看、去找、去想，考试时就能"一切尽在掌握之中"。

（三）文章要求分析得当、前提充分、结构严谨、语言得体

大纲从四个方面对文章提出了要求：所谓分析得当，就是我们找出的缺陷是真实存在的。题干虽然没有缺陷，但强加缺陷，或者原本是A缺陷，分析成B缺陷等，这些都属于分析不当的情形。所谓前提充分，就是对找出的缺陷给出无可辩驳的理由来证明其是缺陷。何为无可辩驳的理由呢？就是你说出来别人无法反驳，只能承认自己的论证有问题。所谓结构严谨就是要求我们用清晰的思路来组织写作的内容。即文章的各部分要完整、过渡要自然、段落安排要合理。既然是文章就意味着必须有题目、开头、正文和结尾，千万不能像回答问答题一样来处理论证有效性分析。所谓语言得体就是语言表达符合语境、身份等，能让阅卷人明白你的意思即可。注意，语言是否得体与你的文采好坏无关。

以上，我们从论证有效性分析是什么、分析要点以及文章要求三个方面解读了大纲，相信大家对论证有效性分析的认识会进一步加深。

三、论证有效性分析写作要求

了解了论证有效性分析的考试大纲，论证有效性分析的写作要求也就清楚了。

"论证"包含论点（论证什么）、论据（用什么论证）和论证过程（怎样用论据论证结论）三个要素。在论证三要素之中，论点是核心，整个论证都围绕论点来展开。基于此，对论证有效性分析试题的题干的每个逻辑错误的分析，归根结底都是指向对材料总论点的质疑。所以考生在进行论证有效性分析时需要对论证的三个要素都做出回应，忽视对任何一个论证构成要素的回应，都不是完整的论证有效性分析。

所以，全面准确的论证有效性分析就应该是：一手抓题干论据，一手抓题干结论，在尽量肯定和接受题干原始事实论据和前提的基础上，通过分析题干推理论证过程中所存在的逻辑问题，最后指出题干的结论并不能通过上述论证必然得出，因此结论也很可能不成立。为了能够写好论证有效性分析的文章，我们最好要防止以下两种偏差：一是撇开题干结论，仅仅攻击题干论据和论证过程，为找逻辑错误而找逻辑错误，忘记了结论是整个题干论证的核心；二是没有进入题干的逻辑空间，撇开题干论据和论证过程而仅仅攻击题干结论，这是驳论文的写法。

四、论证有效性分析测试的能力

论证有效性分析主要测试考生以下四种能力，你的作文所体现出来的这四种能力的高低也直接决定了阅卷者对你的评分。

（1）准确、全面梳理题干论证的推理过程的能力。
（2）寻找和确认题干论证中的逻辑错误的能力。
（3）中肯、简要地分析这些错误何以为错的能力。
（4）条理清晰地写出一篇流畅优美文章的能力。

第三节　真题题干要求

每年论证有效性分析试题的题干都是一样的，其对字数以及分析要点等提出了要求，题干要求如下：分析下述论证中存在的缺陷和漏洞，选择若干要点，写一篇600字左右的文章，对该论证的有效性进行分析和评论。

真题题干写作要求在考试大纲的基础上额外向我们传递了以下几个重要信息。

（1）考试字数要求为600字左右（过多或过少都不符合题干要求）。但还是提醒各位考生在考试中应当确定一下字数要求是否有变动。

（2）给出了更为具体的分析要点，可以为后面的找点、选点提供参考，也使得我们的备考和行文方向更有迹可循。考查的内容为：概念，特别是核心概念的界定和使用是否准确并前后一致,有无各种明显的逻辑错误,论证的论据是否成立并支持结论,结论成立的条件是否充分。所以我们后面在选择分析点的时候也可以以此为依据。

第四节　论证有效性分析的评分标准

论证有效性分析的评分标准经常容易被大家忽视,但作为大纲组成部分是非常重要的。因为它向我们传递了考试的阅卷规则,使我们能更好地进行战略布局。更重要的是,在每一年论证有效性分析的考试大纲上,都给出了上一年的考试试题的参考分析要点,为我们选择分析要点提供了方向。

论证有效性分析的评分标准参考如下。

(1) 根据分析评论的内容给分,占 16 分。

(2) 按论证程度、文章结构与语言表达给分,占 14 分。

论证有效性分析的得分分为两部分,可以简单理解为第一部分是找到论证缺陷的分数,占 16 分;第二部分是行文表达的分数,占 14 分。但众所周知,写作不同于任何其他学科有着客观统一的标准答案。写作本身就是一项主观化行为,即便作答内容相仿,思路表达却因人而异,所以写作试题没有绝对化的标准答案,写作评分也就体现出主客观结合的特点。

所谓"主客观结合",简单来讲,"客观"依据就是联考官方的评分标准,"主观"依据就是阅卷老师的个人观感。怎样才能抓住阅卷老师的心?怎样才能获取阅卷重点呢?通过对评分标准的深入研究,为大家提炼要点如下。

(1) 评分主要依据两大角度:形式与内容,两者须同时发力,不可偏废其一。

(2) 所谓"内容"好,就是做好三个方面:找准漏洞+分析严谨+评论到位。即必须找准题干论证中存在的逻辑漏洞,并对其加以合理化的分析与评论。

(3) "内容"总计 16 分,须写 4 点漏洞,每点漏洞计为 4 分。

就某一点漏洞而言,又有三种不同的"评分潜规则"。

①如果这点漏洞没有找准,必然 4 分全被扣掉;

②如果这点漏洞找得又准、分析得又好,则得 4 分;

③如果漏洞找得很准,但是缺少完善的分析或评论,一般只能拿到 1 至 2 分,最多 3 分,具体分值就要参考相关分析的完善程度进行评定。

归根结底,找准漏洞只是基础,给分的关键永远都是"分析"。

(4) 所谓"形式"好,是做好三个方面:论证有力+结构严谨+表达完善。

(5) "形式"总计 14 分,分为 4 档。根据阅卷经验来看,这一部分并非每个文段依次评分,通常是综合全文情况整体打分。

(6) "字数"是否合乎要求、"错别字"是否较多、"书写整洁"与否等细节问题若做得不到位,也都会"酌情扣分"。

明确了上述"阅卷秘籍",我们就能有的放矢、投其所好。在日常写作训练中,我们也可以按照上述细则自行打分,大致明确自我定位。

◆论证有效性分析评分示例

【2003年MBA联考论证有效性分析作文真题】

下文是摘编于某杂志的一篇文章。分析下面的论证在论点、论据、论证方法及结论等方面的有效性。600字左右。

把几只蜜蜂和苍蝇放进一只平放的玻璃瓶,使瓶底对着光亮处,瓶口对着暗处。结果,有目标地朝着光亮拼命扑腾的蜜蜂最终衰竭而死,而无目的地乱窜的苍蝇竟都溜出细口瓶颈逃生。是什么葬送了蜜蜂?是它对既定方向的执着,是它对趋光习性这一规则的遵循。

当今企业面临的最大挑战是经营环境的模糊性与不确定性。在高科技企业,哪怕只预测几个月后的技术趋势都是件浪费时间的徒劳之举。就像蜜蜂或苍蝇一样,企业经常面临一个像玻璃瓶那样的不可思议的环境。蜜蜂实验告诉我们,在充满不确定性的经营环境中,企业需要的不是朝着既定方向的执着努力,而是在随机试错的过程中寻求生路,不是对规则的遵循而是对规则的突破。在一个经常变化的世界里,混乱的行动比有序的衰亡好得多。

(★提示:分析论证有效性的一般要点是:概念特别是核心概念的界定和使用是否准确并前后一致,有无各种明显的逻辑错误,该论证的论据是否支持结论,论据成立的条件是否充分等。作文要注意内容深度、逻辑结构和语言表达。)

逻辑问题解析:

(1) 根据分析评论的内容给分,占16分。

题干的论证中存在以下若干逻辑漏洞。

①蜜蜂实验只是特定环境下的一个生物行为实验,不能简单地将生物行为类推到企业行为,更不能把生物行为实验的结果一般化为企业应对不确定性的普遍性原则。

②经济发展和技术发展总体上是有规律的。在具有模糊性与不确定性的经营环境中,虽然企业用随机试错的方式可能取得成功,但企业理性决策成功的概率要远远大于随机试错成功的概率。不能用小概率的随机试错成功的特例否定理性决策。

③企业经营需要有明确的方向,在具有不确定性的经营环境中,企业需要根据环境的变化调整方向;但方向的调整需要理性分析而不是随机试错,更不能否定企业朝着既定方向的执着努力。

④技术预测具有不确定性,不意味着技术趋势不可预测,不能说进行预测是浪费时间的徒劳之举。

⑤不能把对规则的遵循和对规则的突破的区别绝对化。事实上,对规则的遵循和对规则的突破不是绝对对立的。

⑥企业经营环境的不确定性要求不能机械地遵循规则,这个正确的观点被偷换为企业经营环境的不确定性要求不遵循任何规则。

⑦在一个经常变化的世界里,混乱的行动和有序的衰亡并不是两种仅有的选择,没有理由因为反对有序的衰亡而提倡混乱的行动。

(2)按论证程度、文章结构与语言表达给分,占14分。

分四类卷给分,具体如下。

一类卷(12—14分):分析论证有力,结构严谨,条理清楚,语言精炼流畅。

二类卷(8—11分):分析论证较有力,结构较严谨,条理较清楚,语句较通顺,有少量语病。

三类卷(4—7分):尚有分析论证,结构不够完整,语言欠连贯,语病较多。

四类卷(0—3分):明显偏离题意,内容空洞,条理不清,语句不通。

(3)每3个错别字扣1分,重复的不计,至多扣2分。

(4)书面不整洁,标点不正确,酌情扣1—2分。

◆评分示例

【一类文:28分】不可如此比拟

这篇文章是用蜜蜂和苍蝇逃生这样一个生物行为的实验,类推到企业行为,并得出"在一个经常变化的世界里,混乱的行动比有序的衰亡好得多"的结论。仔细推敲这一结论,可以发现存在许多漏洞和逻辑问题。

第一,这种简单的生物行为的实验与现实生活中的人或企业的行为不能相提并论,人或企业行为比昆虫的行为复杂得多,当然就更不可能把实验的结果机械地照搬到企业的经营中去。

第二,企业在充满不确定性的经营环境中如果用随机试错的方法经营有可能取得成功,但是这样做,成功的概率会极低,更需要承担巨大的风险,而向着企业经营方向做出的理性决策成功的概率要大很多。

第三,蜜蜂和苍蝇所处的环境是确定的,是一成不变的。这与"不可思议的环境"存在矛盾。

第四,在高科技企业,技术的预测是很难的,我们无法准确预测出一种技术产生的时间;然而,预测技术趋势很可能是有必要的,这关系到企业产品在今后市场上的销售情况以及为企业经营决策提供依据。

第五,企业在充满不确定性的经营环境中,既然不能机械地遵循规则;而当经营环境发生变化的时候,要把原来遵循的规则改变为适应新环境的规则,当然也不是不遵循规则。

第六,文中的结论"混乱的行动比有序的衰亡好得多"存在问题。整篇文章虽然反对有序的衰亡,但也并没有提倡混乱的行动,文中还提到"对规则的突破"的行为,这就证明整篇文章不只有"混乱的行动"和"有序的衰亡"这两种行为选择了。

综上所述,整篇文章存在概念界定不清、论据不充分、逻辑推理不严密等问题。

如果把文中这些不妥的观点运用到实践中去,后果会不堪设想。

【二类文:22分】对趋势的预测并非徒劳

这篇材料引用蜜蜂和苍蝇在一只特定的玻璃瓶中逃生的实验,总结出"在一个经常变化的世界里,混乱的行动比有序的衰亡好得多"的结论。

这个结论的前提条件是在一个经常变化的世界里,而材料中这个实验却是在预先确定好位置的一个玻璃瓶中进行,而瓶子的位置和环境是一成不变的。很显然,得出的这个结论与前面的实验没有必然的逻辑联系。

实验中玻璃瓶确定的位置是出口对着暗处,而亮处却是没有出路的死路。像这样的假设在实际市场中不一定会成立,因为市场的运行总是在一定规则下进行的。仅仅假设实际市场就像玻璃瓶确定的位置那样显然是不妥当的。

另外,这个实验中的蜜蜂由于遵循了趋光性这一规则而最终衰竭而亡,并不能就此认定要排斥对一般规则的遵循。

在高科技企业中,一般是无法预测技术的,但仅仅预测几个月之后的技术趋势还是有可能的。并且预测技术趋势对于企业作出今后发展重点的决策是有很大帮助的。所以预测技术趋势并不是徒劳的。

总之,这篇文章在论证其结论时,有论据不充分、概念界定不清楚、逻辑关系混乱等问题,并且文章用蜜蜂类推企业也不恰当。

【三类文:18分】荒谬的逻辑

这篇文章由一个实验告诉我们这样一个结论:在一个经常变化的世界里,混乱的行动比有序的衰亡好得多。其实,经过仔细推敲,就不难发现所给材料在许多地方存在逻辑推理不够严密、论据不充分等问题。

首先,就环境问题而言,蜜蜂和苍蝇实验的环境是不变的,即玻璃瓶放置的方向不变,而企业经营环境的模糊性与不确定性与实验的环境之间没有任何可比性,两者之间也不存在逻辑关系。

其次,实验中蜜蜂由于遵守了它的规则——趋光性才衰竭而亡,由此引申企业应在随机试错的过程中寻求生路。蜜蜂的趋光性是蜜蜂这种动物的生存本能,给它固定在一个违背了生存环境的范围内当然会死亡。相对于企业而言,这样特定的有不可抗因素的环境几乎是没有的。企业的成功与否主要是受管理者的素质和成本控制等一些主观因素的影响,"企业应在随机试错的过程中寻求生路"的这一结论就不可能成立了。拿苍蝇乱窜侥幸逃生这一实验就要求企业在靠运气赚钱、盲目决策中寻求生路岂不荒唐至极吗?企业的生存发展是多方面因素共同影响的结果。

另外,文章中还说:"在高科技企业,哪怕只预测几个月后的技术趋势都是浪费时间的徒劳之举。"预测技术趋势还是有必要的,企业的长足发展是靠对未来的预测来进行经营决策的,哪怕是几个月后的技术趋势也会对企业的战略管理产生积极作用。所以,预测并不是徒劳之举。

因此,这篇文章通过实验得出的结论无法令人信服。蜜蜂和苍蝇的实验无法类比企业的发展与经营。

【四类文：14分】无序与有序

上述材料通过蜜蜂和苍蝇逃生的实验,最后得出了"混乱的行动比有序的衰亡好得多"的结论。

首先,材料中蜜蜂和苍蝇这两个不同的生物是在一个不发生变化的环境里进行实验的。"遵循规则"和"突破规则"是从蜜蜂的趋光性和苍蝇的无目的地乱窜中得出的;要突破规则,不要遵循规则。如果经过认真分析就不难发现,蜜蜂的趋光性是它与生俱来的本能,是一成不变的,遵循这种规则是必然的,可企业经营的规则是随着市场的变化而变化的。把企业和生物实验相类比是不正确的,所以两者之间并不存在逻辑关系。

其次,文中的结论"在一个经常变化的世界里,混乱的行动比有序的衰亡好得多"无法成立。有些时候,我们坚持遵循一定的规则做事是对的,因为这些规则是我们的前人或有经验的人总结出来的;而他们在获得这样或那样的真理时,做出了很大的牺牲,也付出了相当大的代价,而一定的规则正是在混乱的无目的的行动中探索、总结出来的。其实大多数企业的经营规则是相同的,所以遵循一定的规则是社会进步的表现。

最后,文中提到"企业需要的是在随机试验的过程中寻求生路",这种观点也是错误的。首先,企业在随机试验的过程中是要承担很大风险的,很可能还没有寻求到生路就"命丧黄泉"了,如果把这种观点引用到企业的经营中,那就是在选择"自杀"。所以企业只有朝着预定的方向努力才有可能成功。

总之,这篇材料有多处语句是不严密的,从实验到推出的结论也是没有根据的,逻辑关系并不清楚。

第五节 论证有效性分析与其他文体比较

一、论证有效性分析与立论型议论文的比较

论证有效性分析的写作属于一种"评论型作文",总的来说,与立论型议论文的一些写作原则和要求相同,但又有明显的区别。为了帮助考生把握论证有效性分析的写作方法,现将论证有效性分析与立论型议论文的异同点分别加以说明。

论证有效性分析与立论型议论文主要有以下几个不同点。

(一)写作目的不同

论证有效性分析写作的目的是告诉读者,原材料中的论述是否科学合理?是否应该采信?在多大的程度上采信等。

立论型议论文写作的目的是运用客观事实或事理,从正面就一定的事件或问题,提出并阐明自己的见解,来证明自身观点的正确性,从而把论点建立起来。

（二）写作对象不同

论证有效性分析意在评点他人的论述，其命题所提供的材料一般是一个论证过程，让考生就这一材料中的观点、论据和论证过程进行评议，并指出其逻辑的不足。文章要着眼于命题所提供的材料，就其观点、论据或论证过程，从逻辑角度和论证的有效性角度作出评价、议论和分析。通过明辨是非的分析，从而判定其正误、评定其优劣，并提出自己的看法，而且要言之有理，分析得透彻清晰。

而立论型议论文则不同，立论型议论文也有材料，材料中也包含观点，但不是让考生对其所含的观点作点评，而是要求考生根据自己对材料的认识引出自己的观点并加以阐述论证，专门阐述自己结论的正确性。

总之，论证有效性分析的写作对象是原材料，而立论型议论文的写作对象是基于原材料得出自己的观点。

（三）写作方法不同

论证有效性分析要紧紧扣住原材料，围绕着原材料进行分析，不能顾左右而言他，绝对不能脱离原材料去议论。即便是引述社会生活中的事例，也是针对原材料阐述。

立论型议论文是在由原材料引出自己的观点后，围绕引出的观点，从社会生活中引述事实或事理，去证明自己观点的正确性，不必时刻就原材料发表评论。

二、论证有效性分析与评论文的比较

论证有效性分析要求对题干本身论证的有效性和推理过程的合理性进行分析，找出错误。题干的论证肯定存在严重的逻辑问题与错误，写作的"口气"是对其有效性的否定。在写作时，一般不要随意提出个人的主观性观点。也就是说，论证有效性分析只需要回答"材料中的逻辑问题在哪里？"不需要回答"材料中哪些分析是准确无误的？"和"正确的看法是什么？"

评论文要求对观点或材料进行评论，不强调对题干有效性进行分析，不要求寻找推理过程的错误，语气可以是肯定的，也可以是否定的，当然也可以根据材料得出自己的主观观点。

评论文重在"评"，是对某个事物或现象发表自己的观点，评论其好坏。而论证有效性分析重在"分析"，可针对某些问题发表评论，但这些评论都是为分析题干论证的"有效性"而服务的，可以质疑题干的结论，指出从论据到结论的推理缺陷。

三、论证有效性分析与驳论文的比较

备考过程中很多考生将论证有效性分析写成了驳论文，这是一个错误的倾向。请大家仔细分辨二者的联系与区别。

驳论文是先指出材料错误的实质，或直接批驳（驳论点），或间接批驳（驳论据、驳论证),然后针对性地提出自己的观点并加以论证。驳论是跟立论紧密联系着的,因为反驳对方的错误论点,往往要提出自己的正确论点,以便彻底驳倒错误论点。论证有效性分析在表面上看很像驳论文。但是,两者是有根本区别的。

(一)"驳"的角度不一样

论证有效性分析是分析材料或文章的论证严密性,指出文章的结论不一定是经过严密的论证过程得出的。因此,论证有效性分析的角度是"逻辑严密性"。驳论文"驳"的角度比较多,可以是论点、论据和论证,具体驳哪一个,由考生自己决定。

(二)"驳"的目的不一样

论证有效性分析中,分析逻辑过程的目的是分析其结论的可信程度,即论证的有效性。而驳论文"驳"的目的是提出自己认为正确的观点。

(三)"驳"的方法不一样

论证有效性分析在分析时,必须紧密结合材料,几乎极少用到其他的主观素材。因此在其"驳"的过程中非常客观与公正。而驳论文"驳"的方法可以非常随意,既可以主观,也可以客观,既可以引用对方的材料,也可以大量列举自己的主观观点和其他有用的素材。

以下是一篇鲁迅先生的著名驳论文。

中国人失掉自信力了吗?

鲁迅

从公开的文字上看起来:两年以前,我们总自夸着"地大物博",是事实;不久就不再自夸了,只希望着国联,也是事实;现在是既不夸自己,也不信国联,改为一味求神拜佛,怀古伤今了——却也是事实。

于是有人慨叹曰:中国人失掉自信力了。

如果单据这一点现象而论,自信其实是早就失掉了的。先前信"地",信"物",后来信"国联",都没有相信过"自己"。假使这也算一种"信",那也只能说中国人曾经有过"他信力",自从对国联失望之后,便把这他信力都失掉了。

失掉了他信力,就会疑,一个转身,也许能够只相信了自己,倒是一条新生路,但不幸的是逐渐玄虚起来了。信"地"和"物",还是切实的东西,国联就渺茫,不过这还可以令人不久就省悟到依赖它的不可靠。一到求神拜佛,可就玄虚之至了,有益或是有害,一时就找不出分明的结果来,它可以令人更长久的麻醉着自己。

中国人现在是在发展着"自欺力"。

"自欺"也并非现在的新东西,现在只不过日见其明显,笼罩了一切罢了。然而,在这笼罩之下,我们有并不失掉自信力的中国人在。

我们从古以来,就有埋头苦干的人,有拼命硬干的人,有为民请命的人,有舍身求法的人……虽是等于为帝王将相作家谱的所谓"正史",也往往掩不住他们的光耀,这就是中国的脊梁。

这一类的人们，就是现在也何尝少呢？他们有确信，不自欺；他们在前仆后继的战斗，不过一面总在被摧残，被抹杀，消灭于黑暗中，不能为大家所知道罢了。说中国人失掉了自信力，用以指一部分人则可，倘若加于全体，那简直是诬蔑。

要论中国人，必须不被搽在表面的自欺欺人的脂粉所诳骗，却看看他的筋骨和脊梁。自信力的有无，状元宰相的文章是不足为据的，要自己去看地底下。

九月二十五日。

第六节 论证有效性分析备考策略

一、完善知识结构

考生在备考过程中要尽量丰富自己的知识储备，防止出现对所给材料主题相关背景知识无所知的情况，避免在分析中暴露缺乏常识的尴尬。管理类联考的前几年，小作文题材基本上局限于经济管理类主题。如 2002 年 1 月的"投资公司的商业计划"、2003 年 1 月的"蜜蜂和苍蝇从玻璃瓶中逃生"、2004 年 1 月的"本土公关公司的发展"、2004 年 10 月的"跑赢老虎"、2005 年 1 月的"MBA 教育是否必要"、2007 年 1 月的"中国真正意义上的经济学家的数目"都是如此。之后的命题题材一直保持丰富多样，如 2008 年 1 月的"中医的科学性"、2008 年 10 月的"'孝'作为选拔官员的一项标准"、2009 年 1 月的"知识就是力量"、2010 年 1 月的"世界是平的"、2011 年 1 月的"如何判断股价的高低"、2012 年 1 月的"地球的气候变化"、2013 年 1 月的"软实力"等。尽管论证有效性分析原则上与论证材料的内容无关，但是在论证分析判断的时候，我们难免要引述原文，对某个领域的概念如果不熟悉，容易在论证中出现常识性错误。所以，考生需要尽可能扩大自己的阅读面，对快速准确理解材料、梳理论证结构、发现前提和结论的内在联系有着巨大的帮助。

二、熟悉文体特点

论证有效性分析是一种新颖的作文考试形式，考生在过去基本上都没有尝试过这种文体的写作，因此在备考中要多做练习，全面掌握论证有效性分析的文体特点。

论证有效性分析写作，包括点错、找错和析错三个阶段。"点错"就是小作文的构思阶段。要能迅速而准确地识别出材料中出现的各种无效论证。这需要我们熟练掌握概念、推理和论证中的各种缺陷和漏洞。在写作中，我们也需要遵循文体规范，有序、有理地逐一分析这些缺漏。"找错"要客观，实事求是，不要夸大材料中的缺漏，甚至"莫须有"式地杜撰错误。"析错"要尽量围绕材料，尽可能做到一语击中要害。也要注意自身语言的严谨性，做到用词准确，句义明确，不要给人以"自己错误百出"的印象。论证有效性分析不要求"纠错"，说清"为什么错了"就可以了，不要再画蛇添足。

三、养成批判思维

《全国管理类专业学位(MBA、MPA、MPAcc)联考综合能力考试指南》尽管涉及的方面很多,但是其着眼点无非是服务于管理人才的选拔和培养。各类管理人才的基本功力就是要对各种方案进行分析与评论,挑毛病、提意见,使其更加完善。因此,要做一个合格的管理人才,必须改变盲从附和、迷信权威的思维习惯,而应该独立思考,培养"批判性思维"(critical thinking)能力。论证有效性分析正是对考生这方面能力的检验。

"批判性思维"在西方也是20世纪70年代末从北美开始倡导,而后为西方诸多国家大学接受的新课程理念。反观我国的教学,这方面的确还存在欠缺。我们并没有将这种意识与能力的培养纳入课程体系,也没有认真地去研究其中的一些问题。我们一再强调学生的创新能力,却没有教给学生创新的工具与方法;一再要求学生学会观察社会、了解社会并为改造社会做出贡献,却没有教会学生以什么样的态度、用什么样的标准来作出自己的判断。

批判性思维重点关注以下问题:给出一个人的信念或行动的各种前提,分析和识别推理或论证的结构,评价这些推理或论证的有效性,设计、构造更好的推理和论证。从本质上说,这要求我们独立地发现问题、分析问题并解决问题。

四、强化语言表达

首先,不要写成流水账,要有整体观念,再小的文章也要讲究谋篇布局。只有整体结构完整、行文流畅才能得到高分。

其次,要注重细节。细节体现真功夫。最好不用生僻字词,文字朴实、准确,不要过分追求辞藻的华丽。能够用短句说明问题的就不要用长句。句子一定要通顺,符合日常语言浅显易懂、言简意赅的特点。

最后,要杜绝错别字现象。现在大家主要使用电脑打字,很少用手写字,所以不会写字、写错别字的现象非常严重。错字现象,如"范围"写成"泛围","昙花一现"写成"莫花一现",这样的错误在试卷中屡见不鲜。

第七章　追本溯源——掌握考试基本要素

第一节　论证的概述

一、什么是论证

通常认为,论证是作者用论据来证明论点的过程和方式。规范而言,论证可定义如下。

论证是任意一个命题的集合,在这个命题的集合中,其中有一个命题是这个命题集合中的结论,这个结论是由该命题集合中的其他命题推导出来的,推导出这个结论的其他命题,也可以看作对该结论的真实性或者正确性提供了支持,或者是提供了依据。任何论证都要借助推理才能完成,推理是从前提到结论的过程。推理是论证的工具,论证是推理的应用。

通过论证人们可以在已有知识的基础上获得新的知识。例如,在数学中根据公理,通过论证我们可以发现新定理;由枚举归纳推理得出的某些"猜想",经过严格的数学论证就可以成为定理。同样,真理在实践检验的过程中需要逻辑论证来进行理论分析。在原理、定理的宣传和传授中,同样也需要对它们进行论证。可以说,论证是人们理性认识世界并且让知识和经验获得传承与发展的基本工具之一。

论证的目的不一定是非要把对方拉到自己这边来,而是通过论证来释放一种理解、尊重、不轻慢对方的善意,让双方变得温和而有理性。论证可以使双方搁置在一些具体问题上的争议,共同营造一个平和而有教养的言论空间。

(一)论证和推理的联系

论证和推理有着非常密切的关系。从结构上说,推理和论证在本质上并没有什么区别,论题(论点、观点、结论)相当于推理的结论,论据(前提)相当于推理的前提,论证方法相当于推理的形式。

(二)论证和推理的区别

推理强调的只是命题间的逻辑关系。论证除对逻辑关系的关注外,必须断定论据与论题的真实性。

二、如何辨识论证

论证有效性分析是以论证的辨识为基础的。如果我们不能很好地解决辨识论证的问题,再好的分析和评估工具也可能会被用错地方。论证的辨识是从言语中分离或抽象出论证,是整个论证逻辑与其理论应用的基本出发点,论证的分析和评估是以论证的辨识为前提的。

(一)通过论证结构关键词进行辨识

指示论据与结论支持关系的外在标志就是论证指示词。一般情况下一个语段常有一些明显的标志,这样我们据此认为它是一个论证。

论证结构关键词有两类,即论据标志词和结论标志词。用以指明论据的指示词是前提指示词,用以指明结论的指示词是结论指示词。比如,"因为"一词就表明其后的陈述作为论证的前提起作用。两类指示词可以互换。互换之后,前提和结论出现的次序也随之变化。常见的论证结构关键词如下。

1. 论据标志词

因为……;由于……;依据……;前提是……;举例说明支持我们观点的是……;这么说的缘由是……等。

【例1】食品药品质量监督局的官员们认为,由于许多电视节目中提到的食物或饮料的营养价值都非常低,看电视对收看者的饮食习惯造成了不良的影响。

上述论证的前提是"由于"后面的陈述:许多电视节目中提到的食物或饮料的营养价值都非常低。

【例2】小区住户设法减少住宅小区物业管理费的努力是不明智的。因为对于住户来说,物业管理费每少交1元,但为了应付因物业管理质量下降而付出的费用很可能是5元或者6元,甚至更多。

上述论证的前提是"因为"后面的陈述:对于住户来说,物业管理费少交1元,但为了应付因物业管理质量下降而付出的费用很可能是5元或者6元,甚至更多。

2. 结论标志词

因此……;所以……;由此可见……;我(我们)认为……;可以推断……;这样说来……;结论是……;简而言之……;显然……;其结果……;我(我们)相信……;很可能……;表明……;由此可得出……;这证明……等。

诸如此类的论证标志词告诉我们,哪个陈述是由证据和前提表明其正当性的,哪些陈述是作为前提支持那个陈述的。在理解和构造论证的过程中,它对于区别前提和结论特别重要。

结构关键词告诉我们:哪个陈述是通过证据和前提表明其正当性的(这就是结论),哪个陈述是作为前提支持结论的(这就是论据)。这样我们在理解和构造论证的过程中,结构关键词对于区别论据和结论就特别重要。

但是,结构关键词并不是识别论证的非常绝对可靠的标志。在实际论证中,有时并不出现任何结构关键词。根据往常普遍的经验,当结构关键词不出现时,一个段落假如是论证,则其论点(观点)出现于段落的开头或段落的末尾。此时分析的是,段落开头或结尾的一个陈述与其他陈述是否存在支持关系。考生在考场上可以优先找结构关键词和首尾句,判断是不是结论句,但也不可盲目认定。

(二)通过论证支持关系进行辨识

论证指示词并不是识别论证的绝对标志。在实际论证中有时并不出现任何论证指示词。作者可能删去了陈述中的论证指示词,但这并不影响语段在论证中的作用。原因是我们根据对其语境的分析,可以判断出该段落存在支持关系。根据普遍的经验,当论证指示词不出现时,一个段落若是论证,则其结论(点)或者出现于这一语段的开头,或者出现于这一语段的末尾。这时我们所要分析的是,语段开头或结尾的一个陈述与其他陈述是否存在支持关系。我们在阅读过程中要注意以下几种不规范的推理表达,并做出适当的应对措施。

第一,如果"所以""因此"等标示结论的词语被省略,或者前提和结论的区分不明显,要依据语境进行具体分析。

第二,如果以省略形式出现,即使省略了某个或某些前提,或者省略了结论,就需要根据原意进行适当添加。

第三,有的论据自身也是某个子论证所得出的结论,因此,要区分论证的最终结论(总结论)和作为论据的推论。

第四,有些时候会包含一些既不是前提又不是结论的断定,这往往是一些容易干扰正确思考的而且与论证自身不相关的信息,要注意剥离出来。

二、论证的类型

按照论证所使用的推理方式不同,可以把论证分为演绎论证和广义归纳论证。

(一)演绎论证

演绎论证是运用演绎推理的形式所进行的论证。演绎论证从一般性的原理出发,运用演绎推理规则推出前提中蕴含的某一特殊论断。演绎论证中各命题之间的关系是必然性的,其论证结构的严谨性是所有论证中最高的。一个推理正确的演绎论证,其大前提的真实性可以充分保证结论的真实性。

演绎论证法是从已知的一般原理和规律出发,推知个别事物本质特征的论证方法。如果说归纳论证法是从特殊到一般,那么演绎论证法就是从一般到特殊。运用演绎论证法要求大前提、小前提必须真实、正确、一致,同时保证推论是合乎逻辑的,否则就会出现逻辑缺陷。

(二)广义归纳论证

广义归纳论证是运用非演绎推理的形式所进行的论证。广义归纳论证是根据一些特殊论断或常理得出结论的论证方式。其论证结构不如演绎论证可靠,结论具有或然性,其前提真实不一定保证结论真实。

广义归纳论证包括归纳论证和合情论证。在日常生活中,从自己和他人的经历中总结经验和教训(包括找因果关系)时,从个别经验上升到理论概括时,会经常运用到归纳论证;在个人生活中,根据某些不完全的信息做出推断或决策时,则会经常运用合情论证。

第二节 论证的要素

一、论证的三个基本要素

所有论证都包含三个基本要素:前提、结论和论证过程。论证最简单的模式是:

论证由一组(至少两个)陈述组成。其中一个陈述是欲使他人相信的意见、观点、建议、决定等,另一些陈述作为支持该陈述的根据或前提而出现。前者统称为"结论",后者统称为"前提",而其中的论证方式称为"论证过程"。

论证分析的目的就是评价论证的质量高低,也就是分析该论证前提和结论之间的关系如何,前提是否妥当,结论是否可靠,恰当程度如何等一系列问题。前提首先是一种解释,即对我们为什么要相信某个特定结论的解释。只有恰当的前提才能保证论证的恰当性,才能做出合理的推理,使我们相信其推出的结论。最简单的论证,可能只包含一个前提和由此得出的结论。但是大多数情况下,结论往往是需要多个前提来支撑的。因此大多数论证不只包含一次推理,复杂的论证往往包含多个相同形式的推理或者几个不同类型的推理。

为了充分认识论证的结构,我们首先要从论证的基本要素来进行分析,找出结论是分析一篇文章或语段的关键,在阅读材料的时候,我们首先要分析作者提出的观点是什么,或者作者想要表达的看法是什么。

二、前提

尽管形成论证的根本是结论,但一个论证发挥其功用的关键却是前提。任何命题和论断,如果缺乏前提以及合理有效的论证,那么是很难取信于人的。找到结论,还必须辨别和考虑结论的观点和意见是否获得了合理或者充分的支持,否则人们就很难轻易地接受,至少人们要问为什么。如果作者或发言者能对自己的结论做出解释,说明其中的原因,那么其阐释结论的根据就是前提。

前提应具备若干基本性质,显然,对论点有支持作用的前提多多益善。由于人们的怀疑可能是连续的,即不仅对结论产生怀疑,而且对支持结论的前提也会产生疑问。一个前提或前提本身不需要论据再加以支持,它就是"基本前提(前提)"或

"基本论据"。

关于前提必须指出两条"公理"。第一,前提不能与论点相同。如果违反论证的这条基本禁令,就犯了"同语反复"的谬误。第二,前提不能比论点更可疑。提出前提是为了打消人们对结论的疑虑。显然,只能用更可接受的陈述来说明初看起来不那么令人信服的结论的可接受性。如果前提的可疑性比结论的可疑性更大,这与我们欲消除或削弱结论的可疑性的意图完全背道而驰。违反了这条禁令,就犯了"乞题"的谬误。

前提,或者说论证中使用的论据,通常是一些已被证实为真的论断。前提是使结论成立并使人信服的根据,它所回答的是"用什么来论证"的问题。前提大致可以分为两类:第一类是事实前提,即事实性描述,指已被确认的关于事实的判断。另一类是理论前提,即原则性的论断,包括表述科学原理的陈述(如定义、公理、定律、原理等)。除了引用普遍性原理和原则外,各门学科的理论也可以作为前提,如物理学理论、文学理论等,还可以是法规与道德方面的行为准则、经验事实的总结概括、合乎逻辑的推理判断、恰当的比喻和类比等等。

三、结论

结论是论证的最终目标。它可以是事实性的观点,也可以是价值性的观点。作者对论题的观点或论点,也就是作者要在论证中证明的东西。一个论证的结论具有唯一性。结论及对结论的怀疑产生对前提的需求,如果对一个结论没有疑问,就不必形成对它的论证。

结论可以出现在演讲或文章的开头,一般使用论断性的表述,在开头提出论点,后面论证该论点。结论也可以出现在一段话或文章的结尾。此外,结论有时也并非出现在演讲或文章的开头或结尾,而是夹杂在一段叙述的中间位置。结论是找出论题的关键线索。结论的标志词主要有因此(因而、故而)、所以、可见、那么、这就是说、这就表明、总之、可以断言、显然、我们认为、我们可以相信、显然、于是等等。

四、论证过程

论证过程即由前提(论据)到结论(论点)之间的推理方法和格式。它所回答的是"怎样用前提论证结论"的问题。一个完整的论证,就是围绕某一"论题",借助"论据"对"论点"进行证明,这一套完整的流程就是论证过程。

一个完整的论证是一个系统有序的整体。一个论证过程可以只包含一个推理,也可以包含一系列推理。复杂一些的论证是分层次的,在确定某一主张的真实性过程中,如果引用的前提本身还不够明显真实时,就要引用其他前提对这些论据进行支持。以此类推,还可以有第三层前提、第四层前提等。在一个论证中只能有一个结论,前提(论据)往往有多个。由于论证的前提可以是多个,而每一个前提对结论的支持关系可能都不同,所以在一个论证中可能有多种推理形式。

这就要求我们在进行思考和解析的时候，千万不可只盯住其中的某一个要素进行孤立的纠错和分析。也就是说，对一篇论证有效性分析的材料进行分析质疑时永远都不要孤立地揪住一个论据或一个结论进行质疑，永远都要狠抓"论证"来通盘考虑。我们需要关注的是从前提（论据）到结论（论点）的整个推理链条，寻找这个链条上存在的逻辑缺陷和漏洞。

第三节　论证的结构

一、论证的标准化

在分析论证结构的时候，标准化论证往往是必要的。标准化的作用是辨识前提和结论，搞清推理链条，使论证变成清楚、完整的陈述。标准化论证需要进行以下四种转换。

（一）删除

在将文本解释为一个或若干个论证时，将那些与确立或反驳一个主张不相干的部分、重复的信息去掉；交际性的内容、插入的其他话题、无关的枝节、顺便说的话等都可以忽略。

（二）补充

被评估的论证应是一个结构完整的论证，因此，在评估之前，应对论证补充隐含前提，即把论证未表达出来的预设、假设或省略前提明确化，同时也要把隐含的论点明确化。

（三）替换

用清楚、确切的表达方式来替代含糊或者间接的表达方式，同义的所有表达式用唯一的表达式替换。正确理解的基础是"换句话说"，即将论证拆分成前提和结论，接着用自己的话来复述。

（四）排列组合

将有支持关系的陈述放在一起，按有利于对论证开展评估的方式进行排列组合。

二、论证的扩展

从传统观点来看，一个论证的基本要素是三个：前提（理由或根据）、结论（主张、论题或论点）和论证过程。然而，从实际论证的情形和更广的视野来看，这些只不过是"原子论证"的要素而已。实际语境中的论证远不像基本模式那样单纯。如果考虑到论证的情境和宏观结构，那么需要考虑的论证要素就会大大扩充。为此，引入了一些术语来标识扩展论证的不同部分。

（一）前提

前提是推理的陈述性基础,推理过程中支持其他陈述,而不再被其他陈述所支持的陈述。

（二）推论

推论是推理过程中的中间性产物,推理过程中被其他陈述所支持,同时也支持其他陈述的陈述。

（三）结论

结论是推理所要追求的目的和结果,是推理过程中不支持其他陈述,而是被其他陈述所支持的陈述。

（四）推理链

推理链是推理的各个前提、推论、结论及其推理过程之间所构成的整个逻辑关系。

（五）推理过程

推理过程是由一个或几个已知的前提,推导出结论的思维过程。

三、论证图解

要找到论证有效性分析试题所给材料的逻辑问题,可以采用论证图解的方式,使材料的逻辑结构一目了然。论证图解是批判性思维教科书普遍使用的论证结构分析方法,而论证图解帮助人们产生清晰、有力的论证;论证图解有助于推理的评估,论证评估在某种程度上也依赖于以图解形式描写的论证结构。

实际论证时有时既包括与论证无实质联系的信息,又省略了某些相关的信息。由于个人叙述、论证的风格不同,实际论证的表述可能虽然有趣,但缺乏组织性。论证可能用到疑问、命令等形式,其间也许穿插了笑话等。背景信息、插入的材料(如解释语词)可以增加趣味或幽默,但并不是论证的组成部分。因此,掌握推理图解的技术有助于掌握批判性思维的一般技巧。

论证图解的一般思路如下。

(1) 肯定要处理的语段确实包含论证,即论证的作者试图提出一些理由支持他的观点。

(2) 通过标志词识别总结论或结论。

(3) 识别语段中支持总结论的那些陈述。

(4) 忽略仅仅作为背景信息出现的语句。

(5) 对每一论据和结论编号,并按照前提先于结论的标准形式写下论证。

(6) 检核每一前提和结论都是完整的陈述,即前提和结论也采用陈述的形式,而取代问句、命令或感叹句的形式。

（7）检查你的标准化论证是否遗漏了任何实质性的东西,或混进了本不包括的东西。

（8）用编号代表论据和结论,用箭头表示支持关系;标示推理步骤。

例句:"我们不得不出去吃饭了。家里没有任何可吃的东西,况且商店也关门了。我们就去小区门口的俏江南吃吧。"

上面这段话的推理过程可以图解如下:

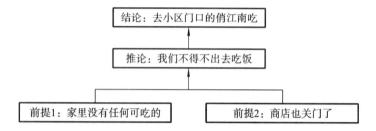

四、常见的论证图解

为了帮助大家能画好题干的逻辑结构图,下面介绍几种较常见的论证图解。

◆ **论证图解一：直推型**

直推型的推理一般只有一个前提,在这个前提的基础上,进行直线推理,经过推论然后抵达结论。比如下面这句话就是一种直线推理。

例句:"你今天上课又迟到了,这样的学习态度又怎么可能考出好成绩呢？"

上面这段话的推理过程可以图解如下:

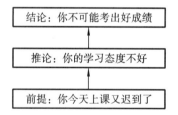

◆ **论证图解二：手段型**

手段型的题干一般是这样的:为了解决某个问题或者为了实现某个目的,所以提出了这样的手段和方法。为什么提出这样的手段和方法？前提在于……

如果题干提供的前提只有一个,那么手段型其实是一种特殊的直推型。不过由于这是一种常见而重要的推理类型,所以,我们单独把它提出来进行介绍。

这里需要注意的是,在画手段型的推理图时,要把"问题"或"目的"当作结论来处理,把"手段"或"方法"当作"推论"来处理。

例句:"为了解决 11 路公交车下班高峰期间有人挤不上车的问题,建议公交公司在该时间段大量增加公交车辆,这样就可以让这个方向的市民下班后早些回家。"

上面这段话的推理过程可以图解如下：

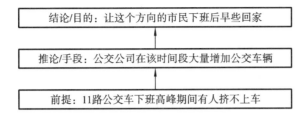

◆ 论证图解三：合推型

题干中提供了两个或两个以上的前提，这几个前提合起来才能推出结论。这样的推理称为合推型推理。

例句："所有人都会死，王老师是人，所以，王老师也会死。"

上面这段话的推理过程可以图解如下：

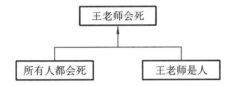

◆ 论证图解四：分推型

题干给出多个前提和一个结论，每个前提都可以单独推出结论。这样的推理称为分推型推理。

例句："孙悟空有罪，因为他放火，何况他还杀人。"

上面这段话的推理过程可以图解如下：

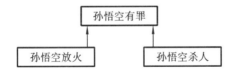

◆ 论证图解五：发散型

题干提供一个前提和多个结论。这样的推理称为发散型推理。

例句："因为孙悟空犯了罪，所以不仅要被开除公职，而且要接受法律的制裁。"

上面这段话的推理过程可以图解如下：

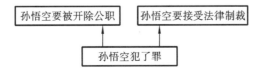

上面介绍的是五种较基本的论证图解,而实际思维的推理过程很可能要比上面这五种基本结构复杂得多。不过,再复杂的推理逻辑结构也都可以看作上述五种基本图式的组合和变形。对某个特定的思维文本进行推理的论证图解是为了对它进行科学的评估,所以是以"标准推理"为参照对象的,但由于具体文本不一定是完全按照标准推理展开的,因此,论证图解并不是对原有文本的机械照抄,有时需要进行一些必要的加工。

(1) 筛选:选留和逻辑推理有关的成分,否则就删除。
(2) 拆解:将复合命题拆解成原子命题。
(3) 替换:用清楚确切的表达替换隐晦、含糊的表达。
(4) 简化:用更简短精练的语言或记号简化原有表达。
(5) 补充:将原先隐含、省略的必要成分加以补充。
(6) 重组:参照标准推理,重新进行排列组合。

第四节 同步练习

美国学者托马斯·弗里德曼的《世界是平的》一书认为,全球化对当代人类社会的思想、经济、政治和文化等领域产生了深刻影响。全球化抹去了各国的疆界,使世界从立体变成了平面,也就是说,世界各国之间的社会发展差距正在日益缩小。

"世界是平的"这一观点,是基于近几十年信息传播技术迅猛发展的状况而提出的。互联网的普及、软件的创新使海量信息迅速扩散到世界各地。由于世界是平的,穷国可以和富国一样在同一平台上接受同样的信息,这样就大大促进了穷国的经济发展,从而改善了它们的国际地位。

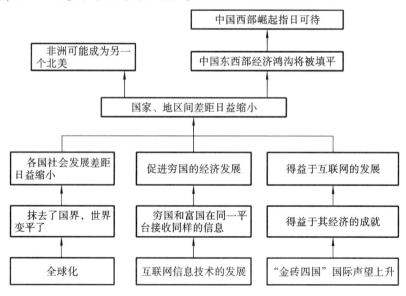

事实也是如此。"金砖四国"国际声望的上升,无不得益于它们的经济成就,无不得益于互联网技术的发展。特别是中国经济的起飞,中国在世界上的崛起,无疑也依靠了互联网技术的普及,同时这一例子也可作为"世界是平的"这一观点的有力佐证。

毋庸置疑,信息技术革命还远未结束,互联网技术将会有更大的发展,人类社会将会有更惊人的变化。可以预言,由于信息技术的迅猛发展,世界的经济格局与政治格局将会发生巨大的变化,世界最不发达的国家和最发达的国家之间再也不会让人有天壤之别的感觉,非洲大陆可能会成为另一个北美。同样也可以预言,由于中国信息技术发展迅猛,中国和世界一样,也可能会从立体变为平面,中国东西部之间的经济鸿沟将被填平,中国西部的崛起指日可待。

◆边学边练一

两个人去山中打猎,遇到一只老虎,一人赶紧穿跑鞋准备逃跑。另一个人说:"穿跑鞋有什么用,你能跑过老虎吗?"穿跑鞋的人回答:"只要跑得比你快就行了。"

在企业经营中,首先要考虑的就是如何战胜竞争对手。因为顾客不是选择你,就是选择你的竞争对手,所以在满足顾客需求上只要快对手一步,就可以脱颖而出,战胜竞争对手。跑赢老虎是不可能的,企业经营战略也是一样,过高的竞争目标只会浪费企业的大量资源。

◆边学边练二

一个国家的文化在国际上的影响力是该国软实力的重要组成部分。由于软实力是评判一个国家国际地位的要素之一,所以如何增强软实力就成了各国政府高度关注的重大问题。

其实,这一问题不难解决。既然一个国家的文化在国际上的影响力是该国软实力的重要组成部分,那么,要增强软实力,只需搞好本国的文化建设并向世人展示就可以了。

文化有两个特性,一个是普同性,一个是特异性。所谓普同性,是指不同背景的文化具有相似的伦理道德和价值观念,如东方文化和西方文化都肯定善行,否定恶行;所谓特异性,是指不同背景的文化具有不同的思想意识和行为方式,如西方文化崇尚个人价值,东方文化固守集体意识。正因为文化具有普同性,所以一国文化就一定会被他国所接受;正因为文化具有特异性,所以一国文化就一定会被他国关注。无论是接受还是关注,都体现了该国文化影响力的扩大,也即表明了该国软实力的增强。

文艺作品当然也具有文化的本质属性。一篇小说、一出歌剧、一部电影等,虽然一般以故事情节、人物形象、语言特色等艺术要素取胜,但在这些作品中,也往往肯定了一种生活方式,宣扬了一种价值观念。这种生活方式和价值观念不管是普同的还是特异的,都会被他国所接受或关注,都能产生文化影响力。

由此可见,只要创作更多的具有本国文化特色的文艺作品,那么文化影响力的扩大就是毫无疑义的,而国家的软实力也必将同步增强。

第八章 步步为营——掌握应试写作步骤

第一节 批判性阅读

"论证有效性分析"写作的基础是批判性阅读（critical reading），在国际教育界，批判性阅读被认为是对事物进行客观评估与思考的能力，是教育的核心目标之一。

一、批判性阅读的含义

阅读是学生获取知识并探索和思考整个世界的重要方式。阅读和理解一般有两个层次，低层次的阅读是知识吸收型阅读，这种类似海绵吸水式的阅读理解方式更多地是单方向的吸收和学习，较少涉及申辩、评估等深刻的思维活动。诚然，对知识的学习很重要，但知识不见得都是真理，有的知识属于伪知识，需要考量和鉴别，这就要涉及高层次的阅读，即批判性阅读。

批判性阅读不是不假思索地接受题干论证的观点，更不是被动地接收信息，而是批判性地分析题干的论证是否恰当有效，有哪些论证缺陷和问题。所以批判性阅读其实是一种分析性阅读。阅读的时候，不能像海绵吸水一样一味地接收信息，而要像淘金的筛子，通过分析阅读把题干中的论证性结构及缺陷提炼出来。

我们面对一篇文章，不能被别人的思想左右，必须学会自己做出判断和选择。批判性思维的质疑提供给我们关于做出判断和选择的技巧及方法。其中，主要的是学会分辨信息的正确与错误、真实与虚假、有用与无用的技巧和方法，包括分析、评价和质疑等环节。

二、批判性阅读的意义

批判性阅读是阅读和思考同时进行的过程，需要头脑的高度运转，是一个寻找真理并且吸收精髓的过程。我们首先要在阅读和思考过程中提炼出作者的论点、论据和论证方式，然后对此提出疑问，并客观地评估文章的论证，从而提高阅读能力、独立思考能力和评估能力。任何一篇文章只是作者的思考，不是唯一的事实，更不是事物的全部真相。在当今的信息时代，各种媒体（包括互联网）上的信息铺天盖地，如果不具备足够的批判性思维能力，人们就容易受到良莠不齐的信息的侵扰。对自然和社会中的很多问题，往往只有相对较好的答案，而没有唯一正确的答案。批判性阅读能够有效地筛选信息，客观地评估信息中的个人偏见。

三、批判性阅读需遵循的原则

批判性阅读不能仅仅满足于了解文章的浅显内容,而是要在经过不断质疑的阅读过程中,能够识别超越文章本身描述的内容,对文章有更深层次的理解。我们要善于通过阅读文章,找出作者在论证过程中逻辑上的缺陷和错误,并在此基础上,更好地理解文章并吸收其精髓,从而挖掘出超越文章本身的更深层次的意义。因此,批判性阅读就要针对论证的主张,考量其理由的真实性或可信性以及推理的有效性,从不同的角度客观辩证地看待事物并且提出质疑和独立的观点。由此可见,批判性阅读是一个不断质疑并且挖掘真相的过程。批判性阅读需要遵循慈善原则(principle of charity),也即宽容原则,是指以合理性的最大限度来理解论证的原则,其核心是尽可能地把论证者设想为一个正常的、理性的人,除非故意,其一般不会使用虚假的前提,不会进行无效的推理和论证。

在阅读中,我们不能只关注作者的立场和主张,而忽视作者的根据和理由。正确的思考应该是暂时承认作者主张的合理性,然后静下心来,准确地理解作者是怎样论证他的主张的。我们应尽可能对被分析的论证做出有利于支持结论的解释。理解的宽容原则意味着需要具备一定的兼容精神,恰当的评估是建立在公正、准确的理解基础之上的。理解的宽容原则还意味着理解者必须跳出自我,站在作者的立场上来理解他所提出的问题、所坚持的主张和所做出的论证。对作者的论证进行解释时,我们要站在其立场上,考虑怎样才能使论证中已表述的前提成为支持其结论的强有力的理由。论证的可靠性是批判性阅读所关注的核心,一个论证是否可靠,在阅读思考中,我们应重点关注该论证的理由是不是真实的或可接受的,而且其推理是不是有效的或强有力的。

四、批判性阅读的技巧

批判性阅读关键的一个步骤,是要求信息的接收者学会论证,按照逻辑论证的程序去验证一个观点、一种说法、一类描述的真假对错。批判性阅读需要冷静并细心地思考以下几个问题。

(一)关于论证的主张

(1)论证的论题是什么?是描述性的还是说明性的?有没有分论题?

即找出一篇文章中的思想、观点的概括性表述。

(2)论证的结论是什么?结论是否恰当?

对找出的结论做初步的批判性思考,根据事实和科学原理分析其对错。

(二)关于论证的理由

(1)论证的论据是什么?文章中给出了哪些论据?

如果对结论的真假不能简单地做出判断,那就要进一步去寻找并发现它的论据。

(2)文章中的论据本身是否成立?

对论据的真伪做出批判性辨析,分析这些论据是否真实可靠。

(3)论证中是否还有未陈述的理由?是否存在影响主题成立的反面例证?

如果有的话,找到论证中未陈述的那些前提。在论证有效性分析的文章中,未陈述的前提往往是不恰当的,往往是整篇论证中较关键的谬误之一。

(三)关于论证的支持

(1)论证结构是什么样的?主张和理由的关系如何?

在明确论题和确信论据真实的前提下,评价论题与论据的关系,即论据对论题是否能提供有效的支持,这种支持是必然性的还是可能性的。

(2)论证中使用了什么样的推理?

考查论证中使用了什么样的推理,分析这些推理是否符合相关的推理要求;如果你肯定文章中的论证,可试着重复这一论证,以接受其合理性;如果你否定文章中的论证,可试着做出反驳,以确定其论证的错误。事实上,无论你接受还是拒绝文章中的思想观点,你都需要做出一个与之相关的论证。

五、论证有效性分析的阅读步骤

具体针对论证有效性分析测试,其阅读步骤大致分为以下三步。

第一步,仔细阅读原文。原文作为一个待评估的论证,至少要读三遍。甲是甲,乙是乙,不能望文生义,不能曲解原文。只有这样才有助于切实弄明白待评估论证的结构和主要缺陷。

第二步,分析论证结构。一定要迅速准确地理出论证结构。复杂的论证结构建议画出论证图解,在此基础上,找到前提和结论的内在关系。总之,批判性阅读就是在阅读中提炼出论证的主张、理由和支持关系,分析论证的结构和推理的方法,分析论证中相关要素的关系,分析原因和结果的关系,分析理由和结论的关系等。

第三步,选择作答要点。选作答要点很简单,即求稳之后再求新。选要点要选有把握的点,有把握好找并且好写,即必须确保对这一点的逻辑漏洞寻找无误,并且可以对它进行严谨有力的分析。记住,这是我们选漏洞点时需要确保的首要原则和最高准则。因为只有找得准,写得好,才能确保这一点的得分全部拿到手。对于应试作文而言,一切其他标准在得分面前都显得并非那么重要。我们的目标就是尽量拿到更多分数,所以只有内容先求稳,分数才能跟着稳。倘若一味地求新求异,冒险去写一些虽然新颖独到,但自己并无十足把握的漏洞点,势必影响文章得分,导致得不偿失。如果是水平较高的同学,材料在手,漏洞毕现,对大多数甚至全部逻辑漏洞都能找准无误,并且能确保展开完整且良好的分析和评论,那么为了获得更高的分数,可以让文章变得更加新颖出色。此时可以考虑如下几点。

(1)可尽量选择不同类型的逻辑漏洞。

(2)可尽量选择不同位置的逻辑漏洞。我们的真题材料或长或短,大多数有明确的分段,通常由4—6个自然段组成,往往每个段落都存在或多或少的逻辑漏洞。所以,大家在选漏洞点时可以尽量从各个段落均衡选择,争取全文上下都有涉及,这样才能让阅卷老师感觉你对材料的理解较为全面和深刻,自然有利于拿到高分。

(3)依据重要次序选择逻辑漏洞。虽然材料中有大大小小的多个逻辑漏洞,但并不是每一点都非常重要,也不是每一点都很常见,它们之中也有轻重之分。也就是说,有的漏洞点较小,通常涉及的也是非常细节化的问题,而有的漏洞点比较重要,通常直接指向材料最关键、最致命的问题。我们选择漏洞点时如果能结合这一标准,尽量选择那些重要的、明显的、涉及材料核心的漏洞点,那么写出的文章就会更加优质。

第二节 论证缺陷分析

论证有效性分析的工具是批判性思维。批判性思维要求思考应当具有清晰性、相关性、一致性、正当性和预见性。具备批判性思维能力的人,其思维具有全面性、中立性、恰当性、敏锐性等特征。

一、论证缺陷分析的要点

分析问题,首先要提出问题。要进行批判性思考,就要学会恰当地提问。讨论论证运用的合理性情况,在论述中必须对论证中的推理方法和论据的使用做出分析。所以建议考生平时进行论证有效性分析的时候,多从论证角度思考问题,长此以往,会有助于批判性思维能力的提升。论证缺陷分析的要点在于找出概念、理由和论证方法有哪些缺陷?论证缺陷分析中常用的问题如下。

(1)论证中的主要概念是什么?核心概念是否清晰、明确,在论证过程中是否保持一致?

(2)定义是否恰当?定义是否具有清晰性、明确性和一致性?语句有无歧义?

(3)论证的论据是否可信?论据的支持能力如何?数据是否可信?证据链是否环环相扣?所用论据是否存在其他可能的解释,是否存在明显的逻辑漏洞,是否存在削弱结论的反例等?

(4)因果联系是否紧密?因果联系方式如何?溯因是否恰当?

(5)有没有未陈述的前提假设?其恰当性如何?有哪些作为思考基础的假设是存在疑问的?

(6)论证方法是否正确、有效?支持论点及分论点的理由是否充分?推论的方法是否可行?

二、论证缺陷分析的策略

论证有效性分析的材料是一段待评估的论证。目前,为适应考生的水平和能力,会设计不少于6处的主要论证缺陷,对考生的要求不是事无巨细地指出论证中的全部问题,而是对其中主要的论证缺陷进行分析说明,一般找到其中4到5处主要缺陷就可以了。在分析问题时,也没有专业要求,即不要求考生运用逻辑术语进行分析评论,只要能够通过日常语言,清楚地表明所分析的问题就可得分。

我们建议考生遵照如下策略来分析文章。

(1) 分析要重结构,轻内容。要对论证结构、谬误进行分析,不要被待评估论证的内容牵走注意力,应把分析重点牢牢放在论证缺陷上,而不是论证的观点上。

(2) 分析要兼顾整体和细节。要注重整体论证框架,不能一头扎进细节,大缺陷往往不在语词和单一命题上。

(3) 分析要沿着论证链条。要注意分析方法,不能生搬硬套,也不能断章取义。应该言之有物,有的放矢,实事求是。

第三节 写作成文

论证有效性分析的写作是评论性写作,关键是分析评估、评而不驳,即评论论证方法的优劣,而不是反驳题干的观点。所以,应把论证评论和反驳某种观点区分开。论证评论是针对论证方法的,是从思维技术和写作技术层面展开的评述,目的是揭示题干论证的谬误,以期改进作者的批判性思维。

所以原则上,论证评论不涉及个人对题干所论证主题的观点和立场。也就是说,不要试图说明你个人对此主题的观点。论证分析者在多数情况下是不同意原论证作者的观点的,但也有可能会同意原论证作者的观点,这都不是关键,重要的是即使你同意原论证作者的观点但只要原作者的论证存在缺陷,你就要把这些缺陷和漏洞找出来,并进行分析评论。简而言之,论证有效性分析的写作要围绕的主题是:这样的论证恰当吗?有效吗?

论证有效性分析写作的行文要点如下。

一、行文要点

从论证分析的角度看,行文要点是指出题干的论证性如何,即是否有效、是否严谨、是否恰当等。从评论写作的角度看,即行文的论证性如何,同样也有一个是否有效、是否严谨、是否恰当的问题。行文时要尽量做到以下几点。

(1) 论题清晰、明确。
(2) 说理透彻。
(3) 文章的层次分明、结构严谨。
(4) 写作有条理。

二、写作的语言表达

评论性写作的语言表达要尽量做到以下几点。

（1）使用平实的语言——不要刻意雕琢语言，不要纠缠细节。
（2）使用清晰、准确的语言——不用形容词和比喻，杜绝夸张性语言。
（3）详略得当——掌握分析的尺度，避免多余或过多的解释。
（4）行文流畅——用词尽量规范，分析不拖沓。

三、逻辑缺陷的识别与阐述

通常而言，试卷中所给出的论证有效性分析文章一般包含的逻辑漏洞较多，但只要求考生精选出 4 个逻辑缺陷进行分析，也就是对其中严重的逻辑漏洞做总体的分析与概括，评估论证的可靠性，书写成文即可。

第九章 精准打击——考试常见错漏分析

论证有效性分析最主要的任务就是找到论证中存在的逻辑错误。考试大纲中的提示指出，论证有效性分析的一般要点是"概念特别是核心概念的界定和使用上是否准确并前后一致，有无各种明显的逻辑错误，该论证的论据是否支持结论，论据成立的条件是否充分等"。这一提示为我们构思和进行论证有效性分析的写作提供了思路。既然大纲提示要点中需要关注"概念特别是核心概念、论据是否支持结论、论据成立的条件是否充分"，接下来笔者将考试中经常存在的三大类错误加以分析和介绍，并选取历年真题作例证加以分析和解决。

第一节 概念类错漏

概念混淆即句子中某个词具有不同的意义而造成歧义。概念是论证的基础，没有意思明确、前后统一的概念，论证就如同沙滩上的城堡，再精心修葺也不牢固。因此，分析论证首先要从分析概念入手，检查概念界定是否准确，前后含义是否一致。概念问题可以细分为许多具体情况，比如概念混淆、概念偷换、概念定义模糊或使用偏差等。这些都有不同含义，但实际考试并不会考到如此精确的地步，不会出现考生指出"概念混淆"就不得分，指出"概念偷换"才得分的情况。所以，为提高学习效率，我们将其统称为"概念混淆"。

◆**分析思路**

分析思路一：上述论证结论的正确性在很大程度上依赖于对 A 这个词的理解，但是对于 A 这个概念的界定不够清晰，到底是……还是……？所以论证中存在概念混淆的嫌疑，该论证的合理性值得怀疑。

分析思路二：上述论证结论的正确性在很大程度上依赖于对 A 这个词的理解，但是 A 概念第一次出现时的内涵是……，第二次出现时变成了……，所以论证中存在混淆概念的嫌疑，该论证的合理性值得怀疑。

分析思路三：A 并不能等同于 B，材料显然混淆了这两个概念的含义。因为 A 的外延是……，而 B 的外延是……，两者之间具有本质区别，不能等同。

【例1】2004 年 MBA 联考真题

去年，规模最大的 10 家本土公关公司的年营业收入平均增长 30%，而规模最大的 10 家外资公关公司的年营业收入平均增长 15%；本土公关公司的利润率平均为 20%，外资公司的利润率为 15%……可见，本土公关公司收益能力强、利润水平高……

◆思路解析

收入增长速度与收益能力是不同的概念,在题干中被混用了。营业收入增长率只有在增长基数基本相同的情况下才能说明收益能力的差异。公司的利润水平与平均利润率是不同的概念,即使本土公关公司的平均利润率高,但是总体利润水平仍有可能低于外资公司。

【例2】2006年MBA联考真题

中国将承担A350飞机5%的设计和制造工作。这意味着未来空中客车公司每销售100架A350飞机,就将有5架由中国制造。

◆思路解析

材料中的5%概念界定不清,到底是飞机部件数量的5%,还是飞机价值的5%无法识别。此外,从"承担A350飞机5%的设计和制造工作"中,不能得出"未来空中客车公司每销售100架A350飞机,就将有5架由中国制造"的结论。因为"A350飞机的5%"只是飞机的一个部分,而且可能是极少的一个部分,跟5架完整的飞机是完全不同的概念。

【例3】2007年MBA联考真题

为了解决"期界问题",日本和德国的企业对那些专业技能要求很高的岗位上的员工,一般都实行终身雇佣制;而终身雇佣制也为日本和德国企业建立与保持国际竞争力提供了保障。这证明了"终身制"和"铁饭碗"不见得不好,也说明,中国企业的劳动关系应该向着建立长期雇佣关系的方向发展。

◆思路解析

在中国改革开放过程中,"终身制"和"铁饭碗"作为指称传统体制弊端的概念,有其特定的内涵。日本和德国企业的终身雇佣制一般适用于那些专业技能要求很高的岗位,与中国改革开放前国有单位普遍实行的"终身制"和"铁饭碗"的内涵是不同的,不能证明"终身制"和"铁饭碗"的合理性。

【例4】2008年MBA联考真题

甲:"科学没有国界"是一个广为流传的谬误。如果科学真的没有国界,为什么外国制药公司会诉讼中国企业侵犯其知识产权呢?……

乙:我去医院看西医,人家用现代科技手段从头到脚给我检查一遍,怎么没有整体观念、系统思维呢?

◆思路解析

"如果科学真的没有国界,为什么外国制药公司会诉讼中国企业侵犯其知识产权呢?"甲将"科学无国界"曲解为"科学研究的成果不应当受到知识产权的保护",这是有问题的。因为科学研究的成果是一种财富,不能被无偿享用,它与"科学"不是一个概念。

乙认为"西医用现代科技手段从头到脚给我检查一遍",是在操作上覆盖了身体的每个部分,并不意味着整体观念、系统思维。乙在对话中误解了"整体观念"和"系统思维"这两个概念。一般来说,"整体"或"系统"的概念被理解为各个部分或各个要素的有机组合,并不是各个部分或要素的简单相加。

【例5】2010年管理类联考真题

美国学者托马斯·弗里德曼的《世界是平的》一书认为,全球化对当代人类社会的思想、经济、政治和文化等领域产生了深刻影响。全球化抹去了各国的疆界,使世界从立体变成了平面,也就是说,世界各国之间的社会发展差距正在日益缩小。

◆ 思路解析

"世界是平的"是指信息网络技术打破了信息沟通的诸多障碍,缩短了个人之间、企业之间乃至国家之间的距离。材料把"世界是平的"不恰当地解读为世界正变得无障碍、无差别甚至无疆界,这歪曲了原文的意思,偷换了概念。全球化在目前的含义是经济全球化、贸易自由化,而疆界则是政治概念。

【例6】2011年管理类联考真题

如果你要从股市中赚钱,就必须低价买进股票,高价卖出股票,这是人人都明白的基本道理。但是,问题的关键在于如何判断股价的高低。

只有正确地判断股价的高低,上述的基本道理才有意义,否则就毫无实用价值。

◆ 思路解析

题干断定,"要从股市中赚钱,就必须低价买进股票,高价卖出股票",同时又断定,"只有正确地判断股价的高低,上述的基本道理才有意义,否则就毫无实用价值"。这一表述存在概念上的混淆;低价买进、高价卖出需要掌握的信息是股价的涨跌。股价的高低与股价的涨跌是两个不同的概念。

【例7】2012年管理类联考真题

众所周知,爱因斯坦提出的相对论颠覆了人类关于宇宙和自然的常识性观念。不管是狭义相对论还是广义相对论,都揭示了宇宙间事物运动普遍存在的相对性。既然宇宙间万物的运动都是相对的,那么我们观察问题时也应该采用相对的方法,如变换视角等。

◆ 思路解析

材料提出的"观察问题时也应该采用相对的方法",实质是用辩证的眼光看问题,这与解释"宇宙间万物的运动都是相对的"的观点是不同的理论。

【例8】2013年管理类联考真题

文艺作品肯定或宣扬的生活方式和价值观念,不管是普同的还是特异的,都会被他国所接受或关注,都能产生文化影响力。由此可见,只要创作更多的具有本国文化特色的文艺作品,那么文化影响力的扩大就是毫无疑义的,国家的软实力也必将同步增强。

◆ 思路解析

"文艺作品肯定或宣扬的生活方式和价值观念,不管是普同的还是特异的,都会被他国所接受或关注,都能产生文化影响力。"这里混淆了"文化""文艺作品"和"生活方式和价值观念"这三个内涵不同的概念。论证最后的结论是"只要创作更多的具有本国文化特色的文艺作品,那么文化影响力的扩大就是毫无疑义的,而国家的软实力也必将同步增强"。这里用"文艺作品"代替了"生活方式"和"价值观念"。

【例9】2014年管理类联考真题

从本质上来说,权力平衡就是权力平等。因此这一制度本身蕴含平等的观念。

◆思路解析

"权力平衡就是权力平等"混淆了平衡和平等的概念,权力平衡是相对的概念,而权力平等是绝对的平均,故由此得出的"权力平衡制度本身蕴含着平等观念"的推论是不成立的。

【例10】2015年管理类联考真题

在市场经济条件下,生产过剩实际上只是一种假象。只要生产企业开拓市场、刺激需求,就能扩大销售,生产过剩马上就会化解……生产过剩是市场经济的常见现象。既然如此,那么生产过剩也就是经济运行的客观规律。

◆思路解析

材料中"生产过剩"这一概念的使用前后不一致。如果说部分行业出现的生产过剩并不是真正的生产过剩,这的确有可能,但是生产过剩是一种宏观经济现象,并非个别企业开拓市场、刺激需求、扩大销售就能马上化解的。论证混淆了整个经济体系生产过剩与个人企业产品过剩这两种不同的现象。

【例11】2017年管理类联考真题

因为监察官也是人,也是好利恶害的,所以依靠监察官去制止其他官吏以权谋私就是让一部分以权谋私者去制止另一部分人以权谋私。结果只能使他们共谋私利。

◆思路解析

"好利恶害"属于人的本性,但不等同于"以权谋私"。好利可以是正当之利,"好利恶害"是中性的,"以权谋私"则是错误做法,是以公权谋私利,词义是贬义的,两个概念所指内涵差异很大,不能混淆。

【例12】2018年管理类联考真题

首先,按照唯物主义物质决定精神的基本原理,精神是物质在人类头脑中的反映。因此,物质丰富只会充实精神世界,物质主义潮流不可能造成人类精神世界的空虚。

◆思路解析

"物质"不能等同于"物质主义",这两个概念差异很大,不能简单等同。因此,物质与精神的关系不能用于推断"物质主义潮流不可能造成人类精神世界的空虚"。

第二节 逻辑错误

一、类比不当

所谓类比,就是由两个对象的某些相同或相似的性质,推断它们在其他性质上也有可能相同或相似的一种推理形式。类比是一种主观的、不充分的似真推理,进行类比的两个事物之间固然有相似之处,但也有所差别,故从两者在某些地方相似推出它们在另外的地方仍相似的结论就不具有必然性。这种错误用公式表示如下。

A:a,b,c,d,e,f,g,h,i,j
B:a,b,c,d,e,f,g,h,i

从历年真题来看,在我们的论证有效性分析题目中,只要有类比,就一定会有问题。怎样判断类比不当呢?类比不当就是将只在表面上相似而本质不相似的两个事物或两类事物进行类比。判断的方法很简单:直接去看类比的两者,看看它们是否具有可比性。分析类比不当时,我们要看这两个事物或两类事物是否有本质差别,如果两者在本质属性上存在根本差异,则必然不具备可比性,可直接归为类比不当。

◆ 分析思路

分析思路一:材料试图比较 A 和 B,得出结论 C。但是 A 和 B 二者存在一定的差异……,所以这样的比较不够合理,由此得出的结论自然也就值得商榷。

分析思路二:上述论证中有不当类比的嫌疑,因为 A 与 B 之间存在着较大的差异。简单地将 A 具有的属性类推到 B 也具有,论证上是不够严谨的,结论也是难以令人信服的。

【例1】2003 年 10 月 MBA 联考真题

把几只蜜蜂和苍蝇放进一只平放的玻璃瓶,使瓶底对着光亮处,瓶口对着暗处。结果,有目标地朝着光亮拼命扑腾的蜜蜂最终衰竭而死,而无目的地乱窜的苍蝇竟都溜出细口瓶颈逃生。是什么葬送了蜜蜂?是它对既定方向的执着,是它对趋光习性这一规则的遵循……就像蜜蜂或苍蝇一样,企业经常面临一个像玻璃瓶那样的不可思议的环境。蜜蜂实验告诉我们,在充满不确定性的经营环境中,企业需要的……

◆ 思路解析

蜜蜂实验只是特定环境下的一个生物行为实验,不能简单地将生物行为类比到企业行为,更不能由生物行为实验的结果推理出企业应对不确定性的普遍性原则。

【例2】2004 年 MBA 联考真题

去年,中国公关市场营业额比前年增长 25%,达到了 25 亿元;而日本约为 5 亿美元,人均公关费用是中国的十多倍。由此推算,在不远的将来,若中国的人均公关费用达到日本的水平,中国公关市场的营业额将从 25 亿元增长到 300 亿元,平均每家公关公司就有3000万元左右的营业收入。

◆思路解析

中国与日本的人口结构存在着相当大的差异,对于公关这种城市化程度要求相当高的行业而言,不能简单地将日本的人均公关费用情况套用到中国身上。"对未来市场总额的估计"与"现在市场中企业的总数"不具有可比性,前者是预测,而后者是统计。

【例3】2010年管理类联考真题

同样也可以预言,由于中国信息技术发展迅猛,中国和世界一样,也会从立体变为平面,中国东西部之间的经济鸿沟将被填平,中国西部的崛起指日可待。

◆思路解析

中国国情与世界情况不尽相同,说中国和世界一样,这样的简单类比是不恰当的。因此,中国东西部的差距能否改变,还有待进一步论证。

【例4】2012年管理类联考真题

既然宇宙间万物的运动都是相对的,那么我们观察问题时也应该采用相对的方法,如变换视角等。

◆思路解析

由"宇宙间万物的运动都是相对的"不能推出"观察问题时也应该采用相对的方法",该类比显然并不恰当。事物运动的相对性不能机械地迁移到观察问题应该具有相对性。

【例5】2019年管理类联考真题

我们在做考卷中的选择题时,选项越多选择起来就越麻烦,也就感到越痛苦。

◆思路解析

做"选择题"的事例不能推断出"选择"越多越痛苦。此处显然类比不当。首先,"选择题"单指考试,而"选择"是广义的,不只是考试。其次,选择题有标准答案,是要从错误选项中选出正确选项,当然选项越多越不好。这跟一般意义上的"选择"不同,所以"选择题"不宜作为事实举例说明选择越多越痛苦。

二、以偏概全

以偏概全指由于忽视样本属性的异质性,或者根据偏颇的样本所做出的概括。试题中往往利用一个小的样本空间来证明一个较大的结果,以一个局部的事例来概括整体结论,或以一点概括一个面,或认识片面化。以上均是犯了以偏概全的逻辑错误。它的可信程度完全建立在样本或事例的数量及其分布范围上,那么其结论一般是或然的。我们在分析样本以偏概全时,需要指出样本没有代表性,并说明样本为什么不具有代表性。

◆分析思路

分析思路一:X这一部分的情况并不能够论证得到Y这一整体的情况,论证者有以偏概全的嫌疑,其显然忽略了 X 中除了 Y 还有 A、B、C 等,而这几者的情况很可能与 X 不一样,若是如此,则其论证就难以必然成立。

分析思路二:材料由 X 集合……推导出 Y 集合……的推理犯了以偏概全的错误,X 和 Y 的主体范围有所不同。X 除了 Y 以外,还包括其他的 A、B、C 等因素,而这些其他因素跟 Y 有很大不同,不可以把两个集合进行简单的等同。

【例1】2005 年 10 月 MBA 联考真题

该公司去年在 100 家洋快餐店内进行的大量问卷调查结果显示,超过 90% 的中国消费者认为食用洋快餐对于个人的营养均衡有所帮助。

◆思路解析

用在洋快餐店内进行的问卷调查得出中国百姓的饮食营养观念,在样本选择上就存在偏差。即便洋快餐店内的消费者大多是认同洋快餐的,而所有消费者中从不去或很少进洋快餐店的这部分人的意见却没能够在该样本中体现出来。

【例2】2009 年 MBA 联考真题

素质教育的真正目标,是培养批判性思维与创造性思维能力,知识与此种能力之间没有实质性的联系,否则就难以解释,具备与爱因斯坦相同知识背景的人多的是,为什么唯独他发现了相对论。硕士、博士这些知识头衔的实际价值一再受到有识之士的质疑,道理就在这里。

◆思路解析

能力平庸的硕士、博士固然是存在的,但现实中同样不乏有创造性成果的硕士、博士,不可以偏概全。同时,有些硕士、博士即使受到质疑,也不等于这些头衔没有价值;并非发现了相对论才称得上有价值。

【例3】2012 年管理类联考真题

假如再变换一下视角,从一个更广泛的范围来看,连我们人类自己也是大自然的一个部分……

由此可见,人类的问题就是大自然的问题。

◆思路解析

由人类是"整个自然生态中的有机组成部分"不能归纳出"人类的问题就是大自然的问题"。因为在部分中具有的性质,整体未必能够具有。即使人类只是大自然的一部分,人类也有特定的社会问题,诸如道德问题、文化问题等,这些问题都不是大自然的问题。

【例4】2016 年管理类联考真题

据报道,近年长三角等地区频频出现"用工荒"现象,2015 年第二季度我国岗位空缺与求职人数的比率为 1.06,表明劳动力市场需求大于供给。

◆思路解析

长三角地区劳动力市场这一部分的情况并不能够论证得出我国劳动力市场这一整体的情况,论证者有以偏概全的嫌疑。其显然忽略了除了长三角地区外还有京三角、东三省等诸多地区,而这几者的情况很可能与长三角地区不一样,若是如此,则其论证就难以必然成立了。

【例5】2018年管理类联考真题

还有,最近一项对某高校大学生的抽样调查表明,69%的人认为物质生活丰富可以丰富人的精神生活,有22%的人认为物质生活和精神生活没有什么关系,只有9%的人认为物质生活丰富反而会降低人的精神追求。

◆ **思路解析**

某高校的抽样调查结果不能用于说明"物质主义潮流不会造成人类精神世界空虚"。首先,大学生只是人群中的一部分,某高校更只是某个高校,样本不具有代表性。其次,即使有少部分人如此认为,但看法不等同于事实。

三、非黑即白(非此即彼)

"非黑即白"也叫两难推理(false dilemma)、黑白二分、非此即彼。这种谬误就是在两个极端之间不恰当地二者择一,其所犯的谬误实际上就是忽视了第三种情况的存在,机械地进行非此即彼的选择。这类论证只考虑了两个极端的情况,没有考虑可能存在的中间情况,这就像在黑与白之间本来有很多中间色,却非要人们或者选择黑或者选择白。论证中否定一个观点,从而就认可另一个相反的观点,就是非黑即白。其实,这两个极端的观点都有可能是错误的。

非黑即白的谬误实际上是论证者所制造的错觉,这种错觉使人觉得其所提供的选言前提穷尽了所有可能的选择。如果一个选言前提穷尽了所有可能的选择,那么它就一定是真的。在非黑即白的谬误中,所提供的两种选择不但没有穷尽所有可能,而且所提供的两种选择都是不大可能的。

◆ **分析思路**

分析思路一:A和B两者之间并不是非此即彼的矛盾关系,因为除了A和B之外,还有C、D等可以选择,例如……,所以上述论证有非此即彼之嫌。

分析思路二:材料通过否定A而推出B的推理过程犯了非此即彼的错误。A和B并不是相互矛盾、非此即彼的关系,A和B之间还有C、D等情况,所以上述推理值得商榷。

【例1】2003年10月MBA联考真题

蜜蜂实验告诉我们,在充满不确定性的经营环境中,企业需要的不是朝着既定方向的执着努力,而是在随机试错的过程中寻求生路,不是对规则的遵循而是对规则的突破。

◆ **思路解析**

对规则的突破并不意味着不遵循任何规则,在突破旧规则的同时,要创建并遵循新规则。企业面对经营环境的不确定性不能机械地遵循规则,这个正确的观点被偷换为企业面对经营环境的不确定性不遵循任何规则。

在一个经常变化的世界里,混乱的行动所得到的结果和有序的努力所导致的衰亡并不是两种仅有的选择。不能为了避免有序的努力可能导致的衰亡而提倡混乱的行动。

【例2】2004年10月MBA联考真题

这个故事告诉我们,企业经营首先要考虑的是如何战胜竞争对手,因为顾客不是选择你,就是选择你的竞争者。

◆思路解析

"顾客不是选择你,就是选择你的竞争者",顾客并不是仅有这两种选择。顾客有可能对你和你的竞争者都不选择,换言之,可能你们都无法满足顾客的需求。

【例3】2008年MBA联考真题

1. 乙:从科学角度讲,现代医学以生物学为基础,而生物学建立在物理、化学等学科基础之上。中医不以这些学科为基础,因此它与科学不兼容,只能说是伪科学。

2. 乙:中医在中国居于主导地位的时候,中国人的平均寿命只有三十岁左右,现代中国人的平均寿命为七十岁左右,完全拜现代医学所赐。

◆思路解析

不兼容不意味着就是反科学或是伪科学。即便中医与现代科学不兼容,也不能说它是伪科学。"伪科学"不是"科学"的补集。比如,京剧艺术不是科学,但也不能判定它是"伪科学"。材料判断科学与伪科学的标准过于简单化。

【例4】2015年管理类联考真题

政府应该管好民生问题。至于生产过剩或生产不足,应该让市场自动调节,政府不必干预。

◆思路解析

市场调节和政府干预不是绝对的矛盾。而且,生产过剩或生产不足也和民生问题相关,也属于民生问题的一部分,不能把它们完全分开。

【例5】2019年管理类联考真题

"不知足者就不会感到快乐,那就只会感到痛苦"。

◆思路解析

不快乐未必就是痛苦,生活中不是只有这两种极端情况,更多的时候可能是既不快乐也不痛苦,而是内心平淡。

四、自相矛盾

自相矛盾就是在前提或理由中至少包含一组矛盾命题。若论证中所使用的论据包含逻辑矛盾,那么其可信度等于零,这一论证也就不能令人信服。要识别有没有自相矛盾,需关注论点、论据以及论证的假设之间是否前后一致。如果是论点与论据之间不一致或者论据与论据之间不一致,这些都是容易识别的。但如果论点或论据与论证的假设之间存在不一致,识别起来可能会困难一些。在这种情况下就需要我们能对论证有清晰的把握。

在论证中为了确立结论的真实性,必须断定论据的真实性,并由此展开推论。如果在断定论据的真实性时,或者在展开推论的过程中,把一般原则或普遍命题绝对化,就会产生绝对命题的错误,绝对命题是导致自相矛盾的根源。例如,韩非的"矛盾之说"清楚地表明了这一点。"吾盾之坚,物莫能陷也"和"吾矛之利,于物无不陷也"这两个绝对命题出自同一人之口,因而导致了"自相矛盾"这种尖锐的矛盾形式。

◆分析思路

分析思路一:上述论证先说 A,但紧接着又说 B,前后出现了自相矛盾,由此得出的结论显然难以成立。

分析思路二:在文章中,前文说 A,后文又说 B,两个陈述存在自相矛盾。如果 A 成立,那么就不会得出 B,两者无法同时存在,所以有自相矛盾之处。

【例1】2011年管理类联考真题

一般来说,要正确判断一只股票的价格高低,唯一的途径就是看它的历史表现。

我们只能借助概率进行预测。假如宏观经济、市场态势和个人股表现均较好,它的上涨概率就大。

◆思路解析

原文说股价"只能借助概率进行预测",这与上文判断股价"唯一的途径是看历史表现"自相矛盾。另外,"综合考虑宏观经济、市场态势与个人股表现"几个因素,这与先前所说的"只能根据其历史表现(即个人股表现)进行判断"的单一因素自相矛盾。

【例2】2012年管理类联考真题

由此可见,人类的问题就是大自然的问题,即使人类在某一时刻部分地改变了气候,也还是整个大自然系统中的一个自然问题,自然问题自然会解决,人类不必过多干涉。

◆思路解析

既然人类是大自然的一部分,那么原文说自然的问题由自然解决那就是也包括由人类来解决,这与"人类不必过多干涉"的结论自相矛盾。

【例3】2014年管理类联考真题

同时,以制衡与监督为原则所设计的企业管理制度还有一个固有的特点,即能保证其实施的有效性,因为环环相扣的监督机制能确保企业内部各级管理者无法敷衍塞责。万一有人敷衍塞责,也会受到这一机制的制约而得到纠正。

◆思路解析

"监督机制能确保企业内部各级管理者无法敷衍塞责",事实上,即使有了监督机制也不能确保所有管理者不会敷衍塞责。后文说"万一有人敷衍塞责",与该判断自相矛盾。

【例4】2015年入学管理类联考真题

总之，我们应该合理定位政府在经济运行中的作用，政府要有所为，有所不为。政府应管好民生问题，至于生产不足或生产过剩，应该让市场自动调节，政府不必干预。

◆ 思路解析

"政府应管好民生问题"没错，但是推不出"生产不足或生产过剩，政府不必干预"的结论。因为工业生产本身就与民生息息相关，管理生产过剩也是管好民生的一部分，所以原文显然逻辑上自相矛盾。

【例5】2016年入学管理类联考真题

现在人们常在谈论大学毕业就业难的问题，其实大学生的就业并不难。

实际上，一部分大学生就业难，是因为其所学专业与市场需求不相适应或对就业岗位的要求过高。

◆ 思路解析

"其实大学生的就业并不难"与"实际上，一部分大学生就业难"自相矛盾。如果存在大学生的就业并不难，那么就不会出现一部分大学生就业难，原文显然在逻辑上自相矛盾。

五、数字陷阱

统计数字包括平均数、百分比、相对数量与绝对数量、比率和概率等各类数据。当今社会各种数字、数据、报表可以说铺天盖地，频频出现在大众传媒之中，我们常常会想这些数字、数据准确、可靠吗？人们是如何得到这些数字、数据的？获得这些数字、数据的方法和途径是什么？这些方法和途径可靠吗？这些数字、数据的可信度高吗？这些数字、数据到底能说明什么问题？由于统计推理的结论性质具有或然性，因此在统计推理的过程中应注意数字陷阱的问题。对这些"精确"数字保持必要的怀疑，是一种明智的、理性的态度。

（一）平均数谬误

平均数谬误是指误用平均数，即将平均数的性质机械地分配给总体中的个体，从而基于平均数假象而引申出一般性结论的谬误。"平均数"的三种不同含义包括算术平均数、众数和中位数。算术平均数是指一组数值的总和除以这组数值的个数所得到的数。众数是指调查对象中出现次数最多的数。中位数是指将所有数据从高到低排列起来，居于数列中间位置的那个数。其中，算术平均数的谬误是最常见的平均数谬误，是指不恰当地使用算术平均数，以算术平均数的假象为根据，引申出一般结论的错误论证。算术平均数的特点是取长补短，以大补小，以最终求得的结果代表对象总体的一般水平。算术平均数掩盖了实际上的不平均，通过算术平均数设计的数字陷阱主要是利用了算术平均数的这一特点。

◆**分析思路**

材料试图通过 A 这个平均数的分析得出结论 B。但是平均数只能说明样本总量的总体特征和集中趋势,并不能说明每个样本的具体情况,尤其是在样本总体分布两极分化的情况下,平均数并不是研究一个样本的良好指标。材料所举的例子远远达不到平均水平,因此这个数据对于结论的支持是有限的。

(二)百分比谬误

百分比可以使人们了解某一类对象在全体对象中所占的比例。使用百分比的优点是统计结果简单明了、一目了然。使用百分比的缺点是无法反映一种非常重要的信息,即得出的不是绝对数量。百分比高不意味着绝对数量大,还要看基数。误用百分比是指利用百分比掩人耳目,论证中使用了确切的百分比,却疏漏了一个重要的信息——百分比依据的是绝对数量。

由于百分比只是一个相对比率,它不能反映对象的绝对总量。如果在统计推理中遇到百分比,我们务必问问自己,是否需要知道这些相对比率所依据的绝对总量。有关百分比的批判性思维问题如下:

(1)该百分比所依据的基础数据是什么?
(2)该百分比所表示的绝对总量有多大?

◆**分析思路**

材料根据一个百分比数字 A 推断结论 B,但是这个百分比缺少了基数,因而只能代表一个相对的比率,无法说明其实际情况。在基数小的基础上增加总是比在基数大的基础上增加容易。如果其基数非常小,则该百分比就没有材料所描述的重要意义了。因此结论 B 的成立需要进一步论证。

【例1】2004 年 MBA 联考真题

由此推算,在不远的将来,若中国的人均公关费用达到日本的水平,中国公关市场的营业额将从 25 亿元增长到 300 亿元,平均每家公关公司就有 3000 万元左右的营业收入。这意味着一大批本土公关公司将胜过外资公司,成为世界级的公关公司。

◆**思路解析**

虽然平均营业收入水平很高,但这些公司中既包括本土公关公司,也包括外资公关公司,无法得出本土公关公司必将击败外资公关公司的结论。讨论本土公关公司中是否会诞生一批世界级公司时,采取平均的方法所推算出的每个公关公司的平均营业收入缺乏说服力。在某个行业中,常常是 20% 的企业创造了 80% 的市场营业收入,所以这种根据平均值推断的方式存在很大的漏洞。

【例2】2004 年 MBA 联考真题

规模最大的 10 家本土公关公司的年营业收入平均增长 30%,而规模最大的 10 家外资公关公司的年营业收入平均增长 15%……可见,本土公关公司利润水平高,具有明显的优势。

◆思路解析

材料的结论是"本土公关公司利润水平高,具有明显的优势",其论据是本土公关公司的年营业收入平均增长30%,而外资公关公司的年营业收入平均增长15%,就百分比而言的确前者高于后者。论证乍看有理,却是严重的数字误用。问题在于,材料提供的30%和15%均为百分比,只有首先明确各自的增长基数时,这种比较才有意义。

【例3】2016年入学管理类联考真题

根据国家统计局数据,2012年我国劳动年龄人口比2011年减少了345万,这说明我国劳动力的供应从过剩变成了短缺。

◆思路解析

劳动年龄人口减少345万不能推出劳动力的供应从过剩变成短缺,相对数量的减少不能推出绝对数量的减少,如果原本劳动力供过于求的数量远超过345万,那么即使劳动人口减少也不能改变劳动力供过于求的状况,所以这样的推理是有失偏颇的。

第三节 因果关系中的谬误

一、论据有误

论据有误又称虚假原因、虚假理由、虚假前提等,它是违反充足理由律要求的逻辑错误。论据有误有两种情况:第一种是事实论据不成立,我们需要指出该事实并不真实。第二种是道理论据不成立,我们需要指出该道理不合常理或者不能被接受。

论证即用论据证明论题的真实性。在论证中对结论的断定必须以充足理由为根据。如果在论证中以虚假的理由为根据,或者理由虽然是真实的,但理由与结论之间没有关系,形同虚设,就会犯论据有误的错误。

分析思路:由A不能推出B,X这个理由有问题(叙述该理由的问题)。因此该理由不能成立,不能推出B。

【例1】2004年10月MBA联考真题

企业经营首先要考虑的是如何战胜竞争对手,因为顾客不是选择你,就是选择你的竞争者,所以只要在满足顾客需求方面比竞争者快一点,你就能够脱颖而出,战胜对手。

◆思路解析

材料得出"企业经营首先要考虑的是如何战胜竞争对手"的结论,这是欠妥当的。如果"你"和"你的竞争者"都无法真正满足顾客的需要,那么顾客很有可能谁都不选。所以"你"和"你的竞争者"并不能构成顾客选择的全部。同时,企业要想脱颖而出,战胜对手,除了"快"这个条件以外,很可能还需要"多、好、省"等其他条件的配合。此处论述存在论据有误的嫌疑,因此上述结论不足为信。

【例2】2012年管理类联考真题

众所周知,爱因斯坦提出的相对论颠覆了人类关于宇宙和自然的常识性观念。不管是狭义相对论还是广义相对论,都揭示了宇宙间事物运动中普遍存在的相对性。

既然宇宙间万物的运动都是相对的,那么我们观察问题时也应该采用相对的方法,如变换视角等。

◆**思路解析**

把爱因斯坦的相对论理解为宇宙间事物运动中普遍存在的相对性,是对相对论的误解,不能将其作为论据。因此也无法推断出我们观察问题也应该采用相对的方法。

【例3】2014年管理类联考真题

同时,以制衡与监督为原则所设计的企业管理制度还有一个固有的特点,即能保证其实施的有效性,因为环环相扣的监督机制能确保企业内部各级管理者无法敷衍塞责。万一有人敷衍塞责,也会受到这一机制的制约而得到纠正。

◆**思路解析**

"监督机制能确保企业内部各级管理者无法敷衍塞责",该判断过于绝对,监督机制再好、设计得再完美毕竟也只是制度性的东西,在实践中不一定能执行下去。因此不能成为论据,也无法证明以制衡与监督为原则所设计的企业管理制度能保证实施的有效性。

【例4】2015年管理类联考真题

再说,生产过剩总比生产不足好。如果政府的干预使生产过剩变成了生产不足,问题就会更大。因为生产过剩未必会造成浪费,反而可以因此增加物资储备以应对不时之需。如果生产不足,就势必造成供不应求的现象,让人们重新去过缺衣少食的日子,那就会影响社会的和谐稳定。

◆**思路解析**

生产过剩是指超出正常消费和储备需求以外的部分。这些产品滞销、库存积压不能理想化地认为就是物资储备。该理由不能成立,不能用于推断"过剩比不足好"。同时,生产不足也未必能推出供不应求,因为该产品的需求状况不得而知,况且生产不足还可能有替代品,所以更加未必供不应求,也未必能影响社会的和谐稳定。

【例5】2017年管理类联考真题

既然人的本性是好利恶害的,那么在选拔官员时,既没有可能也没有必要去寻求那些不求私利的廉洁之士,因为世界上根本不存在这样的人。廉政建设的关键,其实只在于任用官员之后有效地防止他们以权谋私。

◆**思路解析**

原文说世界上不存在"不求私利的廉洁之士",这个论据显然不成立,这样的人还是存在的,比如包拯、海瑞等历史人物。此外,"廉政建设只在于任用之后防止以权谋私"这个判断太过绝对也不能成立,因为这也直接否定了选人用人环节的价值,任前选拔、任后监督等措施同样重要。

二、因果谬误

客观世界是一个有着内在联系的统一整体,其中各个对象或各个现象是密切联系、互相依赖、互相制约的。因果联系是指原因和结果之间的联系,如果一个现象的出现必然引起另一个现象的出现,那么这两个现象之间就有着因果联系。引起另一现象出现的现象叫原因,被引起的现象就叫结果。

因果谬误指在探究因果联系的过程中,由于忽视或错认了某些相关条件和相互关系而导致的谬误。具体地说就是前提与结论之间的联结依靠的是某些想象的因果关系,而实际上可能不存在这些因果关系。因果关系并不是加上"因为……所以"这样的字眼就能够成立的。有一个成语叫多难兴邦,就是因果谬误的体现。"多难"并不一定会导致"兴邦",只有在灾难中总结教训、反思错误、积累经验,才会为兴邦创造条件,否则多难只能给国家带来毁灭性的后果。

因果的谬误有许多表现形式,我们选择常考的三种表现形式加以介绍。

(一)因果无关

因果无关也叫强加因果、无关因果等,当人们把根本不是某些事物产生的原因当成这些事物产生的原因时,或者将没有关联的两件事生拉硬拽上关系时就会犯这种错误,具体是指论据与结论之间毫无因果关系,却被陈述者生拉硬拽在一起,即在明显不具有因果联系的现象之间强加因果联系。

◆分析思路

分析思路一:没有更多证据表明 A、B 两个事件在这个论证中具备因果联系,或许存在其他因素导致了同样的结果,很可能真实的情况是……,若是如此,则上述论证必然难以成立。

分析思路二:A 与 B 这两者之间不存在必然关系(具体分析无法推出的原因),所以由 A 不能推出 B。

【例1】2007 年 MBA 联考真题

有的经济学家热衷于担任一些大型公司的董事,或在电视上频频上镜,怎么可能做出严肃的经济学研究?

◆思路解析

"经济学家热衷于担任一些大型公司的董事,或在电视上频频上镜"与他们"怎么可能做出严肃的经济学研究"之间,不存在必然的因果关系。

【例2】2010 年管理类联考真题

全球化抹去了各国的疆界,使世界从立体变成平面,也就是说,世界各国之间的社会发展差距正在日益缩小。

◆思路解析

"全球化抹去了各国的疆界"未必能推出"世界各国之间的社会发展差距正在日益缩小"。全球化未必就能缩小差距,还能扩大差距,发达国家的竞争优势可能因为全球化而加剧。

【例3】2011年管理类联考真题

由此可见,要从股市获取利益,第一是要掌握股价涨跌的概率;第二还是要掌握股价涨跌的概率;第三也还是要掌握股价涨跌的概率。掌握了股价涨跌的概率,你就能赚钱;否则,你就会赔钱。

◆思路解析

"掌握了股价涨跌的概率,你就能赚钱",知道涨跌概率并不意味着能控制涨跌,无法保证股价是涨是跌,所以还是无法确保一定会赚钱。

【例4】2013年管理类联考真题

正因为文化具有普同性,所以一国文化就一定会被他国所接受;正因为文化具有特异性,所以一国文化就一定会被他国所关注。无论是接受还是关注,都体现了该国文化影响的扩大,也即表明了该国软实力的增强。

◆思路解析

"普同性"不能推出"一定会被接受"。"特异性"也不能推出"一定会被关注"。是否接受和关注只有可能性,没有必然性;而且,接受和关注无法推导出文化影响力的扩大,也更证明不了软实力的增强。

【例5】2014年管理类联考真题

另外,从本质上来说,权力平衡就是权力平等,因此这一制度本身蕴含着平等观念。平等观念一旦成为企业的管理理念,必将促成企业内部的和谐与稳定。

◆思路解析

平等观念不一定促成企业内部和谐稳定,原文判断过于绝对。平等与和谐没有必然的内在联系。

【例6】2015年管理类联考真题

其次,经济运行是一个动态变化的过程,产品的供求不能达到绝对的平衡状态,因而生产过剩是市场经济的常见现象。

◆思路解析

"供求不能绝对平衡"不能推出"生产过剩是常见现象"。不平衡是指时而多时而少,但过剩通常指剩余到某个量级产生危害,因此,不平衡常见未必过剩常见。

【例7】2016年管理类联考真题

据国家统计局数据,2012年我国劳动年龄人口比2011年减少了345万,这说明我国劳动力的供应从过剩变成了短缺。

◆思路解析

由"劳动年龄人口减少"不能推出"劳动力供应从过剩变成了短缺"。减少代表下降,但不意味着短缺,更无法判断"从过剩变成了短缺"。

【例8】2017年管理类联考真题

人的本性是"好荣恶辱,好利恶害"的。所以人们都会追求奖赏,逃避刑罚。

◆思路解析

人的本性是好利恶害的,但人的本性不能等同于人的行为,后天的教育或环境会影响一个人的思想,因此人们未必"都"会追求奖赏、逃避刑罚。

【例9】2018年管理类联考真题

首先,按照唯物主义物质决定精神的基本原理,精神是物质在人类头脑中的反映。因此,物质丰富只会充实精神世界,物质主义潮流不可能造成人类精神世界的空虚。

◆思路解析

"物质决定精神的基本原理"无法推出"物质丰富只会充实精神世界"。物质对精神的决定性未必只会充实精神,也可能产生副作用。

【例10】2019年管理类联考真题

世界上的事物是无穷的,所以选择也是无穷的。

◆思路解析

"世界上的事物是无穷的"不能推出"选择也是无穷的"。两者并无必然联系。

(二)存在他因

存在他因非常重要,指的是结论成立的条件不充分,往往将一个很复杂的结果归结于某一个原因,或者过于强调某一个原因。其实我们知道在自然和社会生活中,很多事情是由很多原因共同造成的,我们在没有办法将其他原因一一排除的前提下,不能贸然断定是某一个原因导致了结果的产生。存在他因又可称作"忽略他因""条件缺失"。这两个称谓都可以使用,只是侧重点不同,大家不必纠结。

"存在他因"指推断想要成立的话,还需要现有前提以外的其他条件作为共同支持,才能保证结论成立。如果忽略那些条件,现有前提条件就不能必然保证结论。例如,"贾老师教得好,所以他是好老师"。教得好固然是好老师的必要条件,但条件仍不充分,还要看人品、知识面等诸多条件,仅从教学好推断不出是好老师。

◆分析思路

分析思路一:A不仅仅是由B导致的,这段论述只是指出了多个原因中的一个作为事件发生的主要因素。但是,除了因素B之外,还可能有其他原因,例如因素C、D等,很可能它们才是导致结果的重要影响因素,所以仅仅靠B去推导结论,可能考虑得不够周到。

分析思路二:该论述利用无足轻重的原因进行论证,遗漏了真正的主要原因,只指出多个原因中的一个无关紧要的原因作为事件主因不合逻辑。因为除此之外,还应该有很多其他原因,例如C、D能够导致论述中提到的结果。虽然它们和B一样,也不一定是主因,但由一个单一的不重要的因素推导出的结果必然不成立,也难以让人信服。

【例1】2008年管理类联考真题

中医在中国居于主导地位的时候,中国人的平均寿命在古代和近代都只有三十岁左右;现代中国人平均寿命提高到七十岁左右,完全是拜现代医学所赐。

◆思路解析

平均寿命增长的原因有很多,比如战争减少、粮食增产、引进西医等因素都是原因。所谓的"完全拜现代医学所赐"忽略了其他方面的原因。

【例2】2010年管理类联考真题

所谓"金砖四国"国际声望的上升,无不得益于他们的经济成就,无不得益于互联网技术的普及。同时也可作为"世界是平的"这一观点的有力佐证。

◆思路解析

"金砖四国"经济的起飞,可能受益于互联网技术的普及,但不能仅仅归因于此,还应结合其他的因素,否则就可能夸大互联网技术的作用而忽视更重要的因素。

【例3】2011年管理类联考真题

一般来说,要正确判断某一股票的价格高低,唯一的途径就是看它的历史表现。

◆思路解析

原文说判断股价高低唯一的途径是看历史表现,这显然忽视了其他途径的作用。历史表现只是判断某一股票价格高低的依据之一,而不是唯一的依据,其他依据还包括财务状况、未来前景等重要因素,原文忽视了这些其他因素。

【例4】2011年管理类联考真题

假如宏观经济、市场态势和个股的表现均好,它的上涨概率就大;假如宏观经济、市场态势和个股的表现均不好,它的上涨概率就小;假如宏观经济、市场态势和个股的表现不相一致,它的上涨概率就需要酌情而定。

◆思路解析

"宏观经济、市场态势和个股表现"是决定股票价格的部分因素,还需要考虑其他因素。

【例5】2013年管理类联考真题

其实,这一问题不难解决。既然一个国家的文化在国际上的影响力是该国软实力的重要组成部分,那么,要增强软实力,只需搞好本国的文化建设并向世人展示就可以了。

◆思路解析

创作更多的文艺作品可能只是扩大文化影响力的一个有利但非充分条件,除了创作外,还有传播等因素;除了文艺作品外,还有文化的其他组成形式。仅通过创作文艺作品未必能够保证扩大文化影响力。

【例6】2014年管理类联考真题

由此可见,如果权力的制衡与监督这一管理原则付诸实践,就可以使企业的运营避免失误,确保其管理制度的有效性、日常运营的平衡以及内部的和谐与稳定。这样的企业一定能够成功。

◆思路解析

企业运营不失误、管理制度有效、日常运营平衡以及内部和谐稳定,这些还不足以保证企业一定能够成功,因为企业的成功不仅取决于企业的内部因素,还取决于市场等外部因素。

【例7】2015年管理类联考真题

只要生产企业开拓市场,刺激需求,就能扩大销售,生产过剩马上就会化解。

◆思路解析

"开拓市场,刺激需求"未必能"扩大销售",即使销售有所扩大,"生产过剩"也不可能"马上就会化解"。因为,市场需求的多少不是随意的,也不是无限的。

【例8】2016年管理类联考真题

实际上,一部分大学生就业难,是因为其所学专业与市场需求不相适应或对就业岗位的要求过高。因此,只要根据市场需求调整高校专业设置,对大学生进行就业教育以改变他们的就业观念,鼓励大学生自主创业,那么大学生就业难的问题将不复存在。

◆思路解析

调整专业设置、开展就业教育和鼓励自主创业不能保证大学生就业难的问题一定能解决。这些措施都是解决问题的措施,有助于减少问题,也并非充分条件,无法保证就业难问题彻底解决。

【例9】2017年管理类联考真题

廉政建设的关键,其实只在于任用官员之后有效地防止他们以权谋私。

◆思路解析

这个归因判断太过绝对。廉政建设除了需要防止以权谋私外,还需要其他条件因素,不能忽视选拔等环节的价值,任前选拔和任后监督等环节同样重要。

【例10】2019年管理类联考真题

很多股民懊悔自己没有选好股票而未赚到更多的钱,从而痛苦不已,无疑是因为可选购的股票太多造成的。

◆思路解析

股民的痛苦可能另有他因,主要是选择判断能力不足,而非股票数量问题。如果因为股票数量多而导致没有赚钱,那么应该人人如此,又为什么会有人赚钱,有人赔钱呢?可见股票数量并非主要因素。

(三)滑坡谬误

滑坡谬误是指不合理地使用一连串的因果关系,将"可能性"转化为"必然性",以达到某种目的的结论。滑坡谬误的典型形式为"如果发生A,接着必然会发生B,接着必然会发生C,接着必然会发生D……接着必然会发生Z",而后通常会明示或暗示地推论"Z 不应该发生,因此我们不应允许 A 发生"。A 至 B、B 至 C、C 至 D 等因果关系好似一个个"坡",从 A 推论至 Z 的论证过程就像一个滑坡。在滑坡论证中,结论的得出依据的是靠不住的连锁反应链,没有充足的理由认为这种连锁反应将会在实际中发生。

滑坡谬误的问题在于,每个"坡"的因果强度不一,有些因果关系只是可能而非必然,有些因果关系相当微弱,有些因果关系甚至是未知的,因而即使 A 发生,也无法一路滑到 Z,Z 并非必然发生。滑坡论证总是从论证者接受的一个前提开始,通过一系列的步骤,形成一个论证链,逐渐地推理出不可信的结论。管理类联考常见的滑坡谬误就是这样的:过于强调某个细节的重要性,无限地推演其可能发生的后果,一步步地推演,最后前提和结论的联系往往变得十分微弱,甚至毫无关系。

◆ 分析思路

分析思路一:由 A 不能推出 B,更不能推出 C,进而也无法推出 D,因为……,而且……,再者……。因此,这个连续推断的每个过程均有瑕疵,论证不足以信服。

分析思路二:A 不能推出 B,因为……再者……,B 也不能推出 C。此外,C 也不能推出 D,因为 B 无法被推出。所以在这个连续的推断中,每个过程均有瑕疵,该论证不足以信服。

【例1】2014 年管理类联考真题

所谓制衡,指对企业的管理权进行分解,然后使被分解的权力相互制约以达到平衡,它可以使任何人不能滥用权力;至于监督,指对企业管理进行观察,使企业运营的各个环节处于可控范围之内。既然任何人都不能滥用权力,而且所有环节都在可控范围之内,那么企业的运营就不可能产生失误。

◆ 思路解析

原文由制衡和监督的定义,推出"任何人都不能滥用权力,而且所有环节都在可控范围之内",进而又推出"那么企业的运营就不可能产生失误",整个因果关系的起始原因——制衡和监督的定义是原论述者主观认为的,而实际上,制衡与监督的定义可能仁者见仁,智者见智。因此,在此基础上建立的一系列因果关系都不一定成立。

【例2】2015 年管理类联考真题

经济运行是一种动态变化的过程,产品的供求不可能达到绝对的平衡状态。因而生产过剩是市场经济的常识现象。既然如此,那么生产过剩也就是经济运行的客观规律。因此,如果让政府采取措施进行干预,那就违背了经济运行的客观规律。

◆ 思路解析

原文中由"产品的供求不可能达到绝对的平衡状态"推出"生产过剩是市场经济的常识现象",进而又推出"生产过剩也就是经济运行的客观规律"。整个因果关系的起始原因"产品的供求不可能达到绝对的平衡状态"这里不当假设了产品的供求不可能达到绝对的平衡,实际上产品的供求是有可能达到绝对的平衡状态的。因此，在此基础上建立的一系列因果关系都不一定成立。

【例3】2015年管理类联考真题

如果生产不足，就势必造成供不应求的现象，让人们重新去过缺衣少食的日子，那就会影响社会的和谐稳定。

◆思路解析

"生产不足"也未必推出"供不应求"，因为该产品的需求状况不得而知，况且生产不足还可能有替代品，所以更加未必供不应求；再者，该产品未必是衣或食，所以未必缺衣少食，未必会影响社会的和谐稳定。

【例4】2016年管理类联考真题

还有，一个人受教育程度越高，他的整体素质也就越高，适应能力就越强，当然也就越容易就业，大学生显然比其他社会群体更容易就业，再说大学生就业难就没有道理了。

◆思路解析

一个人受教育程度越高并不意味着素质越高，也未必适应能力越强，高学历、高素质与适应能力不能简单地联系起来。这个连续推断的每个过程均有瑕疵，该论证不足为信。

【例5】2019年管理类联考真题

"选择越多，选择时产生失误的概率就越高，由于失误而产生的后悔就越多，因而产生的痛苦也就越多。"

◆思路解析

"选择越多"未必"失误概率越高"。这里不当假设了"随着选择增多，错误选项占比越来越高，正确选项占比越来越低"这一前提。但事实上未必如此。退一步说，即使失误概率在增长，也只能说明后悔出现的可能性增加，而非后悔的程度增大。因此也就无法推出"痛苦越多"，这个连续推断的每个推论均有瑕疵，论证不足为信。

第十章 谋篇布局——考场中快速成文

在分析了管理类联考常见的谬误之后,如何成文的问题就摆在我们面前了。在考场上考试时间不允许我们打草稿,下笔即终稿。因此在动笔之前,我们必须有清晰的篇章结构和行文脉络,这就是谋篇布局。

下表给出了论证有效性分析的结构布局,供大家写作时参考。

论证有效性分析的结构布局

分段	部分	字数	时间安排	写作要领
	标题	10字左右	1分钟	表达质疑
第1段	开头	60字左右	2分钟	总结论证结构,表明怀疑立场
第2段	谬误1	120字左右	4分钟	提出问题,简要分析 一手抓论据,一手抓结论
第3段	谬误2	120字左右	4分钟	
第4段	谬误3	120字左右	4分钟	
第5段	谬误4	120字左右	4分钟	
第6段	结尾	60字左右	2分钟	总结全文,再次表示怀疑立场

对于论证有效性分析的结构布局,我们从以下几个方面来把握。

第一,一篇完整的论证有效性分析包括标题、开头、正文和结尾四个部分,其中正文部分涉及四个谬误。从段落构成上看,全文通常有六段:开头、结尾,加上正文的四个谬误分析段落。

第二,论证有效性分析是一篇表达质疑的文章,因此从标题开始,每个部分都在进行质疑。这是论证有效性分析写作的精髓所在。

第三,在字数安排上,全文字数要求600字左右(标题除外),我们考虑到各部分重要程度的不同,做了上述字数安排。其中,正文部分并不强求每段都是120字,每段差距不要过大即可。

第四,时间安排上,写作时间控制在20分钟左右,再加上识别谬误约10分钟,整篇文章的写作时间要控制在30分钟以内。

把握上述四点,有利于我们形成清晰的行文脉络。但要具体成文,还需要我们深入掌握各部分的写作技巧。

第一节 标 题

在论证有效性分析文体中,对于论证缺陷的寻找和分析是材料的核心,标题、开头以及结尾三个部分所占的分值并不大,或者我们可以理解为写对了不加分、写错了扣分。尽管如此,各位考生也不应掉以轻心,尽量在每一个细节之处都能做到尽善尽美。

一、标题拟定的注意事项

按照现有的评分标准,论证有效性分析必须拟定标题,否则就扣2分。考生需要注意的是,你的标题事关阅卷老师对你文章的整体印象,这样看来影响就不仅仅是2—3分了。所以标题不仅要写,而且还要写好。考生要时时铭记要写的是论证有效性分析,不是立论文,更不是驳论文,标题拟定上要注意以下问题。

(1) 标题最好选择对文中的论证进行评价的标题,并能够表明你的态度。
(2) 不要论点型的标题。
(3) 不要片面的标题。

二、标题拟定方法

(一) 结论式

结论式标题,即针对所给题干材料的结论直接进行质疑,写作形式有以下两种。

1. 疑问式

写作形式为:在结论后加上"吗"。

示例:
(1) MBA教育是对管理的贬低吗。
(2) 相对论能解决气候变化问题吗。
(3) 生产过剩政府不必干预吗。
(4) 大学生就业真的不是问题吗。
(5) 赏罚就可以治理好臣民吗。

2. 质疑式

表达形式为:总结论中间加上"未必"或者总结论后面加上"难以实现""言之尚早""难以奏效""不足为信"等。

示例:
(1) 监督制衡就能确保企业成功不足为信。
(2) 生产过剩政府不必干预难以实现。
(3) 大学生就业并不难言之尚早。
(4) 赏罚就可以治理好臣民言之尚早。

(二) 话题范围式

真题材料中并非每个材料的结论都显而易见,在考试高度紧张的状态下,很多考生往往担心自己无法在规定时间内准确地找到结论;或者即便能够找到结论,但是材料中的结论往往篇幅过长或者存在其他问题,导致其无法直接拟出"结论式"的标题。这个时候,我们可以找到文章中所论证的话题,或者文章的论证内容范围,采取"话题范围式"的拟题方法。

表达形式为:表示质疑的词汇+论证话题/内容范围;或者"对某某文章的论证有效性分析"。

示例:

(1)对大学生就业并不难的论证有效性分析。

(2)对生产过剩政府不必干预的论证有效性分析。

(三)万能标题

论证有效性分析的写作中有很多标题可以作为一个普适的标题适用于诸多材料,这类标题我们称其为万能标题。但是,此处需要提醒各位考生注意的是,很多时候万能标题未必万能,即万能标题并非适合所有的材料,各位考生在写作中还要根据材料的自身特点进行抉择。

常见的万能题目有:

(1)似是而非的论证。

(2)草率的结论。

(3)不可行的可行性分析。

(4)一段不严谨的论证。

(5)有失偏颇的论证。

(6)草率的决策。

(7)站不住脚的推论。

(8)不严密的论证。

(9)经不起推敲的论证。

(10)存在逻辑漏洞的论证。

★特别要注意:万能标题也就意味着不同的考生面对不同的试题时都可以使用,这样拟题会给阅卷人一种投机取巧的印象,所以一般不推荐大家使用,只是作为救急方法介绍给大家。

(四)其他拟题方法

除了以上所述方法外,我们还可以结合材料的自身特点进行灵活拟题,题目中需要能够体现出对材料论证的质疑,但需要注意的是不要只针对某一句或某一个观点进行质疑。

写标题时,应该注意以下六点:

(1)最好沿答卷纸的中轴线左右均匀地展开你的标题。

(2)题目不宜太长,最多不要超过一行,最好10个字之内,这样标题前后都有几个空格,形式上更加美观。

（3）为了确保标题的简洁美观，如果内容性取题法取的题太长，不妨采取万能标题。

（4）标题当中最好不用标点符号，但如果省略会影响文意的表达，则可以使用标点符号。

（5）尽量质疑结论中的话题关键词。

（6）"吗"字结尾的标题，后面不要再加"？"。

（7）写标题时先在草稿纸上打个草稿，精心修改完毕之后再誊抄上去。

第二节　开　头

论证有效性分析的开头段落要点题，概括原文的论证过程和结论，表明自己的立场和态度，需要包含以下几个要点：

（1）引原文：概括原文的论证过程。

（2）否推理：根据所概括引用的信息指出论证的缺陷，做出"论证有效性较差"的评价。

（3）疑结论：对论证的结论、效果进行质疑。

这三个要点在写作的过程中都需要予以体现，但无须对每一个部分都展开详尽描述。在开头展开的过程中可采用如下方法。

一、概括式开头

概括式开头是指不详细展开材料中的谬误类型，采取这种方法在后面写作时的自由度较高。上述材料中通过一系列论证试图说明"——"，由于论证过程中存在诸多缺陷，所以其论证的有效性也是难以令人信服的。

二、具体式开头

具体式开头这种方法能够反映作者宏观、缜密的思维特点，但在写作中就必须严格按照具体显示的问题及其顺序来逐次进行分析，不能有缺漏，也不能颠倒顺序。上述材料中通过一系列论证试图说明"——"，然而由于其论证过程中缺乏对核心概念的必要界定，又不当地进行了类比，并在此基础上展开了错误的推理，所以由其论证所得到的结论是不可信的。

三、常见的开头写作思路

参考思路一：论述者得出结论，认为（　　）。之所以得出这样的结论是因为（　　）。然而，这一论证存在着以下几个方面的缺陷。

参考思路二：论述者通过一系列论证得出结论，认为（　　），然而由于其论证过程中存在一系列缺陷，所以该论证是值得商榷的。

参考思路三：上述论证通过类比、例证、说理等一系列手段试图论证（　　）这一观点，虽然材料看似有一定道理，但由于其在论证过程中存在以下缺陷，所以其结论仍有待进一步推敲。

参考思路四：在上述材料的论证分析中，作者试图证明（　　）。但是由于整个论证存在不少逻辑谬误，使得此结论/主张难以成立。

参考思路五：上述材料中作者试图向我们证明（　　）。但是这些论证有一些严重的逻辑问题，导致其结论必然难以令人信服。

考生在写开头的时候，要注意以下四点。

（1）复述真题材料信息要简洁清晰、准确客观。

（2）归纳真题材料信息时尽可能用自己的语言概括，但为了能够准确表达原文的意思，话题关键词我们可以保留，如果引述较长的信息要注意用引号。

（3）开头的写作以60字以内为佳。

（4）开头要表达质疑。

第三节　结　尾

论证有效性分析写作的结尾的主要任务是总结自己的分析评论，一般都是简单重申或概括题干材料中推理论证的问题，并提出改进的希望和建议。我们在结尾时一定要速战速决，一般字数在60字以内即可，结尾不需要很好的文采。

假如论证有效性分析的文章没有一个独立的结尾段，阅卷者就会认为考生没有按时完成写作。所以考生在考试中务必完成结尾段，为整篇文章的分析画上一个完美的句号。在结尾段中，考生不要引入新的分析点或者论点。考生在结尾段的写作一般包括两层意思。

（1）简明扼要地指出原论述所存在的问题。

（2）再次表达质疑的立场。

常见的结尾写作思路如下。

参考思路一：总而言之，在材料中论述者没有提供更充分的证据来证明（　　），要想加强这个论证，论述者还需提供更为有力的论据。

参考思路二：综上所述，该文由于存在着诸多逻辑问题，所以其结论（　　）是难以让人信服的。

参考思路三：总的来说，题干的材料论证是难以被接受的。为了更好地支持自己的结论，作者应该提供更多有关（　　）的证明。

参考思路四：总之，该论证虽有一定道理，但仍存在不少缺陷，如论据不足、推理过程不严谨等，是一份有待完善的论证。

参考思路五：综上所述，作者在论证过程中存在诸多问题，其结论不足为信，该论证也是严重缺乏说服力的。

第四节 主体段落

主体就是分析谬误的过程,这是论证有效性分析写作的核心部分。我们得分的高低主要取决于这一部分的写作质量如何。在梳理推理关系的过程中,我们已经找到了相应的谬误,这里主要涉及的是如何写的问题,即正文部分每个段落应如何去写。

在写作过程中考生要注意以下几点。

(1) 每一段的第一句话是总起句,指出将要展开分析的逻辑错误。

(2) 要按照逻辑错误来分段,段落的数量以四段为佳,每一段先攻击主要的逻辑错误,然后再涉及该组论证中的一般性问题。

(3) 许多论证有效性分析的论断都依赖于某些隐含假设或者一个未经准确定义的核心概念。指出此类问题的最合乎逻辑的位置应当是主体段的第一段,这将为批驳整篇材料的推理论证扫清障碍。

主体段写作技巧如下。

每个段落一般包含一个缺陷,我们从以下三个方面进行分析。

一、指出缺陷

指出缺陷就是以概括性的语言将论证中有缺陷的地方表达出来。具体来说需要注意以下几点。

(一) 指出缺陷的语言要准确、简洁

准确就是让阅卷老师清楚地知道你指出的缺陷在原文中处于什么位置,这是概括缺陷的前提。简洁就是在原文字数较多的情况下,尽可能使用概括性的语言去表达,不要照抄原文,不然会给阅卷老师留下凑字数的印象。

(二) 指出缺陷不一定要使用专业术语

指出缺陷可不使用专业术语,其实很简单,我们只要了解联考写作的考查目标就清楚了。联考写作主要考查的是分析论证能力,而不是逻辑学专业知识。因此考生在指出缺陷时不一定要使用逻辑学的专业术语。

具体来说,如果你能确定缺陷的类型,并且这种缺陷名称在日常生活中也会使用,我们可以用专业术语来表达。比如:偷换概念、自相矛盾、以偏概全、不当类比;反之,如果你不能确定缺陷的类型或这种缺陷的名称在日常生活中很少见到,建议考生不要用专业术语来表达,只需用通俗的语言将其意思表达出来即可。

(三) 缺陷不确定时就用"推不出"来表达

考生在对缺陷不明确的时候,不要轻易指出其属于哪一类缺陷,可以借助"推不出"来陈述缺陷。"推不出"可以有很多替代表达,如"并不意味着""未必能得出""怎么能得出"等。

(四)指出缺陷的句式尽量多样化

陈述缺陷的句式应该有变化,这样会使我们的文章读起来不那么呆板。

二、给出理由

写作中能否给出令人信服的理由,这反映出考生论证能力的强弱,也是决定考生得分的关键因素。当我们给出理由之后,该如何判断给出的理由是否有说服力呢？论证有效性分析写作要表达质疑,我们给出的理由其实就相当于逻辑中的削弱项。要判断理由有没有说服力就看这个削弱项是不是强到让对方无话可说。如果我们给出的理由让对方无可辩驳,这样的理由就有说服力,反之就没有说服力。总之,一个高质量的缺陷陈述的理由要做到准确、简洁、充足。

三、收尾

一般来说,论证分析结束后,我们还需要进一步确认该论证中的缺陷。但是如果这句话仅仅是对起始句的简单重复,或者本段的分析已经足够长或再分析会超出总字数限制,则可以省略,但前提是文意畅通,段落表述的思想可以自然收住。

第五节　行文技巧总结

由于论证有效性分析是作为一种对有缺陷而不是完全错误的论证展开的评析,行文不宜绝对化,在分析批驳中应多用大概、可能、或许、也许、大都、通常、一般等缓和性的词语来强调论证有效性分析的客观性。论证有效性分析的各段也都要有大致固定的特殊格式,以方便与主观性论说文相区别。其常用模式如下。

一、引论部分

第一段概括梳理命题材料的行文格式一般是:该(某、这个、上述)论证(报告、建议、决策、计划、文章等),作者基于(根据、通过)……分析(理由、认识、情况),得出了……结论。该论证(报告、建议、决策、计划、文章等)存在着错漏(偏颇、不妥之处)……不可信(不足信、难以成立、值得商榷、还有待研究、有失偏颇等)。

二、本论部分

每个分论点的行文格式一般是:用"首先(其次、再次、另外、最后,或者是第一、第二、第三、第四)该(上述、上面)论证(报告、建议、决策、计划、文章、作者等)存在着……的缺陷(漏洞、偏颇、问题、错误)",引出所评析的错漏并对其加以界定。

接着再用"该论证(报告、建议、决策、计划、文章等)说(认为)"引出错漏的依据,然后再用"该论证(报告、建议、决策、计划、文章、作者)没有认识到(没看到、忽视了、真正的情况可能是等)……",最后用"因此(可见)该论证存在着……的缺陷,是不可取的(不太恰当的、不很确切的、不太严谨的、欠妥当的、有点武断、有些轻率)",进行质疑。

三、结论部分

行文格式一般是:用"总之(综上所述、总而言之等),该论证存在着……缺漏",总结上文所评,对问题作简短归纳,并用"该论证不可取(是无效的、荒唐的,值得商榷的、缺乏说服力的等)",予以质疑否定。用"该论证要想成立,还需要完善(有待证明)……",为其提出对策建议。用"所以(由此可见、显然等)"指出"该论证无效(难以令人信服、不能成立、不太恰当、不很确切、不太严谨、欠妥当、有点武断、有些轻率等)",从语气上收束全文。

四、全文语言部分

(一)常用语气词

(1)引入自己的经验和观点时多用这样的词:可能、大概、或许、也许、一般、通常、大部分、很可能……

(2)批驳原文的论证和观点时多用这样的词:可能不成立、未必能推出、不一定、成问题、有些牵强、不敢苟同、难以必然成立、值得商榷、不严谨、不确切、缺乏说服力、令人费解、尚需完善、难以令人信服、很难站得住脚、有失偏颇、还需完善、有待证明、不太恰当、不很确切、不太严谨、欠妥当、有点轻率、有些武断、并不必然、并不意味着、并不代表……

(二)常用结构词

(1)大连接词:首先、其次、再次、另外、最后。(本论部分每段的开头建议使用这样的词。)

(2)小连接词:而且、还有、况且、更何况、更重要的是。(本论某个段落中如果你要分析题干的多个逻辑问题,那么几个问题的分析之间,可以使用这样的词来承前启后。)

(3)分析引导词:很可能真实情况是、比如、试想……(分析和批判题干的推理问题时,如果你需要引入一些现实的情况或自身的经验,那么不妨使用这样的词。)

(4)分析收尾词:如果实际情况是这样、很可能真实的情况是……(在引入一些现实的情况或自身的经验来分析批判题干的推理问题之后,你不妨使用这样的词来结束对这个逻辑问题的分析和批判。)

第六节 参考范文

(2014年管理类联考真题)分析下述论证中存在的缺陷和漏洞,选择若干要点,写一篇600字左右的文章,对该论证的有效性进行分析和评论。(论证有效性分析的一般要点是:概念特别是核心概念的界定和使用是否准确并前后一致,有无各种明显的逻辑错误,论证的论据是否成立并支持结论,结论成立的条件是否充分等。)

现代企业管理制度的设计所要遵循的重要原则是权力的制衡与监督,只要有了制衡与监督,企业的成功就有了保证。

所谓制衡,指对企业的管理权进行分解,然后使被分解的权力相互制约以达到平衡。它可以使任何人不能滥用权力。至于监督,指对企业管理进行严密观察,使企业运营的各个环节处于可控范围之内。既然任何人都不能滥用权力,而且所有环节都在可控范围之内,那么企业的经营就不可能产生失误。

同时,以制衡与监督为原则所设计的企业管理制度还有一个固有特点,即能保证其实施的有效性,因为环环相扣的监督机制能确保企业内部各级管理者无法敷衍塞责,万一有人敷衍塞责,也会受到这一机制的制约而得到纠正。

再者,由于制衡原则的核心是权力的平衡,而企业管理的权力又是企业运营的动力与起点,因此权力的平衡就可以使整个企业运营保持平衡。

另外,从本质上来说,权力平衡就是权力平等,因此这一制度本身蕴含着平等观念。平等观念一旦成为企业的管理理念,必将促成企业内部的和谐与稳定。

由此可见,如果权力的制衡与监督这一管理原则付诸实践,就可以使企业的运营避免失误,确保其管理制度的有效性、日常运营的平衡以及内部的和谐与稳定,这样的企业一定能成功。

◆分析要点

(1)"任何人都不能滥用权力,而且所有环节都在可控范围之内,那么企业的经营就不可能产生失误。"即使任何人都不能滥用权力,而且所有环节都在可控范围之内,企业也不一定能避免失误,因为企业运营失误与否还取决于财务安排、市场判断等其他方面的因素。

(2)"监督机制能确保企业内部各级管理者无法敷衍塞责。"这一判断过于绝对,不能成为论据,因而无法证明以制衡与监督为原则所设计的企业管理制度能保证其实施的有效性。

(3)前文说"监督机制能确保企业内部各级管理者无法敷衍塞责"。后文又说"万一有人敷衍塞责",前后表述自相矛盾。

(4)企业管理权力的平衡未必能使整个企业运营平衡。整个企业的运营平衡,除了企业管理权力的平衡这一重要条件之外,还取决于其他条件。

(5)"平衡"和"平等"概念不同,权力平衡不等同于权力平等,不能混淆。

(6)平等观念不一定必然促成企业内部和谐稳定,原文判断过于绝对。

(7)企业运营不失误、管理制度有效、日常运营平衡以及内部和谐稳定,这些还不足以保证企业一定能够成功,因为企业的成功不仅取决于企业的内部因素,还取决于市场等外部因素。

【参考范文】

制衡与监督就能确保企业成功吗

上文通过分析监督和制衡的作用,得出"如果权力的制衡与监督付诸实践,企业一定能够成功"的结论。原文的论证在多方面均存在严重问题,论证的有效性较低,分析如下:

首先,由"任何人都不能滥用权力,所有环节都可控"不能推出"企业一定能避免失误",作者忽视了其他条件。因为企业运营失误与否还与市场判断、财务健康等诸多因素有关,这些因素都能够左右企业是否失误,因此,仅从权力角度就想确保企业不产生失误过于草率。

其次,"环环相扣的监督机制能确保企业内部各级管理者无法敷衍塞责"这个判断不够准确且无法作为合适的论据。因为监督机制仅是内部管理的起点,除了机制还需要惩戒措施等多种手段。所以单靠机制无法达到确保各级管理者无法敷衍塞责的效果,因此该论据不成立。

再次,前文说"监督机制能确保企业内部各级管理者无法敷衍塞责",而后文说"万一有人敷衍塞责",这两个判断自相矛盾。既然无法敷衍塞责就不会有万一这一可能。如果有万一,那么也无法"确保无法敷衍塞责"。

最后,"权力平衡"和"权力平等"概念不同,权力平衡并非就是权力平等。权力平衡代表力量均衡,有可能是多方联合与另一方保持力量均衡。权力平等代表大小相同、相等,两者看似相近,但是内涵不同,不能混淆。因此也就无法推出制度本身蕴含着平等的观念。

由此可见,原文在概念、论据和论证过程等方面均存在缺陷,因此想要得出企业成功的美好愿望,还需要更加严谨的论证。

第十一章 以始为终——百战归来悟真题

第一节 管理类联考阶段真题

一、2021年管理类联考真题

论证有效性分析:分析下述论证中存在的缺陷和漏洞,选择若干要点,写一篇600字左右的文章,对该论证的有效性进行分析和评论。(论证有效性分析的一般要点是:概念,特别是核心概念的界定和使用是否准确并前后一致,有无各种明显的逻辑错误,论证的论据是否成立并支持结论,结论成立的条件是否充分等。)

常言道:"耳听为虚,眼见为实。"但实际"眼见未必为实"。从哲学上讲,事物表象不等于事物真相。我们亲眼看到的显然不是事物真相。只有将表象加以分析,透过现象看本质才能看到真相。换言之,我们看到的未必是真实情况,即"所见未必为实"。

举例来说,人们都看到了旭日东升,夕阳西下,也就是说,太阳绕地球转。但是,只是人们站在地球上看到的表象而已,其实这是地球自转造成。由此可见,眼见者未必实。

我国古代哲学家老子早就看到了这一点。他说过,人们只看到了房子的"有"(有形的结构),但人们没看到"无"(房子中无形的空间)才有实际效用。这也说明眼所见者未必实,未见者为实。

老子还说,讲究表面的礼节是"忠信之薄"的表现。韩非解释时举例说,父母和子女因为感情深厚而不讲究礼节,可见讲究礼节是感情不深的表现。现在人们把那种客气的行为称作"见外"也是这个道理。这其实也是一种"眼所见者未必实"的现象。因此,如果你看到有人对你很客气,就认为他对你好,那就错了。

【要点全析】

(1) 即使"事物表象不等于事物真相",也不足以得出"我们亲眼看到的显然不是事物真相"。一方面,哲学与生活属于不同领域,两者不可简单类比;另一方面,"事物表象不等于事物真相"只能说明两者概念不同,不能推出我们看到的不是事物真相。

(2) "将表象加以分析"并非是看到真相的必要条件。如果表象可以反映内在本质与规律,那么我们看到的其实就是事物真相。

(3) 以地球自转为例推出"眼见者未必实"并不恰当,有以偏概全的嫌疑。有些自然现象是眼见为实,是可以看到事物真相的,比如"水往低处流"。此外,"旭日东升,夕阳西下"是地球自转的外在表象,是真实反映事物真相的。

(4)房子的"有"(有形的结构)与房子的"无"(无形的空间)两者并非没有关联,无形的空间依托于有形的结构。因此,不足以推出"所见者未必实,未见者为实"。

(5)由"父母和子女因为感情深厚而不讲究礼节"推不出"讲究礼节是感情不深的表现"。父母和子女的特殊关系不能代表所有其他群体之间的感情与礼节的关系,感情深厚并非是讲究礼节的评价标准。

(6)以他人的客气来否定"他人对你好"并不合适。人与人之间的客气是一种礼节,是相互尊重的表象,是"对你好"这一真相的外在表象,两者并不是非此即彼的关系。

其他言之有理即可。

【参考范文】

眼见未必为实吗

原文作者通过一系列的论证和举例,反复证明其观点"眼见未必为实"。其论证看似有理,实际上存在诸多逻辑问题,并没有有效地论证其结论。

首先,文中对"实"这个概念界定不清。这个"实"到底是什么?是"实实在在存在的现象"?还是"背后的真相"?还是"实际的功用"?对这个概念理解不一样,其结果就不一样。如果把"实"就理解为"实实在在存在的客观现象",那么全文后面的一系列的论述都可能存在问题。事物表象也可能就是实,不一定只有真相才是"实"。

其次,事物表象不等于事物真相,我们亲眼看到的显然不是事物真相,说法过于绝对。有很多事物可能本身就比较简单,表象就是真相,可能根本没有必要去分析、去透过现象看本质。另外,作者仅仅通过"旭日东升,夕阳西下"这个例子就得出"眼见未必为实"的结论,显然过于草率,有以偏概全之嫌。

再次,作者引用老子关于"有"和"无"的表述,认为"无"才有的实际效用才是"实",有偷换概念的嫌疑,"实际效用"与"实"还是有区别的。作者这样论述,把文章的讨论带入了虚无缥缈的诡辩境地。

最后,文中韩非子举例说"父母和子女因为感情深厚而不讲究礼节",并不能推出"讲究礼节是感情不深的表现"。人们之间客气的行为,有可能是真的表示尊重,是真的对你好。

总之,材料在论证中存在着诸如此类的逻辑漏洞,所以,该论证的有效性及其得出的结论均是值得商榷的。

二、2020年管理类联考真题

论证有效性分析:分析下述论证中存在的缺陷和漏洞,选择若干要点,写一篇600字左右的文章,对该论证的有效性进行分析和评论。(论证有效性分析的一般要点是:概念,特别是核心概念的界定和使用是否准确并前后一致,有无各种明显的逻辑错误,论证的论据是否成立并支持结论,结论成立的条件是否充分等。)

北京将联手张家口共同举办2022年冬季奥运会。中国南方的一家公司决定在本地投资建立一家商业性的冰雪运动中心。这家公司认为,该中心一旦投入运营,将获得可观的经济效益,这是因为:

北京与张家口共同举办冬奥会,必然会在中国掀起一股冰雪运动热潮。中国南方许多人从未有过冰雪运动的经历,会出于好奇心而投身于冰雪运动。这正是一个千载难逢的绝好商机,不能轻易错过。

而且,冰雪运动与广场舞、跑步等不一样,需要一定的运动用品,例如冰鞋、滑雪板与运动服装等。这些运动用品价格不菲而且具有较高的商业利润。如果在开展商业性冰雪运动的同时也经营冬季运动用品,则公司可以获得更多的利润。

另外,目前中国网络购物已经成为人们的生活习惯,但相对于网络商业,人们更青睐直接体验式的商业模态,而商业性冰雪运动正是直接体验式的商业模态,无疑具有光明的前景。

【要点全析】

原文结构清晰,是一般的"总—分"结构,难度不大。原文结论是"南方的冰雪运动中心一定能获得可观的经济效益",然后给出了3大理由。

本题的论证主要存在如下问题:

(1)冰雪运动的热潮主要表现为对冰雪运动的关注,这两者之间缺乏必然的逻辑联系。

(2)南方许多人没有冰雪运动的经历,可能出于好奇心而投身于冰雪运动,但也有可能没有这种经历或没有好奇心而不参加冰雪运动。

(3)公司经营冬季运动用品,未必可以获得更多的利润。

(4)相对于网络购物,人们未必更青睐直接体验式的商业模态。

(5)即使人们更青睐直接体验式的商业模态,未必就青睐冰雪运动。

(6)对其他因素缺乏考虑,如在南方开展冰雪运动成本较高,也有可能影响利润。

【参考范文】

此家冰雪运动中心一定赚钱吗?

原文作者通过一系列的分析,认为在南方设立一家商业性冰雪运动中心,一定会获得可观的经济效益。原文论证看似有理,实则漏洞百出,分析并不严谨。

首先,北京和张家口共同举办冬奥会,不一定会在中国掀起一股冰雪运动热潮。一届冬奥会是否有这么大的影响力?况且中国南北气候差异巨大,由此生成的各地运动习惯也都不一样,北京冬奥会可能只会带动北方地区的冰雪运动热潮。即使冬奥会影响巨大,在全中国掀起了冰雪运动的热潮,不一定这种需要缴费的商业性的冰雪运动中心就会盈利。

其次,就算很多南方人因为好奇会投身冰雪运动,但是这类人群的数量有多少呢？这类人群是否具有一定的消费能力？这股好奇心能持续多久呢？这些都不得而知。很可能具有消费能力和消费意愿的人群并不多，并不足以撑起一家冰雪运动中心的运营。

再次，冰雪运动用品价格不菲而且利润较高，也不一定代表公司可以获得更多的利润。运动用品价格过高，很可能成本也高，更有可能让客户望而生畏，直接放弃这项运动，导致运动中心客户数量不够，难以为继。

最后，文中说"人们更青睐于直接体验式的商业模态"，是否有足够的数据支撑？投资不能凭感觉说话。还有，就算人们更青睐于直接体验式的商业模式，而冰雪运动也属于这种直接体验式的模式，并不一定说明冰雪运动中心就有光明前景。直接体验式的商业模式更受青睐，不一定说明冰雪运动就一定更受青睐。

总之，原文的分析不够严谨，更多的是一种商业感觉，并没有给出足够的数据支持，其结论是难以成立的。

三、2019年管理类联考真题

论证有效性分析：分析下述论证中存在的缺陷和漏洞，选择若干要点，写一篇600字左右的文章，对该论证的有效性进行分析和评论。（论证有效性分析的一般要点是：概念，特别是核心概念的界定和使用是否准确并前后一致，有无各种明显的逻辑错误，论证的论据是否成立并支持结论，结论成立的条件是否充分等。）

有人认为选择越多越快乐，其前提是：人的选择越多就越自由，其自主性就越高，就越感到幸福和满足，所以就越快乐。其实，选择越多可能会越痛苦。

常言道："知足常乐。"一个人知足了才会感到快乐。世界上的事物是无穷的，所以选择也是无穷的。所谓"选择越多越快乐"，意味着只有无穷的选择才能使人感到最快乐，而追求无穷的选择就是不知足，不知足者就不会感到快乐，那就只会感到痛苦。

再说，在做出每一项选择时，我们首先需要对各个选项进行考察分析，然后再进行判断决策。选择越多，我们在考察分析选项时势必付出更多的努力，也就势必带来更多的烦恼和痛苦。事实也正是如此。我们在做考卷中的选择题时，选项越多选择起来就越麻烦，也就越感到痛苦。

还有，选择越多，选择时产生失误的概率就越大，由于失误而产生的后悔就越多，因而产生的痛苦也就越多。有人因为飞机晚点而后悔没选坐高铁，这是可选交通工具多样性造成的。如果没有高铁可选，就不会有这种后悔和痛苦。

退一步说，即使其选择没有绝对的对错之分，也肯定有优劣之分。人们做出某一选择后，可能会觉得自己的选择并非最优而产生懊悔。从这种意义上说，选择越多，懊悔的概率就越大，也就越痛苦。很多股民懊悔自己没有选好股票而未赚到更多的钱，从而痛苦不已，无疑是因为可选购的股票太多造成的。

【要点全析】

（1）"知足常乐"只是众多生活态度中的一种，不一定就是真理。人知足，才能感到快乐，也不一定正确。

（2）世界上的事物是无穷的，不一定代表"选择"也是无穷的。

（3）不知足不一定不快乐，就算不快乐，也不一定就是痛苦。

（4）选择本身确实需要分析、判断、决策，但是不一定需要花费更多的精力，更不一定就带来烦恼和痛苦。

（5）用做考卷中的选择题来类比人生中的选择，有不当类比之嫌。

（6）选择越多，不一定失误的概率就大；失误了，不一定后悔就越多；后悔越多，也不一定痛苦越多。失不失误、后不后悔、痛不痛苦，主要还是看个人，和选项多不多没有关系。飞机晚点，而后悔没选择高铁，可能不是高铁的问题，而是人的问题。

（7）选择越多，不一定懊悔的概率就大；懊悔也不一定就痛苦；很多股民懊悔，不一定就是可选购股票太多的原因。

【参考范文】

选择越多就越痛苦吗

原文作者从"知足常乐"开始，通过一系列的论证，试图证明"选择越多可能越痛苦"。其论证看似旁征博引，有理有据，实则漏洞百出。

首先，"知足常乐"只是众多人生态度中的一种，不一定"人知足，才会快乐"，也不一定"人不知足，就不快乐"，更不能非黑即白地认为"不感到快乐，就只会感到痛苦"。快乐或不快乐是个人的主观感受，有的人可能就是陶醉在不停地追求中，不知足但也很快乐。

其次，"世界上的事物是无穷的"不一定就代表着"选择也是无穷的"。从理论上讲，每个人的选择可能是无穷的，但真实情况更可能是，选择都是有具体目标、具体对象的，会受到各种条件的限制，而不可能是"无穷的"。"选择越多越快乐"可能是说在现实条件下，可选择项越多越好，而不一定像作者理解的"只有无穷的选择才能使人感到最快乐"。

再次，就算每个选择都需要分析、判断、决策，需要付出更多的精力，但是并不一定就"带来更多的烦恼和痛苦"。有很多分析、判断、决策，可能就是一种本能，一种习惯，付出的精力可能根本就感受不到；而且，还有可能有人就是喜欢这种分析、决策的过程，根本不感到烦恼和痛苦。

最后，选择越多，不一定失误就多；失误越多，不一定就后悔越多，也不一定就痛苦越多。失误和选择项多不多可能没有必然联系，而后不后悔、痛不痛苦，也可能和选择项多少没有关系，而和人本身有关系。同样，选择项多少和懊悔之间也可能没有太大关系。

综上所述，原文"选择越多可能越痛苦"的观点，是不一定成立的。

四、2018 年管理类联考真题

论证有效性分析:分析下述论证中存在的缺陷和漏洞,选择若干要点,写一篇600字左右的文章,对该论证的有效性进行分析和评论。(论证有效性分析的一般要点是:概念,特别是核心概念的界定和使用是否准确并前后一致,有无各种明显的逻辑错误,论证的论据是否成立并支持结论,结论成立的条件是否充分等。)

哈佛大学教授本杰明·史华兹在二十世纪末指出,开始席卷一切的物质主义潮流将极大地冲击人类社会固有的价值观念,造成人类精神世界的空虚。这一论点值得商榷。

首先,按照唯物主义物质决定精神的基本原理,精神是物质在人类头脑中的反映。因此,物质丰富只会充实精神世界,物质主义潮流不可能造成人类精神世界的空虚。

其次,后物质主义理论认为:个人基本的物质生活条件一旦得到满足,就会把注意力转移到非物质方面。物质生活丰裕的人,往往会更注重精神生活,追求社会公平、个人尊严等。

还有,最近一项对某高校大学生的抽样调查表明,有69%的人认为物质生活丰富可以丰富人的精神生活,有22%的人认为物质生活和精神生活没有什么关系,只有9%的人认为物质生活丰富反而会降低人的精神追求。

总之,物质决定精神,社会物质生活水平的提高会促进人类精神世界的发展。担心物质生活的丰富会冲击人类的精神世界,只是杞人忧天罢了。

【要点全析】

(1) 偷换概念:将"物质主义潮流"和"物质生活"两个概念进行了偷换。

(2) 造成人类精神世界空虚是多种因素促成的结果,不单单是物质主义潮流这一因素,不能忽略其他原因。

(3) 个人基本的物质生活条件即使得到满足,也未必会把注意力转移到丰富非物质生活上;个人基本物质生活条件满足只是人把注意力转移到丰富非物质生活的必要条件之一。

(4) 归纳不当:这项抽样调查的大学生是哪些学校的?哪些地区的高校?他们的家庭物质生活水平如何?是否具有真正的代表性?

【参考范文】

物质丰富就会促进人类精神发展吗

材料通过一系列的论证,得出了"物质丰富便会促进人类精神发展"的结论,其论证过程存在诸多不当,现分析如下:

首先,"物质主义潮流"未必会造成"精神世界的空虚"。人类精神世界的满足是涉及诸多方面的,即使一个人物质丰裕,如果不能经营自己的情感、培养自己的兴趣,其精神世界未必充盈。毕竟,物质满足只是人类精神满足的必要非充分条件。

其次,人的物质生活得以满足不一定就会注意到精神生活。毕竟物质生活得到满足不代表会持续得到满足,如果物质生活的维持要耗费人们大量的精力,那么其也是无法注意到精神生活的。即使维持物质生活不需要耗费人们很大的精力,但没有意识到充盈自身精神世界的重要性,其也一样不会注意到精神生活。

再次,只有9%的大学生认为物质生活会降低人的精神追求,不能代表整个社会是如此认为的。且不说没有经过社会和工作洗礼的大学生,是否能够代表社会的主要组成部分——中年人,大学生往往尚未取得足够的物质,其现阶段对物质的认识未必代表未来也是这种认识。

最后,社会物质生活水平的提高不一定会促进人类精神世界的发展。如果社会将物质财富用于人类精神世界以外的方面,比如军事,那么人类精神世界未必得以发展。况且,如果社会的物质财富集中于小部分人手中,而大部分的人是无法获取的,那么材料的推理便无法成立。

因此"物质丰富便会促进人类精神发展"的结论是值得商榷的。

五、2017年管理类联考真题

论证有效性分析:分析下述论证中存在的缺陷和漏洞,选择若干要点,写一篇600字左右的文章,对该论证的有效性进行分析和评论。(论证有效性分析的一般要点是:概念,特别是核心概念的界定和使用是否准确并前后一致,有无各种明显的逻辑错误,论证的论据是否成立并支持结论,结论成立的条件是否充分等。)

如果我们把古代荀子、商鞅、韩非等人的一些主张归纳起来,可以得出如下一套理论:

人的本性是"好荣恶辱,好利恶害"的。所以人们都会追求奖赏,逃避刑罚。因此拥有足够权力的国君只要利用赏罚就可以把臣民治理好了。

既然人的本性是好利恶害的,那么在选拔官员时,既没有可能也没有必要去寻求那些不求私利的廉洁之士,因为世界上根本不存在这样的人。廉政建设的关键其实只在于任用官员之后有效地防止他们以权谋私。

怎样防止官员以权谋私呢?国君通常依靠设置监察官的方法。这种方法其实是不合理的。因为监察官也是人,也是好利恶害的。所以依靠监察官去制止其他官吏以权谋私就是让一部分以权谋私者去制止另一部分人以权谋私,结果只能使他们共谋私利。

既然依靠设置监察官的方法不合理,那么依靠什么呢?可以利用赏罚的方法来促使臣民去监督。谁揭发官员的以权谋私就奖赏谁,谁不揭发官员的以权谋私就惩罚谁,臣民出于好利恶害的本性就会揭发官员的以权谋私。这样,以权谋私的罪恶行为就无法藏身,就是最贪婪的人也不敢以权谋私了。

【要点全析】

(1) 利用赏罚也不足以治理好臣民,还需要其他条件。

（2）人的本性好利恶害不能推出没可能、没必要寻求廉洁之士，这两者没有必然联系。

（3）世界上不存在这样的人显然不对，廉洁之士自古至今都有，不能推断没有可能去寻求。

（4）好利恶害不能跟以权谋私这个概念随意替换。监察官是人，可能好利恶害，但不能说成以权谋私。前者是人的本性，后者是实际行为，不能将所有监察官一概而论。因此也就不能推出会共谋私利。

（5）由于共谋私利这个前提并不恰当，所以设置监察官是否是合适的方法还有待讨论。

（6）臣民虽然未必是监察官，但也是人，按照文中逻辑，臣民就会跟监察官一样以权谋私，最终造成共谋私利。如果因为监察官是人这个方法行不通，那么让臣民监督，也就同样行不通。

【参考范文】

奖赏就可以治理好臣民吗

原文通过一系列的论证，试图说明只要通过奖赏就可以把臣民治理好的结论，但是该论证存在多处缺陷或漏洞，现分析如下：

首先，由"人们追求赏赐，逃避惩罚"不能推出"只要利用奖惩就可以治理好臣民"。作者忽视了其他条件。诚然，治理臣民需要奖惩作为重要手段，但也还需要其他手段，如宣传、引导、教育等，这些手段也是不可或缺、不可偏废的。

其次，原文说世界上不存在"不求私利的廉洁之士"，这个论据显然不成立，包拯、海瑞等例子均可以证明该观点不成立。此外，"廉政建设的关键只在于任用之后防止以权谋私"，这个"只在于"的判断太过绝对，全盘否定了选人用人环节的价值。考察选拔环节同样重要，因此也就不能推出选拔官员时"没可能""没必要"去寻求廉洁之士。

再次，"好利恶害"属于人的本性，但不等同于"以权谋私"。"好利"可以是正当之利，"好利恶害"是中性的。"以权谋私"是以错误做法以公权谋私利，该词是贬义的，两个概念所指内涵差异很大，不能混淆，故而也就不能推出设置检察官的方法是无效的。

最后，臣民揭发官员的做法可能有效，但不能推出以权谋私者无法藏身以及最贪婪的人也不敢以权谋私的观点。这个判断放大了臣民揭发的作用，单用此法并不能根治以权谋私。臣民可能信息不足，专业性可能不够，所以，由此推断原结论是有失偏颇的。

综上所述，原文在概念、推断等诸多方面存在不妥之处，如果没有更严谨的论证，不宜凭此就断定"只要通过赏惩就可以把臣民治理好"的结论。

六、2016年管理类联考真题

论证有效性分析：分析下述论证中存在的缺陷和漏洞，选择若干要点，写一篇

600字左右的文章,对该论证的有效性进行分析和评论。(论证有效性分析的一般要点是:概念,特别是核心概念的界定和使用是否准确并前后一致,有无各种明显的逻辑错误,论证的论据是否成立并支持结论,结论成立的条件是否充分等。)

现在人们常在谈论大学毕业生就业难的问题,其实大学生的就业并不难。

据国家统计局的数据,2012年我国劳动年龄人口比2011年减少了345万,这说明我国劳动力的供应从过剩变成了短缺。据报道,近年长三角等地区频频出现"用工荒"现象,2015年第二季度我国岗位空缺与求职人数的比率均为1.06,表明劳动力市场需求大于供给。因此,我国的大学生其实是供不应求的。

还有,一个人受教育程度越高,他的整体素质也就越高,适应能力就越强,当然也就越容易就业,大学生显然比其他社会群体更容易就业,再说大学生就业难就没有道理了。

实际上,一部分大学生就业难,是因为其所学专业与市场需求不相适应或对就业岗位的要求过高。因此,只要根据市场需求调整高校专业设置,对大学生进行就业教育以改变他们的就业观念,鼓励大学生自主创业,那么大学生就业难的问题将不复存在。

总之,大学生的就业并不是什么问题,我们大可不必为此顾虑重重。

【要点全析】

(1) 劳动年龄人口减少,不能推出劳动力的供应从过剩变成了短缺。减少代表下降,但不意味着短缺,无从推出供应从过剩变成了短缺。

(2) 长三角"用工荒"和全国劳动力市场需求大于供给无法推出大学生供不应求。长三角主要就业人群未必是大学生,且大学生只是全国劳动力市场中的部分人群,整体供不应求推不出部分供不应求。

(3) 一个人受教育程度越高并不意味着素质越高、适应能力越强,高学历与高素质没有必然联系。同时素质高与更容易就业也没有必然联系,因此无法说明大学生更容易就业。

(4) 原文第四段说"实际上,一部分大学生就业难"与第一段"其实大学生的就业并不难"自相矛盾。

(5) 调整专业设置、开展就业教育和鼓励自主创业不能推出大学生就业难问题就能解决。这些措施都是解决问题的措施,有助于减少问题,但也并非充分条件,无法保证问题的彻底解决。

【参考范文】

大学生就业不是问题言之尚早

原文通过多方面的论证,试图说明大学生就业并不难的结论,但是该论证存在多处缺陷或漏洞,分析如下:

首先,由"2012年我国劳动年龄人口比2011年减少了345万"不能推出"劳动力的供应从过剩变成了短缺"。劳动年龄人口减少代表数量有所下降,但只有知道需求是多少,与需求比较才知道这个下降是否造成短缺,仅从下降看不出变成短缺。

其次,长三角"用工荒"和全国劳动力市场需求大于供给无法推出大学生供不应求。长三角"用工荒"主要对象为农民工而非大学生,而且大学生只是劳动力市场的一部分人群,整体情况供不应求推不出大学生群体供不应求。由于这两个论证对象均存在偏差,不能证明原结论。

再次,一个人受教育程度越高不意味着素质越高,适应能力越强。高学历与高素质没有必然联系,而且有时高学历的人反而不能更好地适应社会。同时,具备高素质也不能推出这个人的适应能力更强、更容易就业,而且,原文开始说的是"一个人",后来又说大学生群体,而个体性质是不能直接迁移到整体的。

最后,调整专业设置、开展就业教育和鼓励自主创业不能推出大学生就业难问题就能解决。这些措施都是有助于解决问题的措施,可以减少就业难问题,但也并非充分条件,无法仅靠这些就保证就业难问题一定会"不复存在"。

综上所述,原文在概念、推断等诸多方面存在不妥之处,如果没有更严谨的论证,不宜过早做出"大学生就业并不难"的结论。

七、2015年管理类联考真题

论证有效性分析:分析下述论证中存在的缺陷和漏洞,选择若干要点,写一篇600字左右的文章,对该论证的有效性进行分析和评论。(论证有效性分析的一般要点是:概念,特别是核心概念的界定和使用是否准确并前后一致,有无各种明显的逻辑错误,论证的论据是否成立并支持结论,结论成立的条件是否充分等。)

有一段时间,我国部分行业出现了生产过剩现象。一些经济学家对此忧心忡忡,建议政府采取措施加以应对,以免造成资源浪费,影响国民经济正常运行。这种建议看似有理,其实未必正确。

首先,我国部分行业出现的生产过剩并不是真正的生产过剩。道理很简单,在市场经济条件下,生产过剩实际上只是一种假象。只要生产企业开拓市场、刺激需求,就能扩大销售,生产过剩马上就会化解。退一步说,即使出现了真正的生产过剩,市场本身也会进行自动调节。

其次,经济运行是一个动态变化的过程,产品的供求不可能达到绝对的平衡状态,因而生产过剩是市场经济的常见现象。既然如此,那么生产过剩也就是经济运行的客观规律。因此,如果让政府采取措施进行干预,那就违背了经济运行的客观规律。

再说,生产过剩总比生产不足好。如果政府的干预使生产过剩变成了生产不足,问题就会更大。因为生产过剩未必会造成浪费,反而可以因此增加物资储备以应对不时之需。如果生产不足,就势必造成供不应求的现象,让人们重新去过缺衣少食的日子,那就会影响社会的和谐稳定。

总之,我们应该合理定位政府在经济运行中的作用。政府要有所为,有所不为。

政府应该管好民生问题。至于生产过剩或生产不足,应该让市场自动调节,政府不必干预。

【要点全析】

（1）"开拓市场,刺激需求"未必能"扩大销售",即使销售有所扩大,生产过剩也不可能"马上就会化解"。因为,市场需求的多少不是随意的,不是无限的,需求增加也不是随时的。

（2）原文支持"生产过剩实际上只是一种假象"的论据是只要刺激需求,生产过剩就会马上化解。该论据中的前提无法推出结论,因为论据本身是错误的,所以也就推不出生产过剩是假象的结论。

（3）"生产过剩是市场经济的常见现象"不能推出其就是经济运行的"客观规律",原文显然混淆了现象与规律的概念。

（4）"生产过剩"和"生产不足"确实都有弊端,但是不能说生产过剩的另一面就必然是生产不足,原文显然将两个概念对立为非此即彼的关系。

（5）"生产不足,就势必造成供不应求的现象,让人们重新去过缺衣少食的日子"的判断显然缺乏依据且过于绝对,无法作为合理的前提,无法得出"生产不足影响社会和谐稳定"的结论。

（6）"政府应该管好民生问题"没有错误,但是推不出"生产过剩或生产不足,政府不必干预"的结论。因为,工业生产本身就与民生息息相关,管理生产过剩也是管好民生的一部分,原文逻辑上自相矛盾。

【参考范文】

生产过剩不能听之任之

原文通过对生产过剩问题的分析,得出"生产过剩或生产不足,应该让市场自动调节,政府不必干预"的结论。该论证在诸多方面存在不足之处,分析如下：

首先,"开拓市场,刺激需求"未必能"扩大销售",因为市场需求的多少不是随意的,不是无限的,需求的增加也不是随时的。所以,即使销售有所扩大,生产过剩也不可能"马上就会化解"。该论证的无效也就导致其作为论据无法支持"生产过剩实际上只是一种假象"的结论。

其次,"生产过剩是市场经济的常见现象"不等于生产过剩就是经济运行的"客观规律"。原文显然混淆了现象与规律的概念。现象只是观察到的表象,规律是事物现象背后的逻辑。显然,"现象"与"规律"两个概念,不能简单等同。

再次,"生产过剩"和"生产不足"确实都有弊端,但并不是试图解决生产过剩就必然造成生产不足。原文显然将两个概念对立起来,形成非此即彼的误区。况且,原文对生产不足所造成的"势必缺衣少食"的判断,显然过于绝对和极端,无法作为合适的论据。

最后,"政府应该管好民生问题"没有错误,但是该观点不能推出"生产过剩或生产不足,政府不必干预"的结论。因为工业生产本身就与民生息息相关,管理生产过剩就是在间接管理民生问题,原文的两个陈述显然自相矛盾。

由此可见,原文论证在概念、论据和论证过程等方面均存在上述缺陷,因此,想要得到政府不必干预生产过剩的结论,还需要更加严谨的论证。

八、2014 年管理类联考真题

分析下述论证中存在的缺陷和漏洞,选择若干要点,写一篇 600 字左右的文章,对该论证的有效性进行分析和评论。(论证有效性分析的一般要点是:概念,特别是核心概念的界定和使用是否准确并前后一致,有无各种明显的逻辑错误,论证的论据是否成立并支持结论,结论成立的条件是否充分等。)

现代企业管理制度的设计所要遵循的重要原则是权力的制衡与监督,只要有了制衡与监督,企业的成功就有了保证。

所谓制衡,指对企业的管理权进行分解,然后使被分解的权力相互制约以达到平衡。它可以使任何人不能滥用权力。至于监督,指对企业管理进行严密观察,使企业运营的各个环节处于可控范围之内。既然任何人都不能滥用权力,而且所有环节都在可控范围之内,那么企业的经营就不可能产生失误。

同时,以制衡与监督为原则所设计的企业管理制度还有一个固有特点,即能保证其实施的有效性,因为环环相扣的监督机制能确保企业内部各级管理者无法敷衍塞责,万一有人敷衍塞责,也会受到这一机制的制约而得到纠正。

再者,由于制衡原则的核心是权力的平衡,而企业管理的权力又是企业运营的动力与起点,因此权力的平衡就可以使整个企业运营保持平衡。

另外,从本质上来说,权力平衡就是权力平等,因此这一制度本身蕴含着平等观念。平等观念一旦成为企业的管理理念,必将促成企业内部的和谐与稳定。

由此可见,如果权力的制衡与监督这一管理原则付诸实践,就可以使企业的运营避免失误,确保其管理制度的有效性、日常运营的平衡以及内部的和谐与稳定,这样的企业一定能成功。

【要点全析】

(1)"任何人都不能滥用权力,而且所有环节都在可控范围之内,那么企业的经营就不可能产生失误。"即使任何人都不能滥用权力,而且所有环节都在可控范围之内,企业也不一定能避免失误,因为企业运营失误与否还取决于财务安排、市场判断等其他方面的因素。

(2)"监督机制能确保企业内部各级管理者无法敷衍塞责。"这一判断过于绝对,不能成为论据,因而无法证明以制衡与监督为原则所设计的企业管理制度能保证其实施的有效性。

(3)前文说"监督机制能确保企业内部各级管理者无法敷衍塞责",后文又说"万一有人敷衍塞责",前后表述自相矛盾。

(4)企业管理权力的平衡未必能使整个企业运营平衡。整个企业的运营平衡,除了企业管理权力的平衡这一重要条件之外,还取决于其他条件。

(5)"平衡"和"平等"的概念不同,权力平衡不等同于权力平等,不能混淆。

(6)平等观念不一定必然促成企业内部和谐稳定,原文判断过于绝对。

(7)企业运营不失误、管理制度有效、日常运营平衡以及内部和谐稳定,这些还不足以保证企业一定能够成功,因为企业的成功不仅取决于企业的内部因素,还取决于市场等企业的外部因素。

【参考范文】

制衡与监督就能确保企业成功吗

上文通过分析监督和制衡的作用,得出"如果权力的制衡与监督付诸实践,企业一定能够成功"的结论。原文的论证在多方面均存在严重问题,论证的有效性较低,分析如下:

首先,由"任何人都不能滥用权力,所有环节都可控"不能推出"企业一定能避免失误",作者忽视了其他条件。因为企业运营失误与否还与市场判断、财务健康等诸多条件有关,这些因素都能够左右企业是否失误,因此,仅从权力角度就想确保企业不产生失误过于草率。

其次,"环环相扣的监督机制能确保企业内部各级管理者无法敷衍塞责"这个判断不够准确且无法作为合适的论据。因为监督机制仅是内部管理的起点,除了机制还需要惩戒措施等多种手段。所以单靠机制无法达到确保的效果,因此该论据不成立无法推出"保证实施的有效性"这一结论。

再次,前文说"监督机制能确保企业内部各级管理者无法敷衍塞责",而后文说"万一有人敷衍塞责",这两个判断自相矛盾。既然无法敷衍塞责就不会有万一这个可能。如果有万一,那么也无法确保"无法敷衍塞责"。

最后,"权力平衡"和"权力平等"的概念不同,权力平衡并非就是权力平等。权力平衡代表力量均衡,有可能是多方联合与另一方保持力量均衡。权力平等代表大小相同、相等,两者看似相近,但是内涵不同,不能混淆。因此,也就无法推出制度本身蕴含着平等的观念。

由此可见,原文在概念、论据和论证过程等方面均存在缺陷,因此想要得出企业成功的美好愿望,还需要更加严谨的论证。

九、2013年管理类联考真题

论证有效性分析:分析下述论证中存在的缺陷和漏洞,选择若干要点,写一篇600字左右的文章,对该论证的有效性进行分析和评论。(论证有效性分析的一般要点是:概念,特别是核心概念的界定和使用是否准确并前后一致,有无各种明显的逻辑错误,论证的论据是否成立并支持结论,结论成立的条件是否充分等。)

一个国家的文化在国际上的影响力是该国软实力的重要组成部分。由于软实力是评判一个国家国际地位的要素之一,所以如何增强软实力就成了各国政府高度关注的重大问题。

其实,这一问题不难解决。既然一个国家的文化在国际上的影响力是该国软实力的重要组成部分,那么,要增强软实力,只需搞好本国的文化建设并向世人展示就可以了。

文化有两个特性,一个是普同性,一个是特异性。所谓普同性,是指不同背景的文化具有相似的伦理道德和价值观念,如东方文化和西方文化都肯定善行,否定恶行;所谓特异性,是指不同背景的文化具有不同的思想意识和行为方式,如西方文化崇尚个人价值,东方文化固守集体意识。正因为文化具有普同性,所以一国文化就一定会被他国所接受;正因为文化具有特异性,所以一国文化就一定会被他国所关注。无论是接受还是关注,都体现了该国文化影响力的扩大,也即表明了该国软实力的增强。

文艺作品当然也具有文化的本质属性。一篇小说、一出歌剧、一部电影等,虽然一般以故事情节、人物形象、语言特色等艺术要素取胜,但在这些作品中,也往往肯定了一种生活方式,宣扬了一种价值观念。这种生活方式和价值观念不管是普同的还是特异的,都会被他国所接受或关注,都能产生文化影响力。由此可见,只要创作更多的具有本国文化特色的文艺作品,那么文化影响力的扩大就是毫无疑义的,而国家的软实力也必将同步增强。

【要点全析】

(1)"既然一个国家的文化在国际上的影响力是该国软实力的重要组成部分,那么,要增强软实力,只需搞好本国的文化建设并向世人展示就可以了。""向世人展示"可能产生影响力,但也有可能没有影响力。

(2)"正因为文化具有普同性,所以一国文化就一定会被他国所接受;正因为文化具有特异性,所以一国文化就一定会被他国所关注。"其中的结果只具有可能性,不具有必然性。

(3)"无论是接受还是关注,都体现了该国文化影响力的扩大,也即表明了该国软实力的增强。"影响力有可能是正面的,也有可能是负面的。正面的影响力可以增强国家的软实力,而负面的影响力会减弱国家的软实力。

(4)文艺作品虽然"肯定了一种生活方式,宣扬了一种价值观念",但其影响力还取决于受众的价值观念和接受能力,那么文艺作品所蕴含的生活方式和价值观念就未必会被接受或关注,也不一定"能产生文化影响力"。

(5)"只要创作更多的具有本国文化特色的文艺作品,那么文化影响力的扩大就是毫无疑义的。"如果只创作而不传播,就谈不上"文化影响力的扩大"。

(6)文化作品影响力的扩大和国家软实力的增强不一定同步,因为国家软实力的增强还受制于其他条件。

【参考范文】

文化建设就能增强软实力吗

上述材料中作者试图证明只需通过文化建设就可以增强一个国家的软实力,为了证明这个观点,作者从文化的特性和文艺作品的作用两个方面进行了论证,但由于论证过程充满了逻辑谬误,导致其结论必然难以成立。

首先,"国家软实力"并不简单等同于本国文化的影响力。我们知道,一国的软实力除了文化的影响力,还包括该国的人才、教育、政治体制等许多方面。所以,一国文化影响力的扩大并不意味着该国软实力的增强。

其次,即使文化具有普同性,也并不意味着一国文化就一定会被他国所接受。如果他国文化已具有相应的内容,那么为何还要接受另一国文化呢?即便一国文化具有异质性,如果文化的异质性使一国文化与另一国文化对立,那么另一国文化会因异质而受到排挤。

再次,一国的文艺作品要被他国所接受或关注,一个隐含的假设是,该国文艺作品能够被翻译和传播;如果不能被翻译和传播,他国甚至无法接触到该文艺作品。就算该国文艺作品能被翻译和传播,也不代表能被接受和关注,因为文化的异质性很可能导致该文艺作品被他国抵制。

最后,即便生活方式和价值观念会被他国接受和关注,并不一定能推出"只要创作更多的具有本国文化特色的文艺作品,文化影响力就能扩大",这里将"生活方式和价值观念"偷换为"文艺作品"。此外,文化影响力未必是国家软实力的重要组成部分,文化影响力扩大只是国家软实力增强的必要非充分条件。

综上所述,文章在论证过程中存或多或少的逻辑错误,其结论不成立。

十、2012年管理类联考真题

论证有效性分析:分析下述论证中存在的缺陷和漏洞,选择若干要点,写一篇600字左右的文章,对该论证的有效性进行分析和评论。(论证有效性分析的一般要点是:概念,特别是核心概念的界定和使用是否准确并前后一致,有无各种明显的逻辑错误,论证的论据是否成立并支持结论,结论成立的条件是否充分等。)

地球的气候变化已经成为当代世界关注的热点。这一问题看似复杂,其实简单。只要我们运用科学原理,如爱因斯坦的相对论去对待,也许就会找到解决这一问题的方法。

众所周知,爱因斯坦提出的相对论颠覆了人类关于宇宙和自然的常识性观念。不管是狭义相对论还是广义相对论,都揭示了宇宙间事物运动中普遍存在的相对性。

既然宇宙间万物的运动都是相对的,那么我们观察问题时也应该采用相对的方法,如变换视角等。

假如我们变换视角去看一些问题,也许会得出和一般常识完全不同的观点。例如,我们称之为灾害的那些自然现象,包括海啸、地震、台风、暴雨等,其实也是大自然本身的一般现象而已,从大自然的视角来看,无所谓灾害不灾害。只有当它损害了人类利益、危及了人类生存的时候,从人类的视角来看,我们才称之为灾害。

假如再变换一下视角,从一个更广泛的范围来看,连我们人类自己也是大自然的一部分。既然我们的祖先是类人猿,而类人猿正如大熊猫、华南虎、藏羚羊、扬子鳄乃至银杏、水杉、五针松等一样,是整个自然生态中的有机组成部分,那为什么我们自己就不是了呢?

由此可见,人类的问题就是大自然的问题。即使人类在某一时刻部分地改变了气候,也还是整个大自然系统中的一个自然问题。自然问题自然会解决,人类不必过于干涉。

【要点全析】

(1)把爱因斯坦的相对论理解为宇宙间万物运动中普遍存在的相对性,是对相对论的误解,不能作为论据。

(2)由"宇宙间万物的运动都是相对的"得出"观察问题时也应该采用相对的方法,如变换视角等",不能成立,类比不当。

(3)从大自然的视角否认自然灾害,这与人类关注的气候问题不是同一个问题,偏离了论题,因此其无法作为文章的论据。

(4)类人猿是整个自然生态中的有机组成部分,不能由此推论出人类也是整个自然生态中的有机组成部分,因为"祖先"具有的性质,后代未必具有。

(5)由人类是"整个自然生态中的有机组成部分",推不出"人类的问题就是大自然的问题",因为部分具有的性质,整体未必具有。

(6)通常所说的"人类"是相对于"自然"社会而言的,不能把自然和人类混为一谈。

【参考范文】

一段有缺陷的论证

上述材料通过论证,得出面对气候变化"自然问题自然会解决,人类不必过于干涉"的结论。然而该论证在诸多方面存在着缺陷,分析如下:

首先,就算相对论真的揭示了事物运动的相对性,但我们又如何能从"运动的相对性"推出"看问题视角的相对性"呢?更何况各事物运动的相对性,也推不出运动本身就没有绝对性。因此,看问题时就不能简单套用"相对主义"。

其次,"大自然无所谓灾害"推不出自然界里就没有"自然灾害"。自然不是抽象的存在,而是由各种具体的生物构成的。当某种不正常的自然现象导致某种或多种生物濒临灭绝的境况时,对这些生物来说这无疑就是自然灾害。如果这些自然灾害直接、间接地危及我们人类,难道我们应该坐以待毙、不加任何干预吗?

再次,我们的祖先是类人猿并不意味着我们现在还是类人猿。现在我们掌握了类人猿所没有的各种威力巨大的科学技术,我们对环境和气候的破坏力已经越来越大。因此,我们就不能对自己影响气候的行为放任自流。

最后,"自然问题自然会解决,人类不必过于干涉"与此论证者的结论自相矛盾。如果"人类的问题就是大自然的问题",那么人类作为自然的一部分,同样要参与解决自然的问题,显然与结论"人类不必过于干涉"自相矛盾。

综上所述,该论证存在诸多不足,是欠缺说服力的,并不能有效证明原结论。

十一、2011年管理类联考真题

论证有效性分析:分析下述论证中存在的缺陷和漏洞,选择若干要点,写一篇600字左右的文章,对该论证的有效性进行分析和评论。(论证有效性分析的一般要点是:概念,特别是核心概念的界定和使用是否准确并前后一致,有无各种明显的逻辑错误,论证的论据是否成立并支持结论,结论成立的条件是否充分等。)

如果你要从股市中赚钱,就必须低价买进股票,高价卖出股票,这是人人都明白的基本道理。但是问题的关键在于如何判断股价的高低。只有正确判断股价的高低,上述的基本道理才有意义,否则就毫无实用价值。

股价的高低是一个相对的概念,只有通过比较才能显现。一般来说,要正确判断某一股票的价格高低,唯一的途径就是看它的历史表现。但是有人在判断当前某一股价的高低时,不注重股票的历史表现,而只注重股票今后的走势,这是一种危险的行为。因为股票的历史表现是一种客观事实,客观事实具有无可争辩的确定性;股票今后的走势只是一种主观预测,主观预测具有极大的不确定性。我们怎么可以只凭主观预测而不顾客观事实呢?

再说,股价的未来走势充满各种变数,它的涨和跌不是必然的,而是或然的。我们只能借助概率进行预测。假如宏观经济、市场态势和个股表现均好,它的上涨概率就大;假如宏观经济、市场态势和个股表现均不好,它的上涨概率就小;假如宏观经济、市场态势和个股表现不相一致,它的上涨概率就需要酌情而定。

由此可见,要从股市获取利益,第一是要掌握股价涨跌的概率;第二还是要掌握股价涨跌的概率;第三也还是要掌握股价涨跌的概率。掌握了股价涨跌的概率,你就能赚钱;否则,你就会赔钱。

【要点全析】

(1)"要正确判断某一股票的价格高低,唯一的途径就是看它的历史表现。"这个观点显然是有失偏颇的,股价的高低受多种因素的影响,历史表现仅仅是其中之一。

(2)"只注重股票今后的走势,这是一种危险的行为"不一定必然推出"唯一的途径就是看它的历史表现",这是片面、孤立地看待问题。在现实中,我们可以同时兼顾主观预测和客观事实,二者并非完全对立。

(3)由于股票的未来走势充满各种变数,所以我们"只能借助概率进行预测",这个观点有待商榷。预测股价的方法有很多,除了概率之外还有别的方法,而作者武断地认为只有概率一种方式。

(4)宏观经济、市场态势和个股表现是股票价格的决定因素,但并不仅仅只有这些,况且它们之间的关系也不是简单的线性关系,文中得出这一结论缺乏足够的证据。

(5)"掌握了股价涨跌的概率,你就能赚钱;否则,你就会赔钱。"该论证过于武断,概率具有或然性不具有必然性,因此得不出必然赚钱或者赔钱的结论。

(6)文末指出要从股市中获利,最重要的是掌握股价涨跌的概率,而开头提出的观点认为股票赚钱的关键是判断股价的高低,逻辑上是自相矛盾的。

【参考范文】

如此股经

上述所谓的"股经",在推理论证过程中存在诸多逻辑问题。

首先,"历史表现"难以成为判断股价高低的唯一途径,试想当上市公司本身、宏观大势以及股民心理都已经发生了巨大变化时,我们怎么能仅仅依据该个股的历史表现来判断其股价的高低呢?

其次,我们应该关注什么时候的历史表现?几天前的还是十年前的?高的还是低的?该用哪些历史表现来衡量该股票价格的高低?用平均值?但平均值是否真的就合理?上文作者没有告诉我们,我们很可能就只会迷失在这无边无际的历史丛林里。

再次,上述论证认为关注股票历史表现的目的不是预测它今后的走势,历史表现是一种客观事实,而今后的走势只是一种主观预测,对走势进行预测对股市盈利毫无帮助。然而,科学的预测本就是基于历史的表现和现在的变化等客观事实之上的,因此也是有一定的可靠性的,对股市盈利也是有指导意义的。

另外,股价涨跌概率确实与宏观经济、市场态势、个股表现这三个因素有关,但不能因此就完全无视影响股价涨跌的其他因素,比如庄家的炒作。谁都知道,不管上述三个因素如何,强有力的庄家都有可能利用股民追涨杀跌的跟风心理,造成股价的跌宕起伏。

综上所述,上述论证存在诸多不足之处,"股经"论证的有效性以及由此得出的结论都是值得商榷的。论证若要证明其结论,尚需给出更有力的论证。

十二、2010年管理类联考真题

论证有效性分析:分析下述论证中存在的缺陷和漏洞,选择若干要点,写一篇600字左右的文章,对该论证的有效性进行分析和评论。(论证有效性分析的一般要点是:概念,特别是核心概念的界定和使用是否准确并前后一致,有无各种明显的逻辑错误,论证的论据是否成立并支持结论,结论成立的条件是否充分等。)

美国学者弗里德曼的《世界是平的》一书认为,全球化对当代人类社会的思想、经济、政治和文化等领域产生了深刻影响。全球化抹去了各国的疆界,使世界从立体变成平面,也就是说,世界各国之间的社会发展差距正在日益缩小。

"世界是平的"这一观点,是基于近几十年信息传播技术迅猛发展的状况而提出的。互联网的普及、软件的创新使海量信息迅速扩散到世界各地。由于世界是平的,穷国可以和富国一样在同一平台上接受同样的最新信息。这样就大大促进了穷国的经济发展,从而改善了它们的国际地位。

事实也是如此,所谓"金砖四国"国际声望的上升,无不得益于它们的经济成就,无不得益于互联网技术的发展。特别是中国经济的起飞,中国在世界上的崛起,无疑也依靠了互联网技术的普及,同时也可作为"世界是平的"这一观点的有力佐证。

毋庸置疑,信息传播技术革命还远未结束,互联网技术将会有更大发展,人类社会将有更惊人的变化。可以预言,由于信息技术的迅猛发展,世界的经济格局与政治格局将会发生巨大的变化,世界最不发达的国家和最发达的国家之间再也不会让人有天壤之别的感觉,非洲大陆将会成为另一个北美。同样也可以预言,由于中国信息技术发展迅猛,中国和世界一样,也会从立体变为平面,中国东西部之间的经济鸿沟将被填平,中国西部的崛起指日可待。

【要点全析】

(1) 美国学者弗里德曼的《世界是平的》一书中的观点仅仅是一家之言,反对之声还很多。用一个有待商榷的观点作为自己论证的出发点,缺乏坚实的基础。

(2) 文中将"世界是平的"理解为世界正在变得无障碍、无国界,这显然是在曲解原著。《世界是平的》原书主要说明信息技术打破了信息沟通的障碍,缩小了个人之间、企业之间乃至国家之间的距离。

(3) 信息技术发展与全球化是两个概念。信息技术只是全球化的一部分,论证中作者对弗里德曼的观点有所曲解。用"信息技术"发展偷换了"全球化"这一内涵更广泛多元的概念。

(4) 信息技术具有两面性,不能只看益处而无视危害。信息技术在带来了信息便利的同时,也带来了信息鸿沟。一方面,传统的政治、经济差距在缩小,另一方面,新的差距正在出现。

(5) 荒谬的归因论。经济繁荣、大国崛起,包含十分丰富的因素,涉及政治、经济、文化、军事、外交等多个领域的发展进步。

【参考范文】

信息技术真的有如此大的作用吗

上文通过一系列成问题的推理,预言非洲大陆将会成为另一个北美,中国西部的崛起也指日可待。这样的推理和预言,逻辑上可谓是漏洞百出。

首先,全球化只是突破了传统的某些国界,并没有抹去所有国界,否则就不会有什么关贸问题了。所以,全球化未必就能让世界完全变平。而且,即使世界变成了平面,也并不意味着穷国和富国的差距就会缩小,相反,平面的世界可能更方便和加剧富国对穷国财富的掠夺。

其次,互联网等信息技术的发展,不一定就能推出各国都将在同一平台上接受信息,因为接受信息需要一定的物质基础,穷国很多人很可能就买不起电脑,付不起信息使用的费用,因此,穷国和富国之间的信息差距可能越来越大,从而导致经济和社会的差距也越来越大。

再次,"金砖四国"的突起,也未必是由互联网技术的发展导致。比如巴西很可能靠的是它的"世界原料基地",俄罗斯靠的是它的"世界加油站",中国和印度靠的是其廉价的劳动力。一旦这些优势丧失,其发展潜力很可能会大打折扣。

最后,经济的发展,除受信息因素的影响外,还受资金、地理、资源、交通、教育、人口素质、文化传统等各种因素的制约。由于非洲相对于北美、中国西部相对于东南沿海地区还存在着巨大的差异,甚至有着难以填平的鸿沟,所以它们的崛起就未必是那么乐观的"指日可待"了。

综上所述,由于上文存在诸如此类的逻辑错误,因此,它的结论也难免有草率、轻断之嫌。

第二节 MBA联考阶段真题

一、2009年MBA联考真题

论证有效性分析:分析下面的论证在概念、论证方法、论据及结论等方面的有效性。600字左右。

1000是100的10倍,但是当分母大到上百亿的时候,作为分子的这两个数的差别就失去了意义。在知识经济时代,任何人所掌握的知识,都只是沧海一粟,这使得在培养与选拔人才时,知识尺度已变得毫无意义。

现代网络技术可以使你在最短的时间里查询你所需要的任何知识信息,有的大学毕业生因此感叹何必要为学习各种知识数年寒窗,这并不无道理。传授知识不应当继续成为教育,特别是高等教育的功能。学习知识需要记忆,记忆能力是浅层次的大脑功能。人们在思维方面的差异,不在于能记住什么,而在于能提出什么。素质教育的真正目标,是培养批判性思维与创造性思维能力,知识与此种能力之间并没有实质性联系,否则难以解释具备与爱因斯坦相同知识背景的人多得是,为什么唯独他发现了相对论。硕士、博士这些知识头衔的实际价值一再遭受有识之士的质疑,道理就在这里。

"知识就是力量"这个曾经激励了几代人的口号,正在成为空洞的历史回声,这其实是时代的进步。

(★提示:论证有效性分析的一般要点是:概念,特别是核心概念的界定和使用是否准确并前后一致,有无各种明显的逻辑错误,论证的论据是否支持结论,论据成立的条件是否充分等。要注意分析的内容深度、逻辑结构和语言表达。)

【要点全析】

(1)"在知识经济时代,任何人所掌握的知识,都只是沧海一粟",这一断定的逻辑结论应当是:任何人包括专家、学者都应当认识到自己知识的有限,而应当更加谦虚好学;而没有理由认为:在培养与选拔人才时知识的差异变得毫无意义。

(2)"现代网络技术可以使你在最短的时间里查询你所需要的任何知识信息",推不出"传授知识不应当继续成为教育,特别是高等教育的功能"。网络是一种新的知识载体,传授知识不等于提供知识信息载体,否则大学只要有图书馆和网络就够了。

(3)"具备与爱因斯坦相同知识背景的人多得是,为什么唯独他发现了相对论",只能得出结论:爱因斯坦所具有的知识背景不会自然地导致他发现相对论,而不是得出一般结论"知识与能力之间没有实质性的联系"。不能忽视爱因斯坦的知识背景也是他发现相对论的必要条件。

(4)知识需要记忆,不等于知识只需要记忆。学习知识的过程,也是培养与训练批判性思维与创造性思维能力的过程。知识不等于能力,不意味着知识与能力没有关系。

(5)能力平庸的硕士、博士是存在的,但同样不乏有创造性成果的硕士、博士。

(6)"知识就是力量"肯定的是知识的社会价值与历史作用。上述论证充其量只是试图说明,对于受教育者或一般的个体而言,知识相对来说并不重要,而并不涉及对人类社会发展来说知识的作用与价值。

【参考范文】

草率的论证,偏颇的结论

上文通过一系列成问题的推理推出结论说,不再相信"知识就是力量"这个口号其实是时代的进步。这样的推理是难以成立的。

首先,任何人所掌握的知识,都只是沧海一粟,这并不意味着知识尺度毫无意义。因为这是一个分工合作的时代,只要某人在某方面具有解决问题的相应专门知识,他就可以看作一个有用的人才。至于其余他不懂的知识或问题,完全可以交由专门的人才去处理。

其次,网络技术的发达也未必能推出我们不需要花工夫去学习各种知识。因为如何进行更快速有效的查询,查询到了相应的结果之后,如何甄别和选择我们所需要的信息……这些无疑都要以一定的知识为前提。如果不储备一定的知识,许多信息就无异于一堆乱码。

再次,就算记忆并不等于创造,但毫无记忆力和知识匮乏的人显然提不出任何有价值的东西。爱因斯坦的例子也只能说明知识不是批判与创造能力的充分条件,但并不能推出它们之间没有实质性联系。试想,如果爱因斯坦是文盲,他还能发现相对论吗?

最后,硕士、博士等知识头衔的实际价值正在遭受有识之士的质疑,其真正的原因并不一定就是因为知识无用,而很可能是由于我们的教育体制出现了问题,让一些混文凭的人拿到了文凭,而他们实际上并没有真正掌握与这些头衔相称的专业知识。

综上所述，由于上文在推理论证过程中存在诸如此类的逻辑漏洞，所以，其论证的有效性以及由此得出的结论都是值得商榷的。

二、2008年MBA联考真题

下面是一段关于中医的辩论。请分析甲乙双方的辩论在概念、论证方法、论据及结论等方面的有效性。600字左右。

甲：有人以中医不能被西方人普遍接受为由，否定中医的科学性，我不赞同。西方人不能普遍接受中医是因为他们不理解中国的传统文化。

乙：世界上有不同的文化，但科学标准是相同的。科学研究的对象是普适的自然规律，因此，科学没有国界，科学的产生和发展不受民族或文化因素的影响。将中医的科学地位不为西方科学界认可归咎于西方人不了解中国文化，是荒唐的。

甲："科学无国界"是一个广为流传的谬误。如果科学真的无国界，为什么外国制药公司会诉讼中国企业侵犯其知识产权？

乙：从科学角度看，现代医学以生物学为基础，而生物学又建立在物理、化学等学科的基础之上。但中医的发展不以这些学科为基础，因此，它与科学不兼容，这样的东西只能是伪科学。

甲：中医有几千年的历史了，治好了那么多人，怎么可以说是伪科学呢？人们为什么崇尚科学？是因为科学对人类有用。既然中医对人类有用，凭什么说它不是科学？西医自然有长于中医的地方，但中医同样有长于西医之处。中医体现了对人体完整系统的把握，强调整体观念，系统思维，而这正是西医所欠缺的。

乙：我去医院看西医，人家用现代科技手段从头到脚给我检查一遍，怎么能说没有整体观念、系统思维呢？中医在中国居于主导地位的时候，中国人的平均寿命在古代和近代都只有30岁左右；现代中国人平均寿命提高到70岁左右，完全拜现代医学所赐。

（★提示：论证有效性分析的一般要点是：概念，特别是核心概念的界定和使用是否准确并前后一致，有无各种明显的逻辑错误，论证的论据是否支持结论，论据成立的条件是否充分等。要注意分析的内容深度、逻辑结构和语言表达。）

【要点全析】

甲的漏洞主要有：

（1）"如果科学真的无国界，为什么外国制药公司会诉讼中国企业侵犯其知识产权？"这句话混淆了"科学"与"知识产权"这两个不同概念。把"科学无国界"，偷换成"知识产权无国界"。

（2）"科学对人类有用"没错，但"既然中医对人类有用，凭什么说它不是科学？"这句话把"有用"不恰当地等同于"科学"；从科学皆有用，不能推出有用皆科学。

乙的漏洞主要有：

（1）从"科学研究的对象是普适的自然规律"，推不出"科学的产生和发展不受民族或文化因素的影响"。

（2）从中医的发展不以生物学、物理、化学等学科为基础，得不出它与现代科学不兼容的结论。

（3）即便中医与现代科学不兼容，也不能推出它是伪科学。"伪科学"不是"科学"的补集。比如，京剧艺术不是科学，但也不能说它是"伪科学"。

（4）西医用现代科技手段从头到脚检查一遍，是在操作上覆盖了身体的每个部分，并不意味着整体观念、系统思维。

（5）现代中国人平均寿命的提高是多种因素作用的结果，归因于一种因素并不恰当。

【参考范文】

在论辩和狡辩之间

上述甲、乙两人就"中医是不是科学"的话题展开了激烈辩论，但两个人都存在一些逻辑问题。下面我们按照先甲后乙的思路做一番简单分析。

首先，西方人不理解中国传统文化未必就能成为论证"中医是科学性"的辩护理由，因为很可能真实情况是，恰恰是因为中医本身严重不科学，才导致了西方人再怎么努力学习也不能理解中医，因此坚信科学思维的西方人才不能普遍接受中医。

其次，甲根据外国公司诉讼中国企业侵犯其知识产权，来反驳乙的"科学无国界"，这也是概念的偷换。因为很显然，某块黄金可以是私人的，但评价这块黄金是不是真黄金的标准却不可能是私人的，而是公共的。

再次，甲根据中医的历史悠久，某些"疗效"和"强调整体观念，系统思维"来证明中医是科学，也不一定成立，因为迷信、巫术也强调系统思维，而且历史更悠久，有时也能安慰我们无助的心理，但它们显然不是科学。

此外，乙根据中国人的平均寿命过去短、现在长，就推出西医比中医科学，也有逻辑漏洞，因为中国人寿命的长短很可能是由战争的伤害程度、生活水平的高低所导致的。

最后，乙依据的西医也做全身检查，不一定就能推出西医也有系统思维，因为系统绝不是各个部分的简单、机械地相加。更何况就算西医也有系统思维，但也不能因此否定中医也是科学。

综上所述，由于甲、乙两人在论辩过程中存在诸如此类的逻辑问题，所以，严格说两人无论是有意还是无意都有狡辩的嫌疑。

三、2007年MBA联考真题

论证有效性分析：分析下面的论证在概念、论证方法、论据及结论等方面的有效性。600字左右。

每年的诺贝尔奖，特别是诺贝尔经济学奖公布后，都会在中国引起很大反响。

诺贝尔经济学奖的得主是当之无愧的真正的经济学家。他们的研究成果都经过了实践的检验,为人类社会发展,特别是经济发展做出了杰出的贡献。每当看到诺贝尔经济学奖被西方人包揽,很多国人在羡慕之余,更期盼中国人有朝一日能够得到这一奖项。

然而,我们不得不面对的现实是中国的经济学还远远没有走到经济科学的门口,中国真正意义上的经济学家,最多不超过5个。

真正的经济学家需要坚持理性的精神。马克斯·韦伯说,现代化的核心精神就是理性化,没有理性主义就不可能有现代化。中国的经济学要向现代科学方向发展,必须把理性主义作为基本的框架。而中国经济学界太热闹了,什么人都可以说自己是个经济学家,什么问题他们都敢谈。有的经济学家今天评股市,明天讲汇率,争论不休,莫衷一是。有的经济学家热衷于担任一些大型公司的董事,或在电视上频频上镜,怎么可能做严肃的经济学研究?

经济学和物理学、数学一样,所讨论的都是非常专业化的问题。只有远离现实的诱惑,潜心于书斋,认真钻研学问,才可能成为真正意义上的经济学家,中国经济学家离这个境界太远了。在中国的经济学家中,你能找到为不同产业代言的人,西方从事经济学研究最优秀的人不是这样的,这样的人在西方只能受投资银行的雇用,从事产业经济学的研究。一个真正的经济学家,首先要把经济学当作一门科学来对待,必须保证学术研究的独立性和严肃性,必须保持与"官场"和"商场"的距离,否则,不可能在经济学领域获得独立的研究成果。

说"中国真正意义上的经济学家,最多不超过5个",听起来刻薄,但只要去看一看国际上经济学界那些最重要的学术刊物,有多少文章是来自中国国内的经济学家,就会知道这还是比较客观和宽容的一种评价。

(★提示:论证有效性分析的一般要点是:概念,特别是核心概念的界定和使用是否准确并前后一致,有无各种明显的逻辑错误,论证的论据是否支持结论,论据成立的条件是否充分等。要注意分析的内容深度、逻辑结构和语言表达。)

【要点全析】

(1)"真正意义上的经济学家"概念界定模糊,诺贝尔经济学奖得主是真正的经济学家,不等于没得诺贝尔奖的都不是真正的经济学家;真正的经济学家要坚持理性的精神,要认真钻研学问,要把经济学当作一门科学来对待,要保证学术研究的独立性和严肃性,这些界定都不能得出"中国真正意义上的经济学家,最多不超过5个"的结论。

(2)经济学家确实要坚持理性精神,但"经济学界太热闹"并不等于"不理性",二者也没有因果关系,作者偷换了概念。

(3)"经济学家热衷于担任一些大型公司的董事,或在电视上频频上镜",与他们"怎么可能做严肃的经济学研究"之间,不存在必然的因果关系与逻辑推断关系。

(4)保持学术研究的独立性和严肃性是重要的,但是并不意味着"必须保持与

'官场'和'商场'代表企业的实践场所的距离"。真正的经济学家不但不能与这些实践场所保持距离,而且还要参与其中,以便发展和验证理论。在没有明确定义概念的情况下进行推论,只能造成混淆。

(5)前文中提到,诺贝尔经济学奖得主获奖是因为"他们的研究成果都经过了实践的检验,为人类社会发展,特别是经济发展做出了杰出的贡献"。这里隐含的命题是:经济学是"致用之学","真正的经济学家"的研究不能脱离实际。"远离现实诱惑,潜心于书斋",并不是真正经济学家的为学之道。

(6)"产业经济学"是经济学的一个组成部分,从事产业经济学研究,并不意味着不能保证学术研究的独立性和严肃性,也不意味着必然是产业代言人。

(7)即使文中对一些中国经济学家的批评都是客观的,也不能以偏概全,轻率概括出关于中国经济学界的一般性结论。

【参考范文】

真正的中国经济学家真的不超过5个吗?

前文通过中国经济学家缺乏理性精神、热衷经济活动和在国际最重要经济学术刊物的表现来断定中国真正意义上的经济学家最多不超过五个,这样的推理是有失偏颇的。

首先,"真正意义上的经济学家"概念界定模糊,诺贝尔经济学奖得主是真正的经济学家,不等于没有获得诺贝尔奖的都不是真正的经济学家。此外,经济学家确实要坚持理性精神,但"经济学界太热闹"并不等于"不理性",两者并没有因果关系。作者在这里偷换了概念。并且"经济学家热衷于担任一些大型公司的董事,或在电视上频频上镜"与他们"怎么可能做严肃的经济学研究"之间也不存在必然的因果关系与逻辑推断关系。

其次,原文认为"必须保证学术研究的独立性和严肃性,必须保持与'官场'和'商场'的距离,否则,不可能在经济学领域获得独立的研究成果"。这一推论是不能成立的。许多经济学家正是深入这些实践场所才收集了第一手信息,并在实践中检验成果,取得了课题研究的成功,从而成为真正的经济学家。这岂不是比闭门造车,仅仅从书本中做研究更能保证学术研究的正确性和严肃性吗?

再次,社会科学的经济学和自然科学的物理学、数学是不一样的,仅仅潜心于书斋是难以获得社会研究成果的,文中把两者进行类比是不妥当的。

最后,以学术刊物上发表文章的多少作为衡量真正的经济学家的标准是否科学,"中国真正意义上的经济学家,最多不超过5个"的结论,究竟是在哪些调查研究的基础上得出的?所有这些问题,也都是前文在论证过程中值得质疑的地方。

总之,由于前文在论证过程中存在诸如此类的问题,因此,它所谓的"中国真正意义上的经济学家,最多不超过5个"的结论也是值得商榷的。

四、2006年MBA联考真题

论证有效性分析:分析下面的论证在概念、论证方法、论据及结论等方面的有效性。600字左右。

在全球9家航空公司的140份订单得到确认后,世界最大的民用飞机制造商之一——空中客车公司2005年10月6日宣布,将在全球正式启动其全新的A350远程客机项目。中国、俄罗斯等国作为合作伙伴,也被邀请参与A350飞机的研发与生产过程,其中,中国将承担A350飞机5%的设计和制造工作。

这意味着未来空中客车公司每销售100架A350飞机,就将有5架由中国制造。这表明中国经过多年艰苦的努力,民用飞机研发与制造能力得到了系统的提升,获得了国际同行的认可;这也标志着中国已经可以在航空器设计与制造领域参与全球竞争,并占有一席之地。由此可以看出,在经济全球化的时代,参与国际合作将带来双赢的结果,这也是提高我国技术水平和产业国际竞争力的必由之路。

(★提示:论证有效性分析的一般要点是:概念,特别是核心概念的界定和使用是否准确并前后一致,有无各种明显的逻辑错误,论证的论据是否支持结论,论据成立的条件是否充分等。要注意分析的内容深度、逻辑结构和语言表达。)

【要点全析】

(1) 文中指出"中国将承担A350飞机5%的设计和制造工作",这里的5%概念界定不清,到底是飞机部件数量的5%,还是飞机价值的5%,无法识别。

(2) 从"承担A350飞机5%的设计和制造工作"中,得出"未来空中客车公司每销售100架A350飞机,就将有5架由中国制造"的结论明显错误。"A350飞机的5%"只是飞机的一个部分,而且是极少的一部分,与5架完整的飞机是完全不同的概念。

(3) 中国参与"A350飞机5%的设计和制造工作",可能只是参与少数非关键的零配件的制造,这并不意味着中国民用飞机研发与制造能力得到了系统的提升,更不能得出中国已经在航空器设计与制造领域参与全球竞争的结论。

(4) 空中客车公司邀请中国参加"A350飞机5%的设计和制造工作",可能意在获得中国市场,而不是因为对中国飞机设计和制造能力的认可。

(5) 从前面的陈述中无法推断出"参与国际合作将带来双赢的结果",属于主观臆断,文中没有论据支持;而且,参与国际合作未必带来双赢的结果。

(6) 提高我国技术水平和产业国际竞争力,具有多种途径可供选择,参与国际合作可能只是其中一条可供选择的道路,而不一定是"必由之路"。

【参考范文】

被无限夸大了的5%

前文根据空中客车公司将A350远程飞机的5%的设计和制造任务分包给我国这一事实前提,做了一系列成问题的推论。

首先,我国所承担的该项目的5%很可能不是整机,而只是不太重要的部件,所以无法由此必然得出结论:未来空中客车公司每销售100架A350飞机,就将有5架由中国制造。

其次,空中客车公司分包给我国的5%,原因很可能是其考虑到中国的市场很大,并且分包的这部分任务也很简单,而该项目的核心技术却仍然掌握在其自己手里,所以我们不能简单地认为,我国的民用飞机研发与制造能力得到了系统的提升,并且获得了国际同行的认可。

再次,就算我们的民用飞机研发与制造能力真的获得了国际同行的认可,也并不能就此推出,中国已经可以在航空器上参与全球竞争并占有一席之地。因为就算除了A350飞机之外,我国其他的"航空器",比如别的民用飞机、军用飞机以及航空热气球等方面的设计制造能力较差,并不具备竞争力。

最后,这次合作的结果如何仍然不得而知,或许是中国付出了高昂的代价,但是收益却很少。如果真是这样就难说是"双赢"。况且飞机制造只是一个领域,别的行业领域合作的结果如何?"神六"没有国际合作,仍然获得了很好的技术水平和产业国际竞争力,所以前文中的"必由之路"这样的结论并没有真正的根据。

由于上文的推理存在诸如此类的问题,所以,我们认为它所得出的一系列的结论也大概只有5%成立的可能性。

五、2005年MBA联考真题

论证有效性分析:分析下面的论证在概念、论证方法、论据及结论等方面的有效性。600字左右。

没有天生的外科医生,也没有天生的会计师。这都是专业化的工作,需要经过正规的培训,而这种培训最开始是在教室里进行的。当然,学生们必须具备使用手术刀或是操作键盘的能力,但是他们首先得接受专门的教育。领导者则不一样,天生的领导者是存在的。事实上,任何一个社会中的领导者都只能是天生的。领导和管理本身就是生活,而不是某个人能够从教室中学来的技术。教育可以帮助一个具有领导经验和生活经验的人提高到较高的层次,但是,即使一个人具有管理天赋和领导潜质,教育也无法将经验灌入他的头脑。换句话说,试图向某个未曾从事过管理工作的人传授管理学,不亚于试图向一个从来没见过其他人类的人传授哲学。组织是一种复杂的有机体,对它们的管理是一种困难的、微妙的工作,需要的是各种各样只有在身临其境时才能得到的经验。总之MBA教育试图把管理传授给某个毫无实际经验的人不仅仅是浪费时间,更糟糕的是,它是对管理的一种贬低。

(★提示:论证有效性分析的一般要点是:概念,特别是核心概念的界定和使用是否准确并前后一致,有无各种明显的逻辑错误,论证的论据是否支持结论,论据成立的条件是否充分等。要注意分析的内容深度、逻辑结构和语言表达。)

【要点全析】

(1)"天生的领导者是存在的"这一前提值得商榷。人们从小到大,除了在学校学习,还从家庭成员和社会实践中学习,包括领导者素质的培养。考生可以质疑这一前提,也可以从这一前提出发,指出论证中存在的逻辑错误:即使"天生的领导者是存在的",也不能由此推出,"任何一个社会中的领导者都只能是天生的"。

（2）"教育可以帮助一个具有领导经验和生活经验的人提高到较高的层次,但是,即使一个人具有管理天赋和领导潜质,教育也无法将经验灌入他的头脑",这种推断是不恰当的。MBA学生是具有一定的经验、知识、选择力、判断力和自主意识的个体,而不是一个被动的容器。经验分享恰恰是MBA教育中的一种重要的学习方式。

（3）"试图向某个未曾从事过管理工作的人传授管理学,不亚于试图向一个从来没见过其他人类的人传授哲学。"这一推断缺乏有效性。即便是一个未曾从事过管理工作的人,只要他在组织环境中工作过,他就对管理中的基本问题,如沟通、协调、组织、决策等,具有一定的观察和体验。这与"向一个从来没见过其他人类的人传授哲学"是不能类比的。

（4）"MBA教育试图把管理传授给某个毫无实际经验的人",是偷换概念。MBA学生并不是毫无经验的人。

【参考范文】

MBA果真一无是处吗？

相对于外科手术或会计工作来说,管理确实具有更多的艺术性的一面。但我们就能因此说,MBA教育对于管理者的培养一无是处吗？至少前文没有有效地论证这一结论。

首先,尽管某些天赋,比如浓眉大眼、伟岸身躯,可能有助于某些领导才能的构建和发挥,但并不能就此推出所有领导才能都是天生的。一个具有所谓领导天赋的人,如果不接受后天教育,也只能是一个野蛮的原始人,这样的人又能胜任现代社会的哪个领导岗位？

其次,就算管理就是生活,管理的学习需要某些相应的经验；就算MBA学生不一定都具有高层企业管理工作的经验,但是,他们都或多或少具备某些广义上的管理经验,比如自己的时间、家务、人际关系、班组管理等。所以按照前文的推理,MBA教育就可以帮助他们把自己的管理能力提高到较高的层次。

再者,正是因为组织是一种复杂的有机体,对组织的管理是一种困难、微妙的工作,所以,我们就更加不能仅凭本能、感觉和经验行事,而需要对这种复杂的有机体进行科学的定性和定量分析,而这些分析的方法在某种程度上是可以从课堂里学习到的。

最后,就算从MBA的教室里无法直接培养出管理者,也不能说明MBA教育就是一无是处的。因为如果管理者没有学习任何相关的管理知识,那么,他们在实际的管理中很可能难以获得真正有效的、深刻的管理经验。这就是理论对实践的指导作用。

基于论证中存在的上述逻辑问题,说MBA教育一无是处过于绝对。所以该论证是无效的。

第十一章 以始为终——百战归来悟真题

六、2004年MBA联考真题

论证有效性分析:分析下面的论证在概念、论证方法、论据及结论等方面的有效性。600字左右。

目前,国内约有1000家专业公关公司。去年,规模最大的10家本土公关公司的年营业收入平均增长30%,而规模最大的10家外资公关公司的年营业收入平均增长为15%;本土公关公司的平均利润率为20%,外资公司为15%。十大本土公关公司的平均雇员人数是十大外资公关公司的10%。可见,本土公关公司利润水平高、收益能力强、员工的工作效率高,具有明显的优势。

中国公关协会最近的调查显示,去年,中国公关市场营业额比前年增长25%,达到了25亿元;而日本大约为5亿美元,人均公关费用是中国的10多倍。由此推算,在不远的将来,若中国的人均公关费用达到日本的水平,中国公关市场的营业额将从25亿元增长到300亿元,平均每家公关公司就有3000万元左右的营业收入。这意味着一大批本土公关公司将胜过外资公司,成为世界级的公关公司。

(★提示:论证有效性分析的一般要点是:概念,特别是核心概念的界定和使用是否准确并前后一致,有无各种明显的逻辑错误,论证的论据是否支持结论,论据成立的条件是否充分等。要注意分析的内容深度、逻辑结构和语言表达。)

【要点全析】

(1)在题干第一段的论证中,混淆了"公司规模"与"员工工作效率"之间的关系。员工的工作效率取决于两个因素:员工的数量和员工在单位时间所完成的总有效工作量。十大本土公关公司的平均雇员人数是十大外资公关公司的10%,只能说明本土公司规模小,而不能得出结论"前者员工的工作效率比后者高"。

(2)公司的利润水平与平均利润率是不同的概念,不能根据本土公关公司的平均利润率比外资公司的高,来推断出本土公司的利润水平比外资公司的高。即使本土公关公司的平均利润率高,但是总体利润水平仍有可能低于外资公司的利润水平。

(3)收入增长速度与收入能力或收入水平是不同的概念,在题干中也被混用了。营业额增长率只有在增长基数基本相同的情况下才能说明收益能力的差异。本土公关公司与外资公关公司处于不同的发展阶段,收入增加速度快并不意味着收入能力强(在小的基数的基础上增加总是比在大的基数上增加容易),由本土公关公司的年营业收入平均增长率高于外资公关公司的年营业收入平均增长率,不能得出前者的收益能力比后者强的结论。

(4)中国与日本的人口结构存在着相当大的差异,尤其对于公关这样城市化程度要求很高的行业而言,简单地将日本的人均公关费用推广到中国,是错误类比。

(5)对未来市场总额的估计与现在市场中企业的总数不是同一时间段的数据(前者是预测值,后者是统计值),不具有可比性。公关市场营业额的增长,极有可能伴随着公关公司数量的增长。上述论证使用中国公关市场的营业额将增长到300亿元的预测数据,计算出平均每家公关公司有3000万元左右的营业收入,隐含的假设是公关公司的数量基本不变,这个假设是很难成立的。

(6) 论证根据中国公关市场的营业额的增长,推算出每家公关公司的营业收入有大的增长。这里,受益于营业收入增长的,自然同时包括本土公关公司和外资公司。因此,这不能成为大批本土公关公司将胜过外资公司的依据。即使中国的公关市场营业额增加到300亿元的水平,即使平均到一个公司营业收入水平很高,但这些公司中既包括本土公司,也包括外资公司,无法得出本土公司必将击败外资公司的结论。

(7) 当我们讨论本土公关公司中是否会诞生一批世界级公司时,采取平均的方法所推算出的每个公司的平均营业收入缺乏说服力。在某些行业中,常常是20%的企业创造80%的市场营业收入,所以,这种根据平均值推断的方式存在很大的漏洞。

【参考范文】

缺乏说服力的论证

上述材料通过一系列中外公关公司运营等方面的数据,得出这样一个结论:一大批本土公关公司将胜过外资公司,成为世界级的公司,这样的论证实在是缺乏说服力。

首先,我们来看看开始的三组百分比。第一,本土公司的雇员人数少,不能真正说明员工的工作效率就高。第二,本土公关公司平均利润率高并不意味着利润水平高,利润率和利润水平是不同的概念,不能混淆。第三,本土公关公司与外资公司处于不同的发展阶段,年营业收入增长快并不能说明收入能力强。因为两类公司前年的基数不得而知,如果本土公司年营业额基数较小,而外资公司基数却很大,那么即使去年前者增长速度高于后者,在今后一段时间里,收益能力很可能会不如后者。

其次,上述论证中,根据日本公关市场5亿美元的营业额及人均公关费用,推算出不远的将来中国公关市场的营业额会增长到300亿元,这是不恰当的类比,因为中国与日本的人口结构及城市化程度存在相当大的差异,不能简单地将日本的人均公关费用推广到中国。

最后,就算中国公关市场的营业额会增长到300亿元,也推不出平均每家公关公司有3000万元左右的营业收入,因为公关市场营业额的增长极有可能伴随着公关公司数量的增长,而且这一市场份额也不可能全部被本土公司瓜分,前文假设公关公司数量基本不变和市场份额全部被本土公司瓜分是很难成立的。

综上所述,由于上述论证中存在诸多问题,所以前文论述者得出的结论,是不足为信的,该论证也是严重缺乏说服力的。

七、2003年MBA联考真题

论证有效性分析:分析下面的论证在概念、论证方法、论据及结论等方面的有效性。600字左右。

把蜜蜂和苍蝇放进一只平放的玻璃瓶,使瓶底对着光亮处,瓶口对着暗处。结果,有目标地朝着光亮拼命扑腾的蜜蜂最终衰竭而死,而无目的地乱窜的苍蝇竟都溜出细口瓶颈逃生。是什么葬送了蜜蜂?是它对既定方向的执着,是它对趋光习性这一规则的遵循。

当今企业面临的最大挑战是经营环境的模糊性与不确定性。在高科技企业,哪怕只预测几个月后的技术趋势都是一件浪费时间的徒劳之举。就像蜜蜂或苍蝇一样,企业经常面临一个像玻璃瓶那样的不可思议的环境。蜜蜂实验告诉我们,在充满不确定性的经营环境中,企业需要的不是朝着既定方向的执着努力,而是在随机试错的过程中寻求生路,不是对规则的遵循而是对规则的突破。在一个经常变化的世界里,混乱的行动比有序的衰亡要好得多。

(★提示:论证有效性分析的一般要点是:概念,特别是核心概念的界定和使用是否准确并前后一致,有无各种明显的逻辑错误,论证的论据是否支持结论,论据成立的条件是否充分等。要注意分析的内容深度、逻辑结构和语言表达。)

【要点全析】

(1)蜜蜂实验只是特定环境下的一个生物行为实验,不能简单地将生物行为类推到企业行为,更不能把生物行为实验的结果一般化为企业应对不确定性的普遍原则。

(2)经济发展和技术发展总体上是有规律的。在具有模糊性与不确定性的经营环境中,虽然企业用随机试错的方法可能取得成功,但企业理性决策成功的概率要远远大于随机试错成功的概率。不能用小概率的随机试错成功的特例否定企业的理性决策。

(3)在具有不确定性的经营环境中,企业需要根据环境的变化调整方向;但方向的调整需要理性分析而不是随机试错,更不能否定企业朝着既定方向的执着努力。

(4)技术预测具有不确定性,并不意味着技术趋势不可预测,不能说企业进行预测是浪费时间的徒劳之举。实际上对未来的预测是企业经营决策的重要依据。可预测时间的长短也不能作为否定预测必要性的根据。

(5)企业经营环境的不确定性要求不能机械地遵循规则,这个正确的观点被偷换为企业经营环境的不确定性要求不遵循任何规则。

(6)不能把对规则的遵循和对规则的突破的区别绝对化。事实上,对规则的遵循和对规则的突破不是绝对排斥的。对规则的突破不意味着不遵循任何规则,而是突破或修改旧规则,创建并遵循新规则。

(7)在一个经常变化的世界里,混乱的行动和有序的衰亡并不是企业仅有的两种选择。

【参考范文】

企业经营不要遵循任何规则吗

前文主要通过某次实验以及世界和市场环境的变动不确定,来论证企业经营不应该遵循任何规则,这样的论证是难以成立的。

首先,把企业比作蜜蜂和苍蝇,有机械类比的嫌疑,因为人具有它们所不具有的理性,而理性在某种预设规则指导下的探索、试验,不论过程的顺利或曲折,它都会总结经验教训,形成新的更有效的规则来指导下一步的行动,因此人会比蜜蜂和苍蝇都能更好地适应经营环境,更快地寻求到自己的生路。

其次,前文没有揭示试验环境和企业环境两者之间的真正相同点,却预先设定了试验的瓶口和光亮处的位置是确定不变的,后来又再三强调企业经营环境的变动不居——这不能不说前文的论证已经前后矛盾了。

再次,假设瓶口一开始就对着光亮处,那么,遵循"对着光亮处飞"这种规则的蜜蜂很可能要比无规则乱飞的苍蝇能更早地逃生。所以,怎能仅仅因为某次遵循错误规则而失败就建议企业不应遵循任何规则?

最后,环境的变化会导致某种程度的模糊性与不确定性,但哲学的原理也表明,有相对的静止稳定和变化这一客观规律的存在。由于基于客观规律之上的理性决策成功的概率要远远高于随机试错成功的概念,因此,环境的变化推不出"混乱无序的行为要比遵循客观的规则好得多"。

由于上述推理漏洞百出,所以我们担心,如果不加反思地就把这种理论奉为圣典,那么,无论对哪个企业来说,很可能都是一种致命的误导。

八、2002年MBA联考真题

下文摘录于某投资公司的一份商业计划:

"研究显示,一般人随着年龄的增长,用于运动锻炼的时间逐渐减少,而用于看电视的时间逐渐增多。在今后的20年中,城市人口中老年人的比例将有明显的增长。因此,本公司应当及时地售出足量的'达达运动鞋'公司的股份,并增加在'全球电视'公司中的投资。"

对上述论证进行评论。分析上述论证在概念、论证方法、论据及结论等方面的有效性。

(★提示:论证有效性分析的一般要点是:概念,特别是核心概念的界定和使用是否准确和前后一致,有无各种明显的逻辑错误,论证的论据是否支持结论,论据成立的条件是否充分等。要注意分析的内容深度、逻辑结构和语言表达。)

【要点全析】

(1)"研究"是否可信?其研究对象是什么?是针对某一特定群体的研究吗?他们能代表"达达运动鞋"及"全球电视"的消费者或潜在消费者吗?如果研究对象成问题,基于此的后续推论就很有可能无法成立。

(2)该"研究"的结果可以代表今后20年的客观事实吗?在越来越重视养生的今天,人们的运动时间有没有可能增加?如果锻炼时间减少,人们就一定会花更多时间来看电视吗?

（3）"城市人口中老年人"这一概念可否界定清楚一点，是指老年人还是中老年人？哪个年龄范围符合这个定义？这是个悬而未决的问题。而且随着人均寿命的增长，在今后20年中，中老年、老年等概念的年龄范围完全有可能发生改变，到时候又如何划分人们的年龄阶段呢？

（4）假使今后的20年中，城市里老年人的比例确实有明显的增长，别的年龄阶段的人口又会如何发展呢？倘若热爱运动的青少年越来越多，其人口增长比例超过老年人的增长比例，那么还有必要减少"达达运动鞋"的股份吗？

（5）就算老年人口比例增长了，就一定意味着这类人不需要穿运动鞋进行锻炼了吗？也许就某一个老年人而言，运动时间减少可能导致更换运动鞋的次数减少，但就老年人群体而言，可能会因参加运动的人数增加从而导致对运动鞋需求量的增加。

（6）"全球电视"是家什么样的公司？是生产电视机的，销售电视机的还是做传媒的？不把这个概念弄清楚，就贸然增加对此公司的投资，是不是草率了些？

（7）假设这家公司只生产电视机，借此来进一步分析问题。电视机生产行业现状如何？20年后的发展又会如何？如果彼时整个行业的利润率普遍下降，那么增加投资太冒险了。

（8）就算整个行业发展形势乐观，具体到某个企业一定也会有利可图吗？如果该公司生产管理和销售成本过高，那它仍然不会盈利，甚至可能亏损。这样还有必要增加对其的投资吗？

（9）如果要增加对"全球电视"的投资，就非得同时售出"达达运动鞋"公司的股份吗？实际情况完全有可能是"达达运动鞋"将来的利润即便下降，却依然高于"全球电视"上升之后的利润。如果那样，上述做法就非常不划算了。

【参考范文】

一份值得商榷的商业计划

该公司通过研究得出运动鞋将失去投资前景，而电视将有加大投资必要的结论。此论证初看似乎有理，但是仔细分析可以发现不少缺漏。

首先，该"研究"是否可信还是个未知数。其研究的对象是什么？是针对某一特定群体的研究吗？他们能代表"达达运动鞋"及"全球电视"的消费者或者潜在的消费者吗？如果研究对象有问题，基于此的后续论证就很有可能无法成立。

其次，就算研究结果可信，它可以代表今后20年的客观事实吗？人们的运动时间有没有可能增加？随着经济的发展，人们在养生休闲方面的要求将可能越来越高，将来完全有可能产生新的消费需求。在运动器材方面，例如运动鞋上的消费量或许将不减反增。因此，运动鞋将失去市场这一推论是难以成立的。

再次，根据"城市人口中老年人的比例将有明显的增长"不足以推出运动鞋的需求会减少。一方面比例的增长不一定代表着数量的增加，另一方面今后的20年中，其他年龄阶段的人口会如何发展还不明确。倘若热爱运动的青少年越来越多，其人口增加比例超过老年人的增加比例,那么还非得减少"达达运动鞋"的股份吗?

最后,该公司作为投资者忽视了投资中最基本的一点,整个行业发展形势乐观,具体到某个企业,就不一定有利可图。因为一个公司是否赚钱,不仅取决于某个产品是否好销,而且也取决于该产品的生产销售成本以及管理成本等诸多因素。所以,该公司仅凭目前有限的信息就做出投资决定,未免过于草率。

因此,不难看出这是一份漏洞百出的商业计划。要想真正做出科学的投资决策,还必须做进一步的深入研究。

第三节 MBA联考真题

一、2013年10月MBA联考真题

论证有效性分析:分析下面的论证在概念、论证方法、论据及结论等方面的有效性。600字左右。

"勤俭节约"是中国人民的优良传统,也是近百年流传下来的革命传统,在新中国成立后的建设时期,尤其是20世纪50年代,国家百废待兴,就是靠全国人民发扬勤俭持家、勤俭建国的艰苦奋斗精神,才在一穷二白的基础上打下了工业化的基础。

时代车轮开进了21世纪,中国加入了世贸组织,实现了全面开放,与30年前相比,我们面对的国际形势已经发生了天翻地覆的变化。形势在变,任务在变,人的观念也要适应这种变化,也要与时俱进。比如,"勤俭节约"的观念就到了需要改变的时候了。

我们可以从个人、家庭、国家三个层面对"勤俭节约"的观念进行分析。

先从个人的角度谈起,一个人如果过分强调勤俭节约,就会过度关注"节流",而不重视"开源"。"开源"就是要动脑筋,花气力,最大程度发挥自己的能力合法赚钱,个人的财富不是省出来的,只靠节省,财富的积累是有限的,靠开源,财富才可能会滚滚而来。试想,比尔·盖茨的财富是靠省出来的吗?

再从家庭的角度分析,一个家庭如果过分强调勤俭节约,也就是秉持"勤俭持家",对于上了年纪的老人,还是应该的,因为他们已经不能出去挣钱了,但对于尚在工作年龄的人,尤其是青年人,提倡勤俭持家有害无益,为了家庭的长远利益,缺钱的时候还可以去借钱,去抵押贷款,为了勤俭持家,能上的学不上,学费是省了,可孩子的前途就耽误了。即使是学费之外的学习费用,也不能一味节俭。试想,如果郎朗的家长当年不买钢琴,能有现在的国际钢琴大师郎朗?

最后从国家的角度审视,提倡"勤俭节约"弊远大于利。2008年以来的金融危机演变为世界性经济危机,至今还没有完全走出低谷。2008年之前,中国的高速发展靠投资拉动。而今,发达国家一个个囊中羞涩,减少进口,甚至还要"再工业化",把已经转移到发展中国家的企业再招回去,而且时常举起贸易保护主义的大旗。中国

经济已经不能靠出口拉动了,怎么办?投资率已经过高了,只能依靠内需。

如何刺激内需呢?如果每个人、家庭都秉持勤俭节约的古训,内需是绝对刺激不起来的,也就依靠不上了,结果是只能单靠投资拉动,其后果不堪设想,所以要刺激内需,必须首先揭示"勤俭节约"之弊端,树立"能挣敢花"之观念。

只要在法律的约束之下,提倡"能挣"就是提倡"奋斗",就会给经济带来活力,就不会产生许多"啃老族",也不会产生许多依赖救济的人,就会激励人们特别是年轻人的创新精神,国家的经济可以发展,科技也可以上去。提倡"敢花"就是鼓励消费,就能促进货币和物资流通,就不会产生大量的产品积压,从而也能解决许多企业员工的就业问题,使他们得到挣钱的机会,并进一步增加消费。试想,如果大家挣了钱,都不舍得花,会有多少人因此下岗失业啊?本来以为勤俭节约是一种美德,结果是祸害了他人。就在你为提倡节约每一度电津津乐道的时候,有多少煤矿和电厂的工人因为得不到工资而流泪。

综上所述,"勤俭节约"作为一种传统已经过时了,在经济全球化的时代,如果继续坚持"勤俭节约"的理念,对个人、对家庭,特别是对国家弊大于利,甚至有害无利。

(★提示:论证有效性分析的一般要点是:概念,特别是核心概念的界定和使用是否准确并前后一致,有无各种明显的逻辑错误,论证的论据是否支持结论,论据成立的条件是否充分等。要注意分析的内容深度、逻辑结构和语言表达。)

【要点全析】

(1)"人的观念也要适应这种变化,也要与时俱进"这种提法正确,但后文马上转变为"勤俭节约的观念就到了需要改变的时候了",乃至后面对勤俭节约完全否定。

(2)强调勤俭节约就是重视"节流"而不重视"开源",其实节流并不意味着就不重视"开源",开源也并不代表就是不"节流"。

(3)个体不能削弱整体,甚至不能削弱个体。比尔·盖茨、郎朗的例子并不能证明其他人的行为。

(4)勤俭节约不代表就不用钱,勤俭节约不代表完全不花钱,学习之外该花钱的地方还是应该花钱。

(5)勤俭节约是致富的必要条件,不是充分条件。比尔·盖茨的财富确实不是省出来的,但不省肯定也不行。

(6)"提倡'能挣'就是提倡'奋斗'"的说法是有问题的,而且并不一定就会给经济带来活力,也不一定就没有了"啃老族"。

(7)经济具有活力的原因不只是奋斗,产品积压也不单是因为没有鼓励消费,下岗失业也绝对不是因为不花钱。

【参考范文】

勤俭节约怎会有害无利

随着时代的发展和国家的进步,我国部分传统观念发生改变,但"勤俭节约"的思想是否也需要与时俱进?上文的表述是难以成立的。

首先，文章认为"过分强调勤俭节约，就会过度关注'节流'，而不重视'开源'"，这是不对的。文章以比尔·盖茨的事例论证开源的重要性无可厚非，但不能以此驳斥节俭的重要性，犯了非黑即白的逻辑错误。

其次，文中提到的"为了勤俭持家，能上的学不上""如果每个人、家庭都秉持勤俭节约的古训，内需是绝对刺激不起来的"等表述过于绝对。事实上，不少家长即使勤俭持家，也不会因此耽误了孩子的教育，该花的钱必须得花。而拉动内需的核心是要加强社会保障，使社会大众可以无后顾之忧地进行消费，同时也要提高社会大众收入，使他们具备消费能力，这与勤俭节约本身并不冲突。如果为刺激消费而放弃勤俭节约的观点，势必寅吃卯粮。

再次，文章中提到的提倡"能挣"能使国家经济发展、勤俭节约祸害了他们等观点更是极端。经济发展还受到制度、教育、文化、国际环境等多种因素的影响，并非提倡"能挣"就能实现经济发展。无论怎么去节约，必要的消费支出都无法避免，提倡节约祸害他人的观点显然不成立。

最后，即使文章的分析有道理，也只能说明"过分强调勤俭节约"是不可取的，而不能证明"勤俭节约"这一观点必须改变。

综上所述，由于文章在论证中存在诸多错误，所以文章提到的勤俭节约"对国家弊大于利，甚至有害无利"的观点是值得商榷的。

二、2012年10月MBA联考真题

论证有效性分析：分析下面的论证在概念、论证方法、论据及结论等方面的有效性。600字左右。

某县县长在任职四年后的述职大会上说"'不偷懒、不贪钱、不贪色、不整人'，今天可以坦然地说，我兑现了四年前在人大会上的承诺"。接着，他总结了四年工作的主要成绩与存在的问题。报告持续了一个多小时。

几天后，关于"四不"的承诺在网上传开，引起多人热烈讨论，赞赏和质疑的观点互不相让。主要的质疑有以下几种。

质疑之一："不偷懒、不贪钱、不贪色、不整人"是普通公务员都要坚持的职业底线，何以成为官员的公开承诺？如果那样，"不偷、不抢、喝酒不开车、开车不闯红灯"都应该属于承诺之列了？

质疑之二：不管是承诺"四不"还是"八不"，承诺本身就值得怀疑。俗话说"会说的不如会干的""事实胜于雄辩"。有本事就要干出个样子让群众看看，还没有干就先来一番承诺，有作秀之嫌。有许多被揭发的贪官，在任时说的比唱的都好听。

质疑之三：作为一个县长，即使真正做到了"四不"，也不能证明他是一个好干部。衡量县长、县委书记这一级的领导是否称职，主要看他是否能把下面的干部带好。如果只是自己洁身自好，下面的干部风气不正，老百姓也要遭罪。

质疑之四：县长的总结是抓了芝麻、丢了西瓜。他说的"四不"全是小节，没有高

度。一个县的领导应该有大局观、时代感、战略眼光、工作魄力,仅仅做到"四不"是难以担当县长大任的。

(★提示:论证有效性分析的一般要点是:概念,特别是核心概念的界定和使用是否准确并前后一致,有无各种明显的逻辑错误,论证的论据是否支持结论,论据成立的条件是否充分等。要注意分析的内容深度、逻辑结构和语言表达。)

【要点全析】

(1)质疑之一说"不偷懒、不贪钱、不贪色、不整人"是普通公务员都要坚持的职业底线,这是对的。但是要做到这些并不是轻而易举的事,需要严格要求自己而且付诸持之以恒的努力。

(2)质疑之一将"不偷懒、不贪钱、不贪色、不整人"与"不偷、不抢、喝酒不开车、开车不闯红灯"并列,不妥。前面的"四不"对干部来说更有针对性,因为县长具有"贪"的机会,也有"整人"的权力。所以,"不偷懒、不贪钱、不贪色、不整人"不能等同于普通人的"不偷、不抢、喝酒不开车、开车不闯红灯",前面的"四不"对领导干部来说更值得承诺。

(3)质疑之二认为"承诺本身就值得怀疑",一概否定承诺,其理由并不充分。虽然有许多贪官曾经有好听的承诺,并不能证明所有做出承诺的都是贪官。从积极的意义上讲,公开承诺也是表示决心、表明态度的方式,以便接受下级干部和群众舆论的监督。

(4)质疑之三将县长做到"四不"与带好班子、带好队伍割裂开来,认为做到"四不"只是廉洁自好。俗话说"上梁不正下梁歪","上梁正"是带好队伍的必要条件,虽然还不是充分条件,但不是无关紧要的。

(5)质疑之四认为"四不"是小节,不应该成为评价一个县长是否称职的重要标准。文中所说的"大局观、时代感、战略眼光、工作魄力"主要指领导干部的"才能"。"才能"不是不重要,但"四不"所指的"德"更为关键。因为一个有能力但没有道德约束的干部给老百姓带来的危害更大,对党的威信造成的影响更坏。

(6)质疑之四仅抓住县长一个多小时的述职报告中的"四不"承诺就说县长的总结是"抓了芝麻、丢了西瓜",没有全面客观地分析问题。

【参考范文】

"四不"难道就不应该承诺吗

上述材料摘录了网友们对县长的"四不"承诺的种种质疑,看似有理,其实这些质疑本身就存在问题,漏洞百出。

质疑一认为,"四不"是公务员的职业底线,并不代表它就不能成为官员的公开承诺。以职业底线作为公开承诺,警示自己、激励他们,未尝不可。质疑者认为"不偷、不抢、喝酒不开车、开车不闯红灯"不应该属于承诺之列,有失妥当,难道这些真的不应该承诺吗?

质疑二认为,"承诺本身就值得怀疑",把承诺和实干对立起来是不恰当的。做了承诺,并按照承诺去做,难道不可以吗?许多贪官"在任时说的比唱的都好听",不能反推出"会说的"都是贪官、所有的承诺都不可信。

质疑三认为,做到了"四不"也不能证明一个官员是一个好干部,不代表一个好干部不需要做到"四不"。质疑者对充分条件和必要条件的关系理解混乱。再者,如果官员连"四不"都做不到,下面的干部恐怕也很难风气正,老百姓岂不是更遭罪。

质疑四认为,县长的总结是"抓了芝麻、丢了西瓜",这是以偏概全。县长的报告持续了一个多小时,除了说自己做到"四不"以外,还"总结了四年工作的主要成绩与存在的问题"。再说,仅仅做到"四不"难以担当县长大任,不代表县长不应该做到"四不"。"四不"与所谓的"大局观、时代感、战略眼光、工作魄力"也不矛盾。

综上所述,上述质疑者对该县长的质疑,多属空穴来风,欲加之罪,何患无辞。

三、2011年10月MBA联考真题

论证有效性分析:分析下面的论证在概念、论证方法、论据及结论等方面的有效性。600字左右。

我国的个人所得税从1980年开始征收,当时起征点为800元人民币。最近几年起征点为2000元,个人所得税总额逐年上升,已经超过2000亿元。随着居民基本生活开支的上涨,国家决定从2011年9月将个税起征点提高到3500元,顺应了大多数人的意愿。

从个人短期利益上来看,提高起征点确实能减少一部分中低收入者的税收,看似有利于普通老百姓。但是,如果冷静地分析,其结果却正好相反。

中国实行税收累进率制度,也就是说工资越高所缴纳的税率也越高。请设想,如果将2000元的个税起征点提高到10000元,虽然极少数月工资超过30000元的人可能缴更多的税,但是绝大多数人的个税会减少,只是减少的数额不同。原来工资低于2000元的,1分钱的好处也没有得到;拿2000元工资的人只是减轻了几十元的税;而拿8000元工资的人则减轻了几百元的税收。收入越高,减少得越多,贫富差距自然会被进一步拉大了。

同时,由于税收起征点上调,国家收到的税收大幅度减少,政府就更没有能力为中低收入者提供医疗、保险、教育等公共服务,结果还是对穷人不利。

所以说,建议提高个税起征点的人,或者是听到提高起征点就高兴的人,在捅破这层窗户纸以后,他们也不得不承认这一客观真理:提高个税起征点有利于富人,不利于一般老百姓。

如果不局限在经济层面讨论问题,转到从社会与政治角度考虑,问题就更清楚了。原来以2000元为起征点,有50%以上的人为非纳税人,如果提高到3500元,中国的纳税人就只剩下20%了。80%的国民不纳税,必定会引起政治权利的失衡。

降低起征点,扩大纳税人的比例,不仅可以缩小贫富差距,还可以培养全民的公民意识。纳税者只有承担了纳税义务,才能享受纳税者的权利。如果没有纳税,人

们对国家就会失去主人翁的责任感,就不可能有强烈的公民意识,也就会失去或放弃监督政府部门的权利。所以,为了培养全国民众的公民意识,为了缩小贫富差距,为了建设和谐社会,我们应该适当降低个税起征点。

(★提示:论证有效性分析的一般要点是:概念,特别是核心概念的界定和使用是否准确并前后一致,有无各种明显的逻辑错误,论证的论据是否支持结论,论据成立的条件是否充分等。要注意分析的内容深度、逻辑结构和语言表达。)

【要点全析】

(1)"收入越高,减少得越多"是不完全归纳。文中也承认对于月工资超过30000元的人税收不但不减少,反而会增加。所以,不是"收入越高,减少得越多"。文中犯了自相矛盾的错误,由此推出的"贫富差距自然会被进一步拉大"也缺乏依据。

(2)税收起征点上调后,国家收到的税收并不一定大幅度减少,因为个人所得税只是国家税收中的一小部分,还有其他的如企业增值税、营业税、关税等。

(3)即使对个人所得税而言,在起征点提高后,随着个人收入的增加和征收力度的增强,个人所得税的总量也不一定会大幅度减少。

(4)设想个税起征点提高到10000元,大大超过实际确定的个税起征点3500元,由此推出的一些推论不能作为论据。比如,若设想起征点为10万元,可能没有一个人纳税。

(5)将"纳税"与"缴纳个人所得税"概念混同。即使有的人按个税起征点不缴纳个人所得税,也不能推断出他们不缴税,在企业增值税、消费税、存款利息税等税种中也会有他们的贡献。

(6)"如果没有纳税,人们对国家就会失去主人翁的责任感"的判断缺乏依据。即使只看个人所得税,没有纳税有几种情况:有的人按规定应该纳税,也有能力纳税,但是逃税或漏税,可以说他"对国家失去主人翁的责任感";但是,对于按规定不需要纳税或没有纳税能力的公民,不能武断地说他们"对国家失去主人翁的责任感"。

(7)"如果没有纳税……也就会失去或放弃监督政府部门的权利"是错误的判断。世界上的现代国家的管理机制,都不像公司的股东大会那样按股份分配投票权。中国公民监督政府部门的权利是宪法规定的,人人平等,不是按纳税数额分配的。

【参考范文】

<h3 style="text-align:center;">一个难以令人信服的论证</h3>

题干论证基于一系列片面的认识,得出"税收起征点上调,结果还是对穷人不利"的结论。该论证存在着诸多认识上的错误,其论证的有效性值得怀疑。

第一,提高起征点会让贫富差距进一步拉大这一说法夸大事实。贫富差距拉大主要不是由个税造成的。再者,个税法修改一贯遵循"高收入者多缴税、中等收入者少缴税、低收入者不缴税"的原则。起征点提高后,绝大多数纳税人的税负都要比以前有所降低,这正是国家最大限度缩小贫富差距的手段,该论证存在着以偏概全的问题。

第二,该论证说"个税上调,政府的税收将会大幅减少,影响政府的公共服务职能",这恐怕是只见树木不见森林了。该论证显然忘了,国家税收的大部分来源于企业税收,个人所得税的收入只占国家税收的一小部分,提高个税起征点将会大幅减少国家税收这一论断,似有扩大个人税收作用之嫌。

第三,文中引用数据说明如果提高个税起征点,那么更多的国民将不纳税,必定会引起政治权利的失衡,这种说法有失偏颇。因为公民的政治权利是宪法赋予的,并不以是否缴纳个税为衡量政治权利有无的标准,所以即使其不纳个税,也不代表其没有公民的政治权利。

第四,该论证说"如果没有纳税,人们对国家就会失去主人翁的责任感,就不可能有强烈的公民意识",这种认识未免有些牵强。诚然,依法纳税确实是公民应尽的义务,在一定程度上也是公民责任意识的一种体现。该论证者恐怕没有细想,主人翁的责任感、公民意识难道只体现在纳税上吗?而那些确实没有达到纳税标准的人,他们难道就没有责任意识吗?

总之,该论证存在诸多认识片面的错漏之处,论断主观,有失偏颇,缺乏说服力。

四、2010年10月MBA联考真题

论证有效性分析:分析下面的论证在概念、论证方法、论据及结论等方面的有效性。600字左右。

科学家在一个孤岛上的猴群中做了一个实验,将一种新口味的糖让猴群中地位最低的猴子品尝,等它认可之后再让猴群其他成员品尝;花了大约20天左右,整个猴群才接受了这种糖。将另一种新口味的糖让猴群中地位最高的猴王品尝,等它认可后再让猴群其他成员品尝。两天之内,整个猴群就都接受了这种糖。看来,猴群中存在着权威,而权威对于新鲜事情的态度直接影响群体接受新鲜事物的进程。

市场营销也是如此,如果希望推动人们接受某种新商品,应当首先影响引领时尚的文体明星。如果位于时尚高端的消费者对于某种新商品不接受,该商品一定会遭遇失败。

这个实验对于企业组织的变革也有指导意义。如果希望变革能够迅速取得成功,应当自上而下展开,这样做遭遇的阻力较小,容易得到组织成员的支持。但是,猴群乐于接受糖这种好吃的东西,如果给猴王品尝苦涩的黄连,即使猴王希望其他猴子接受,猴也不会干。因此,如果组织变革使某些组织成员吃尽苦头,组织领导者再努力也只能以失败而告终。

(★提示:论证有效性分析的一般要点是:概念,特别是核心概念的界定和使用是否准确并前后一致,有无各种明显的逻辑错误,论证的论据是否支持结论,论据成立的条件是否充分等。要注意分析的内容深度、逻辑结构和语言表达。)

【要点全析】

（1）决定猴群接受新口味的糖的因素有两个：一是猴子地位的高低，二是糖的口味差异。猴王品尝后认可的糖被猴群快速接受，还有一个可能的原因是糖的口味更好。仅仅归因到权威，没有考虑其他因素的影响。

（2）从猴群实验推广到市场营销在逻辑上不成立。因为产品定位各有不同，比如产品定位于婴幼儿市场，企业去影响引领时尚的文体明星，就没有什么意义可言。

（3）位于时尚高端的消费者不接受某种新商品，并不意味着"该商品一定会遭遇失败"。因为商品销售的好坏取决于多个因素，比如消费者是否需要这种商品、商品本身的质量等等。

（4）从猴群实验推广到企业变革，逻辑上有问题。要猴群接受一种新口味的糖，并不会带来不确定性以及利益、权力冲突等变革中会遇到的问题。

（5）"给猴王品尝苦涩的黄连，即使猴王希望其他猴子接受，猴群也不会干"，则是主观的臆断，与前面的实验，即论据没有任何联系。

（6）在组织变革过程中，某些组织成员的利益受到影响，甚至吃尽苦头，只要他们不是大多数成员或者关键成员，变革不会"只能以失败告终"。

【参考范文】

猴群实验真的有效吗

前文作者基于某次猴群实验推出有关市场营销与组织变革的一些结论。这样的推理存在诸多逻辑问题。

首先，前文论证过程中偷换了"地位"和"权威"这两个核心概念。猴子很可能也像人一样，由于能力、人品等方面的差异，所以有些人地位虽高但毫无权威可言，而有些人地位虽低，却在团队当中赢得了很高的权威。

其次，前后两种口味的糖，被猴群接受速度的快慢不一定和最初接受的猴子的地位或权威有关。或许真正的原因是，前一种糖说不准原本比后一种糖更难吃，或者是第二次实验时，猴群已饿了好几天，所以很快就接受了第二种糖。

再次，就算权威对人们接受某项新东西有一定影响，但问题是权威有很多种，所以在市场营销当中，为什么非得首先选择文体明星而不选择学术权威呢？还有青菜萝卜各有所爱，比如价廉物美的兰州拉面，市场高端的消费者不喜欢，但很多普通的消费者非常喜欢。

最后，人是否接受组织变革和猴子是否接受一种新口味的糖，存在着本质的差异。组织变革影响的可能是人的切身利益，所以某项组织变革如果有益于权威而有损于一般成员的利益，那么，就算权威接受，一般成员也会尽可能地反对。

综上所述，由于材料并没有对结论"销售商品首先影响引领时尚的文体明星"和"变革成功需要自上而下"进行充分的论证，整个论证过程存在诸多逻辑问题，所以，由此得出的结论也是值得商榷的。

五、2009年10月MBA联考真题

论证有效性分析：分析下面的论证在概念、论证方法、论据及结论等方面的有效性。600字左右。

民主集中制是一种决策机制。在这种机制中，民主和集中是缺一不可的两个基本点。

民主不外乎就是体现多数人的意志，问题在于什么是集中。对此有两种解读：一种认为"集中"就是集中正确的意见；另一种认为"集中"就是集中多数人的意见。第一种解读看似有理，实际上是一种误解。

大家都知道，五四运动有两面旗帜，一面是科学，一面是民主。人们也许没有想到，这两面旗帜体现的是两种根本对立的原则。科学强调真理原则，谁对听谁的；民主强调多数原则，谁占多数听谁的。所谓"集中正确的意见"，就是强调真理原则。这样解读"集中"就会把民主集中制置于自相矛盾的境地。让我们想象一种情景：多数人的意见是错误的，少数人的意见正确。如果将"集中"解读为"集中正确的意见"，则不按多数人的意见办就不"民主"，按多数人的意见办就不"集中"。

毛泽东有一句话："真理往往掌握在少数人手里。"把集中解释为集中正确的意见，就为少数人说了算提供了依据。如果这样，民主岂不形同虚设？

什么是正确的，要靠实践检验，而判断一项决策是否正确，只能在决策实施之后的实践中检验，不可能在决策过程中完成。不知道什么是正确的，如何"集中正确的意见"来做决策？既然在决策中集中正确的意见是不可能的，民主集中制的"集中"当然就应该是集中多数人的意见。

（★提示：论证有效性分析的一般要点是：概念，特别是核心概念的界定和使用是否准确并前后一致，有无各种明显的逻辑错误，论证的论据是否支持结论，论据成立的条件是否充分等。要注意分析的内容深度、逻辑结构和语言表达。）

【要点全析】

（1）上述论证断定：民主不外乎就是体现多数人的意志。同时又得出结论："集中"就是集中多数人的意见。由此可得：集中不外乎就是民主。这和"民主和集中是缺一不可的两个基本点"自相矛盾。

（2）真理原则确实不同于多数原则，在某些情况下二者可能冲突，但这并不等同于二者相互矛盾，根本对立。一般来说，多数人的意见总是正确的，这是这两条原则协调的一面。

（3）决策过程中某种意见的正确性与决策结果的正确性是两个不同的概念。上述论证混淆了这两个概念。一个决策所集中的意见，或者是正确的，或者是不正确的。上述论证断定"在决策中集中正确的意见是不可能的"，这就会得出明显荒谬的结论：任何决策所集中的意见一定是不正确的。

（4）由"真理往往掌握在少数人手里"，推不出"把集中解释为集中正确的意见，

就会使民主形同虚设,最后还是少数人说了算"。

(5)对于两个互相矛盾的观点,否定其中一个,可以肯定另一个。但上述关于何为集中的两种观点并不互相矛盾,因此,不能由"第一种观点是不正确的"就直接得出结论"第二种观点是正确的"。

【参考范文】

"民主"真的难以"集中"吗

前文作者想要论证:集中不可能是集中正确的意见,而只能是集中多数人的意见。但这样的论证在逻辑上是有许多问题的。

首先,作者认为"民主"与"科学"是相互对立的。其实,民主恰恰要以科学为前提。试想,如果民主就意味着每个人的任性武断,而不是以科学、理性的精神为前提,那么在这样天下大乱的社会里,显然不可能有任何人的民主。因此,大多数人的、普遍的民主必然要基于科学、真理和理性。

其次,作者将真理和大众绝对地对立起来。俗话说,纸包不住火,真理一旦被发现,它就必将传播开来,被大众所理解、接受,并成为人们思想和行动的指南。哥白尼的"日心说"提出之后,教会虽然重重阻挠,但不久之后,"日心说"还是迅速广泛地深入人心。

再次,毛泽东所说的"真理往往掌握在少数人手里",是有其特殊的时代背景的,未必适用于所有决策情景。而且,就算真理一开始只是掌握在少数人手里,但这些少数人也完全可以教育、说服大多数人,然后再由他们来集体决策。因此,民主、集中和真理三者不是绝对不相容的。

最后,实践确实是检验真理的最终标准,但这并不意味着决策时我们对决策和行动的结果是毫无预知的。通过参照以往的经验和规律,我们大体上还是可以确定一项决策的正确与否的,比如我们知道,拿鸡蛋去碰石头肯定是要失败的。所以,决策还是可以集中正确意见的。

由于前文的论证过程漏洞百出,所以它的结论也是不成立的。

六、2008年10月MBA联考真题

论证有效性分析:分析下面的论证在概念、论证方法、论据及结论等方面的有效性。600字左右。

有人提出,应当把"孝"作为选拔官员的一项标准,理由是一个没有孝心,连自己父母都不孝顺的人,怎么能忠诚地为国家和社会尽职尽责呢?我不赞同这种观点。现在已经是21世纪了,我们的思想意识怎么能停留在封建时代呢?

选拔官员要考查其"德、勤、能、绩",我赞同应当把"德"作为首要标准。然而,对一个官员来说最重要的是公德而不是私德。"孝"只是一种私德而已。选拔和评价官员,偏重私德而忽视公德,显然是舍本逐末。

什么是公德?一言以蔽之,就是忠诚职守,在封建社会是忠于君主,现在则是忠

于国家。自古道"忠孝难以两全"。岳飞抗击金兵,常年征战沙场,未能在母亲膝下尽孝,却成了千古传颂的英雄。反观《二十四孝》里的那些孝子,有哪个成就了名垂青史的功业?孔繁森撇下老母,远离家乡,公而忘私,殉职边疆,显然未尽孝道,但你能指责他是个不合格的官员吗?

俗话说"人无完人",如果在选拔官员中拘泥于小节而不注意大局,就会把许多胸怀鸿鹄之志的精英拒之门外,而让那些守望燕雀小巢的庸才占据领导岗位。

(★提示:论证有效性分析的一般要点是:概念,特别是核心概念的界定和使用是否准确并前后一致,有无各种明显的逻辑错误,论证的论据是否支持结论,论据成立的条件是否充分等。要注意分析的内容深度、逻辑结构和语言表达。)

【要点全析】

(1) 主张"应当把'孝'作为选拔官员的一项标准",并不意味着"思想意识停留在封建时代"。"孝"不是封建时代独有的行为规范,"主张'孝'作为选拔官员的标准"也不能作为"思想意识停留在封建时代"的依据。

(2) 主张"应当把'孝'作为选拔官员的一项标准",也并不意味着"偏重私德而忽视公德"。把私德作为选拔官员的一个标准,并不排斥把公德作为另外一个更重要的标准。

(3) "忠诚职守,在封建社会是忠于君主,现在则是忠于国家",概念使用不准确。"职守"同"君主"和"国家"不是同一性质的概念。

(4) 《二十四孝》里孝子的孝行是众人皆知的,反问"有哪个成就了名垂青史的功业",是将把"孝"作为选拔干部的必要条件歪曲为充分条件,再加以"批驳"。

(5) "孝"不仅指"孝行",也指"孝心"。岳飞因征战沙场、孔繁森因工作远离家乡未能在母亲膝下尽孝,不等于没有"孝心",也不等于"不孝"。质问"你能指孔繁森是个不合格的官员吗",隐含的前提是认定岳飞和孔繁森是"不孝"的,偷换了概念。

(6) 将"孝"作为选拔标准,就会把"许多胸怀鸿鹄之志的精英拒之于门外,而让那些守望燕雀小巢的庸才占据领导岗位",这种论证背后隐含一个假设,即"胸怀鸿鹄之志的精英"往往不孝或者不屑于孝;而守望燕雀小巢的庸才有孝心、尽孝道,这是没有根据的。

【参考范文】

"孝"不应作为选官的一项标准吗

前文试图论证"孝"不应作为选官的一项标准。通过分析,我认为前文在几处逻辑推理上存在错误或者不严谨,这样的论证可谓漏洞百出。

首先,就像诚实守信、仁者爱人一样,"孝"确实也曾被封建社会看作一种重要美德,但它显然不是封建时代独有的,而是具有永恒的价值的。所以主张孝,并不意味着我们的思想意识就"停留在封建时代"。

其次,为官的确需要公德,但那是在做官之后才体现出来的美德。但为官要先为人,为人定然要讲究孝。很难想象一个对父母都不孝的人,会有怎样的公德?所以,抓住根本、主张孝德作为选拔官员的一项标准,怎么能说是舍本逐末呢?

再次,作者前面以封建时代的遗留为由否定了孝,后来却又以"忠孝难两全"的古语做论据,这不是自相矛盾吗?因为这句古语不也是封建时代的遗留吗?而且,如果古语可以作为论据,那作者又怎么解释"以孝治天下"这句古语呢?

另外,岳飞、孔繁森的例子也不具有代表性。岳飞身处战争年代,交通不便,又遇昏君,所以不能常伴母亲;而孔繁森则在祖国的高原边疆工作。今天大部分官员的情况显然不是这样,因此现在的官员既做好本职工作、又孝敬父母,完全是可能的。

最后,"孝"不仅指"厮守",更重要的是"孝心"。就算岳飞、孔繁森未能终日陪伴父母,但如果他们也在时时挂念关心父母,我们难道还能说他们"不孝"吗?

由此可见,材料认为"孝"不应该作为选拔官员的一项标准,整个论证过程极不严谨,由此得出的结论也是值得商榷的。

七、2007年10月MBA联考真题

论证有效性分析:分析下面的论证在概念、论证方法、论据及结论等方面的有效性。600字左右。

在中国改革开放的字典里,"终身制"和"铁饭碗"作为指称弊端的概念,是贬义词。其实,这里存在误解。

在现代企业理论中有一个"期界问题"(horizon problem),是指由于雇佣关系很短而导致职工的种种短视行为,以及此类行为对企业造成的危害。当雇员面对短期的雇佣关系,首先他不会为提高自己的专业技能投资,因为他在甲企业中培育的专业技能对他在乙企业中的发展可能毫无意义;其次,作为一个匆匆过客,他不会关注企业的竞争力,因为这和他的长期收入没有多大关系;最后,只要有机会,他会为了个人短期收入最大化而损害企业利益,例如过度地使用机器设备等等。

为了解决"期界问题",日本和德国的企业对那些专业技能要求很高的岗位上的员工,一般都实行终身雇佣制;而终身雇佣制也为日本和德国企业建立与保持国际竞争力提供了保障。这证明了"终身制"和"铁饭碗"不见得不好,也说明,中国企业的劳动关系应该向着建立长期雇佣关系的方向发展。

在现代社会,企业和劳动者个人都面临着不断变化的市场环境,而变化的环境必然导致机会主义行为。在各行各业,控制机会主义行为的唯一途径,就是在企业内部培训员工对公司的忠诚感。而培养忠诚感,需要建立员工和企业之间的长期雇佣关系,要给员工提供"铁饭碗",使员工形成长远预期。

因此,在企业管理的字典里,"终身制"和"铁饭碗"应该是褒义词。不少国家包括美国不是有终身教授吗?既然允许有捧着"铁饭碗"的教授,为什么不允许有捧着"铁饭碗"的工人呢?

(★提示:论证有效性分析的一般要点是:概念,特别是核心概念的界定和使用是否准确并前后一致,有无各种明显的逻辑错误,论证的论据是否支持结论,论据成

立的条件是否充分等。要注意分析的内容深度、逻辑结构和语言表达。)

【要点全析】

(1) 论证中"终身制""铁饭碗""终身雇佣制""长期雇佣关系"这四个概念各有其不同的历史背景和具体含义，上述论证中忽视了这些概念之间的差异。

(2) 论证中证明"铁饭碗"合理的主要依据是"期界问题"所表述的短期雇佣关系会导致种种职工短视行为。但是，"铁饭碗"和"短期雇佣关系"这两种情况虽然不能同时存在，但否定"铁饭碗"并不意味着一定导致"短期雇佣关系"。

(3) 在中国改革开放过程中，"终身制"和"铁饭碗"作为指称传统体制弊端的概念，有其特定内涵。日本和德国企业的终身雇佣制一般适用于那些专业技能要求很高的岗位，与中国改革开放前国有单位普遍实行的"终身制"和"铁饭碗"是不同的。

(4) 日本和德国企业在国际市场上的竞争力是由很多因素决定的，这里强调"终身雇佣制"为日本和德国企业的竞争力提供了保障，理由并不充分。

(5) 即便日本和德国企业的终身雇佣制为其竞争力提供了保障，也没有充分的理由说明"中国企业的劳动关系应该向着建立长期雇佣关系的方向发展"。

(6) 在"环境变化""社会主义行为""培养忠诚感""铁饭碗"这一系列事件之间不存在必然的因果关系："环境变化"不一定产生"机会主义行为"；"培养忠诚感"并非"控制机会主义行为"的唯一途径；"培养忠诚感"有很多手段可供选择，给员工提供"铁饭碗"并非是必须的；长期雇佣关系不等同于拥有"铁饭碗"。

(7) 教授的工作性质与工人的工作性质有非常大的区别，将"终身教授"与捧着"铁饭碗"的工人简单做类比是不恰当的。

【参考范文】

且慢为"终身制"翻案

前文试图通过层层论证来为"终身制"正名翻案，但这样的论证是难以成立的。

首先，非终身制雇佣关系不一定就会导致职工伤害企业的短视行为，因为员工就算将来可能会跳离这家企业，但大多还会继续寻找同性质、所需专业技能基本相同的岗位，所以员工仍可能有动力去投资自己的专业技能。

其次，如果公司把自己的经营状况和员工的现实利益紧密地挂钩或是加强对员工的管理，那么短期雇佣的员工，即使出于自身现实利益的考虑，也很可能会关注企业的竞争力，而不一定会损害企业利益。

再次，日本和德国对那些"专业技能要求很高"的岗位上的员工实行终身制，并不能就此推出"终身制"适用于所有的岗位和所有的国家。美国等国家虽然有终身教授，但终身教授往往是一个大学的核心竞争力，他们的重要性远非普通工人可比。而且终身教授并不是所有教师都能得到的荣誉，而是需要经过严格评审的，既然如此，又怎能推出要对所有工人都实行终身制？

最后，就算市场环境在不断变化，但这并不意味着所有变化都是混乱无序的。如果变化是有规律可循的，并且我们也掌握了这些规律，那么作为理性的人，就不一定会采取"只顾眼前、牺牲长远"的机会主义行为。此外,终身制或许只会让员工形成消极的长期预期,他们会认为:"反正我是被终身雇佣的,所以,我干嘛要忠诚于你呢?"

由于前文在论证过程中存在诸如此类的逻辑问题,所以在此呼吁:且慢为"终身制"翻案。

八、2006年10月MBA联考真题

论证有效性分析:分析下面的论证在概念、论证方法、论据及结论等方面的有效性。600字左右。

美国是世界上经济最发达的国家,曝光的企业丑闻数量却比发展中国家多得多,这充分说明经济的发展不一定带来道德的进步。企业作为社会财富最重要的创造者之一,也应该为整个社会道德水准的提升做出积极的贡献。如果因为丑闻迭出而导致社会道德风气的败坏,那么我们完全有理由怀疑企业这种组织的存在对于整个社会的意义。当公司的高管们坐着商务飞机在全球遨游时,股东们根本无从知晓管理层是否在滥用自己的权力。媒体上频频出现的企业丑闻也让我们有足够的理由怀疑是否该给大公司高管们支付那么高的报酬。企业高管拿高薪是因为他们的决策对企业的生存与发展至关重要,然而,当公司业绩下滑甚至亏损时,他们却不必支付罚金。正是这种无效的激励机制使得公司高管们朝着错误的方向越滑越远。因此,只有建立有效的激励机制,才能杜绝企业丑闻的发生。

(★提示:论证有效性分析的一般要点是:概念,特别是核心概念的界定和使用是否准确并前后一致,有无各种明显的逻辑错误,论证的论据是否支持结论,论证成立的条件是否充分等。要注意分析的内容深度、逻辑结构和语言表达。)

【要点全析】

美国比发展中国家曝光的企业丑闻更多,并不意味着其实际的企业丑闻的数量比发展中国家更多,这一结果可能是由于不同的媒体曝光度造成的,也可能与其他文化背景相关,因此无法由此推断出"经济的发达并不一定带来道德水准的提升"这一结论。

媒体上丑闻迭出,并不一定导致社会道德风气败坏。即使如此,也不能否定企业组织的存在对于整个社会的意义,毕竟任何组织的存在对于社会的影响都是复杂多元的。

"公司的高管们坐着商务飞机在全球遨游"与"管理层是否在滥用自己的权力"缺乏因果关系。论述中将这两个事件以某种方式联结,暗示其因果关系,属于牵强附会。

媒体上出现的丑闻公司并不一定是大公司,即使是大公司,也可能只占大公司总体很小的一部分。况且出现丑闻的原因可能非常复杂多样,将丑闻与支付给大公司高管的报酬联系到一起,在推理上并不成立。

企业业绩下滑甚至亏损的原因可能很复杂，外部环境的变化、市场竞争的加剧、消费习惯的转变、公司治理结构的缺失等，都可能导致业绩下滑或亏损，公司高管错误决策只是其中一个可能的原因。

即使公司高管的错误决策造成业绩下滑，也不一定必须支付罚金，否则公司高管就成了企业风险的实际承担者，这就将职业经理人的角色与股东的角色混为一谈了。因此不能推出这是一种"无效的激励机制"的结论。

从上述分析中可以发现，激励机制与企业丑闻之间并不存在必然的联系，因此"只有建立有效的激励机制，才能杜绝企业丑闻的发生"的结论不能成立。在实践中再有效的措施恐怕也只能减少企业丑闻的发生，"杜绝企业丑闻的发生"只是一个美好的愿望。

【参考范文】

都是激励机制惹的祸吗

尽管企业也确实应该为社会的道德进步做出积极的贡献，但前文为此而提出的"杜绝企业丑闻"的解决办法及相应的论证过程，实在是漏洞百出。

首先，就算美国的企业丑闻多，但未必是由美国现有的激励机制所导致。更何况美国现有的企业激励机制在预防企业不道德行为方面很可能本身是非常有效的，只不过由于媒体的监督和揭发力度要比发展中国家大得多，所以美国几乎绝大部分的、由别的原因所导致的企业不道德现象都得到了及时的曝光。如果真是这样，为什么还要改变目前原本有效的美国式的激励机制呢？

其次，加强股东对管理层的监控力度，不一定能减少企业的不道德行为，因为股东和管理层完全有可能为了共同的利益而沆瀣一气、狼狈为奸。

再次，媒体上频频曝光的企业丑闻很可能都是些小公司的，而大公司正是靠着自己现有的"高管高薪"的激励机制有效地保障了它们在经营道德上的洁身自好。如果真是这样，又怎么能说当下的激励机制是无效的呢？

最后，企业业绩下滑或亏损的原因是多方面的，不一定就是由高管们的决策有误或经营不善导致的，很可能是由于他们不可控的政治因素或股东决策的重大失误所导致。如果这个时候要他们来支付罚金，我们担心这只会导致他们不择手段地经营、赚钱，从而滋生更多的不道德行为。

所以，为减少企业的不道德经营以及促进企业为社会的道德进步做出积极的贡献，究竟该怎么做，我们还需要三思而后行。

九、2005年10月MBA联考真题

论证有效性分析：分析下面的论证在概念、论证方法、论据及结论等方面的有效性。600字左右。

某管理咨询公司最近公布了一份洋快餐行业发展情况的分析报告，对洋快餐在中国的发展趋势给出了相当乐观的预判。

该报告指出,过去5年中,洋快餐在大城市中的网点数每年以40%的惊人速度增长,而在中国广大的中小城市和乡镇还有广阔的市场成长空间;照此速度发展下去,估计未来10年,洋快餐在中国饮食行业的市场占有率将超过20%,成为中国百姓饮食的重要选择。

饮食行业的某些人士认为,从营养角度看,长期食用洋快餐对人体健康不利,洋快餐的快速增长会因此受到制约。但该报告指出,洋快餐在中国受到广大消费者,特别是少年儿童消费群体的喜爱。显然,那些认为洋快餐不利健康的观点是站不住脚的。该公司去年在100家洋快餐店内进行的大量问卷调查结果显示,超过90%的中国消费者认为食用洋快餐对于个人的营养均衡有所帮助。而已经喜爱上洋快餐的未成年人在未来成为更有消费能力的成年群体之后,洋快餐的市场需求会大幅度跃升。

洋快餐长期稳定的产品组合以及产品和服务的标准化,迎合了消费者希望获得无差异食品和服务的需要,这也是洋快餐快速发展的重要优势。

该报告预测,如果中国式快餐在未来没有较大幅度的发展,洋快餐一定会成为中国饮食行业的霸主。

(★提示:论证有效性分析的一般要点是:概念,特别是核心概念的界定和使用是否准确并前后一致,有无各种明显的逻辑错误,论证的论据是否支持结论,论据成立的条件是否充分等。要注意分析的内容深度、逻辑结构和语言表达。)

【要点全析】

(1) 过去5年洋快餐在大城市中的网点数的增长速度,并不一定在未来10年仍能保持;更不能用洋快餐在大城市中的发展速度来推断其在中国广大的二级城市和乡镇的发展速度。如果我们发现洋快餐针对的消费群体主要集中在城市中,甚至大城市的话,上述推断就会受到极大的削弱。

(2) 用在洋快餐店内进行问卷调查来推广得出中国百姓的饮食营养观念,样本选择存在偏差——在快餐店内的消费者大多是认同洋快餐的,而总体中从不去或很少进快餐店的这部分人群的意见却没有能够在该样本中体现出来。

(3) 由未成年人成年之后饮食习惯可能发生比较大的变化不能轻易推断"已经喜爱上洋快餐的未成年人在未来成为更有消费能力的成年群体之后,洋快餐的市场需求会大幅度跃升"。成年之后更具消费能力,却有可能不再消费洋快餐食品。

(4) 中国式快餐与洋快餐并不是中国饮食行业的全部,甚至算不上主要组成部分,正餐可能占到饮食行业90%的市场份额。即使中国式快餐没有发展,也无法推断出洋快餐一定会成为中国饮食行业的霸主。

(5) 洋快餐长期稳定的产品组合以及产品和服务的标准化,迎合了消费者希望获得无差异食品和服务的需要,但是同时也失去了追求新鲜感、追求服务多样化的消费群体。

(6) 洋快餐在中国受到广大消费者,特别是少年儿童消费群体的喜爱,并不能消除饮食行业的某些人士对"洋快餐存在着长期食用对人体营养的不利影响"的质疑——毒品的消费者可能都很喜爱毒品,但毒品却对人存在着致命的伤害。

【参考范文】

<h3 style="text-align:center">洋快餐一定会成为中国饮食业的霸主吗</h3>

上述某咨询公司的论证过于草率,其推理是难以成立的。

首先,洋快餐在过去5年飞速增长,并不意味着将来也会以同样的速度增长;网点数增加并不意味着市场占有率就会增加。还有,中小城市和乡镇居民和大城市的居民很可能在消费习惯、消费能力等方面存在巨大差异,所以,洋快餐未来不一定就能真的获得很多中小城市和乡镇的饮食市场。

其次,在洋快餐店内进行调查,这样的调查对象不具有代表性。而且,受到少年儿童的喜爱,并不就意味着洋快餐无害于健康,很可能是由于他们现在还没有判断力。而一旦他们长大成人后就很可能发现事实真相,改变看法,从而不吃或者少吃洋快餐;另外,就算洋快餐对健康无害甚至有利,但如果它不能满足中国大多数人的口味,也难以推出对它的市场需求大幅跃升的结论。

再次,希望获得无差异食品和服务的需要,很可能只是某些消费者在某些特定场合的需要,在用餐时间比较充裕,比较讲究用餐气氛、情调或排场的时候,人们就不一定会选择它。

另外,洋快餐长期稳定的产品组合以及产品和服务的标准化,就算在一段时间内会吸引一部分的消费者,但时间长了后这些消费者很可能就会厌烦,所以洋快餐目前的这种优势很可能成为它未来发展的劣势。

综上所述,由于前文对中式餐饮的现状和发展趋势、洋快餐在中国饮食业中所占的比例等问题没有做出任何真正的考察,所以我们认为,"洋快餐一定会成为中国饮食行业的霸主"的结论未免有些草率。

十、2004年10月MBA联考真题

论证有效性分析:分析下面的论证在概念、论证方法、论据及结论等方面的有效性。600字左右。

有两个人在山间打猎,遇到一只凶猛的老虎。其中一个人扔下行囊,撒腿就跑,另一个人朝他喊:"跑有什么用,你跑得过老虎吗?"头一个人边跑边说:"我不需要跑赢老虎,我只要跑赢你就够了。"

这个故事告诉我们,企业经营首先要考虑的是如何战胜竞争对手,因为顾客不是选择你,就是选择你的竞争者,所以只要在满足顾客需求方面比竞争者快一点,你就能脱颖而出、战胜竞争对手。想要跑得比老虎快,是企业战略幼稚的表现,追求过高的竞争目标会白白浪费企业的大量资源。

(★提示:论证有效性分析的一般要点是:概念,特别是核心概念的界定和使用是否准确并前后一致,有无各种明显的逻辑错误,论证的论据是否支持结论,论据成

立的条件是否充分等。要注意分析的内容深度、逻辑结构和语言表达。)

【要点全析】

（1）从题干中的故事推断企业经营所依据的逻辑是将故事中的两个人看成是竞争者，而忽略了老虎本身也是人的竞争对手这样一个事实。

（2）在企业经营中，"顾客不是选择你，就是选择你的竞争者"并不成立，这并不是顾客的两种仅有的选择。顾客有可能对你和你的竞争者都不选择，换言之，你们都无法满足顾客的需求。

（3）满足顾客，并不只是比竞争者快一点，速度只是顾客所需要的一种因素。多、快、好、省，可能都是顾客在你和你的竞争者之间进行选择时需要比较的因素。

（4）企业经营并不是以战胜竞争对手为主要目的，如果只强调战胜对手，会造成两败俱伤的局面，最终企业也难逃失败的命运。

（5）人和人在竞争，人和老虎同样也在竞争。中国企业如果只是满足于战胜本土竞争对手，那么即使你是中国企业的冠军，也有可能被老虎——国外的更强大的企业"吃掉"。所以，不能认为"跑得比老虎快"是"企业战略幼稚的表现"，是"追求过高的竞争目标"。

【参考范文】

如此论证未必有效

前文通过一只老虎追吃两个猎人的故事，得出一系列关于企业竞争战略的结论。这种推理论证是难以成立的。

首先，在被老虎追吃的这种特定情境下，一个人不是非得要把另一个人看成竞争对手，并且只有超过"对手"才能生存，他们完全可以通过合作的方式来一起对付老虎。这就是说企业和企业之间的关系并不一定只是竞争关系，所以企业经营首先要考虑的不一定是如何战胜竞争对手，而很可能是如何形成一种双赢的合作关系。

其次，前文认为在现实的商海中，就像只有两个猎人在进行逃命竞赛一样，也只有两个企业在展开单一的速度方面的竞争。这种认识是错误的。我们知道，当今社会绝大多数时候是多个企业之间多方位的竞争，如果你仅仅比最落后的企业在满足顾客需求的速度方面"快一点"，而没能提供比它更价廉物美的产品和服务，那么你很可能同样无法"脱颖而出，战胜对手"，甚至面临被淘汰出局的命运。

最后，前文根据"人不可能跑得比老虎快"推出企业不可能走在顾客需求的前面，这样的类比推理同样是难以成立的。我们知道，企业通过理性的预测和广告的宣传有时完全可以积极主动地创造并引导顾客的需求。所以企业的这种走在顾客需求前面的做法不一定是幼稚的表现，这种超前的战略目标很多时候甚至可以进一步激发企业去创造、寻找和发现更多更新的资源和市场。

由于前文在论证过程中存在诸多逻辑问题，所以前文的结论也是难以令人信服的。

十一、2003年10月MBA联考真题

论证有效性分析：下文是摘编于某杂志的一篇文章。分析下面的论证在概念、论证方法、论据及结论等方面的有效性。600字左右。

把几只蜜蜂和苍蝇放进一只平放的玻璃瓶，使瓶底对着光亮处，瓶口对着暗处。结果，有目标地朝着光亮拼命扑腾的蜜蜂最终衰竭而死，而无目的地乱窜的苍蝇竟都溜出细口瓶颈逃生。是什么葬送了蜜蜂？是它对既定方向的执着，是它对趋光习性这一规则的遵循。

当今企业面临的最大挑战是经营环境的模糊性与不确定性。在高科技企业，哪怕只预测几个月后的技术趋势都是件浪费时间的徒劳之举。就像蜜蜂或苍蝇一样，企业经常面临一个像玻璃瓶那样的不可思议的环境。蜜蜂实验告诉我们，在充满不确定性的经营环境中，企业需要的不是朝着既定方向的执着努力，而是在随机试错的过程中寻求生路，不是对规则的遵循而是对规则的突破。在一个经常变化的世界里，混乱的行动比有序的衰亡好得多。

（★提示：论证有效性分析的一般要点是：概念，特别是核心概念的界定和使用是否准确并前后一致，有无各种明显的逻辑错误，该论证的论据是否支持结论，论据成立的条件是否充分等。要注意分析的内容深度、逻辑结构和语言表达。）

【要点全析】

（1）蜜蜂实验只是特定环境下的一个生物行为实验，不能简单地将生物行为类推到企业行为，更不能把生物行为实验的结果一般化为企业应对不确定性的普遍性原则。

（2）经济发展和技术发展总体上是有规律的。在具有模糊性与不确定性的经营环境中，虽然企业用随机试错的方式可能取得成功，但企业理性决策成功的概率要远远大于随机试错成功的概率。不能用小概率的随机试错成功的特例否定理性决策。

（3）企业经营需要有明确的方向，在不确定的经营环境中，企业需要根据环境的变化调整方向；但方向的调整需要理性分析而不是随机试错，更不能否定企业朝着既定方向的执着努力。

（4）技术预测具有不确定性，不意味着技术趋势不可预测，不能说进行预测是浪费时间的徒劳之举。

（5）不能把对规则的遵循和对规则的突破的区别绝对化。事实上，对规则的遵循和对规则的突破不是绝对排斥的。

（6）企业经营环境的不确定性要求不能机械地遵循规则，这个正确的观点被偷换为企业经营环境的不确定性要求不遵循任何规则。

（7）在一个经常变化的世界里，混乱的行动和有序的衰亡并不是两种仅有的选择，没有理由因为反对有序的衰亡而提倡混乱的行动。

【参考范文】

随机试错可取吗?

在上述材料的分析中,作者试图通过蜜蜂实验得出结论:当今企业在充满不确定的环境中应采取"随机试错"的混乱行动获得生存机会。但这样的论证是经不起推敲的,存在如下问题。

首先,蜜蜂实验只是一个单纯的生物实验,不能把简单的生物行为和企业的商业行为进行类比。因为生物行为是以生物本身的生理反应为主导,而企业行为是更为复杂的心智判断的结果,这种判断是企业管理者在更为复杂的商业环境、社会环境、文化环境等因素共同作用下产生的,所以不能把生物实验结果直接用来指导企业的商业行为。

其次,材料得出推论说"在高科技企业,哪怕只预测几个月后的技术趋势都是件浪费时间的徒劳之举",其依据是"当今企业面临的最大挑战是经营环境的模糊性与不确定性",这存在以偏概全的问题。经营环境具有模糊性和不确定性并不意味着当今企业的经营环境是无规律可循的,是难以被认识的。况且,高科技企业只是所有企业当中的一种类型,对于所有的企业发展情况并不一定具有代表性。由此说明预测是件浪费时间的徒劳之举,恐怕难以具有说服力。

最后,文章提出的"混乱的行动比有序的衰亡好得多"这一结论未必准确。在一个经常变化的世界里,混乱的行动和有序的衰亡并不是企业行为两种仅有的选择,因此不能因为反对有序的衰亡而提倡混乱的行动。有序的行动也许是另一种更好的选择。

综上所述,上述材料存在诸如此类的问题,所以其结论"在充满不确定性的经营环境中,企业要在随机试错中寻求生路,要对规则进行突破"是站不住脚的。

第三部分:论说文

第十二章 以始为终——通过真题明白考试

一、2021年管理类联考真题展示

论说文，35分。根据下述材料，写一篇700字左右的论说文，题目自拟。

我国著名实业家穆藕初在《实业与教育之关系》中提到，教育比较重要的两点在于道德教育（如责任心与公共心之养，机械心之拔除）和科学教育（如观察力、推论力与判断力之养成）。完全受此两种教育，实业中坚者遂出之。

二、参考范文

道德教育与科学教育并重

科学推动社会的快速发展，而道德保证社会的健康发展。正如穆藕初所说，教育之重点在道德教育和科学教育。只有二者并重，才能保证社会的快速健康发展。因此，我们既要注重科学教育，也要注重道德教育。

社会发展需要科学教育。科学教育的重点在于培养人们的科学精神，科学精神强调理性思考与批判性思考，我们认识世界和改造世界都需要科学精神。科学精神从人类文明开始就推动社会的快速发展，如从中国四大发明到西方世界的蒸汽机，从电的发现到航空航天、人工智能的出现。我们用了数千年从茹毛饮血到自给自足的农业经济，但是科技却只用了百年时间就重塑了人类社会。可见科学精神着眼于未来，注重开拓创新，推动人类社会的快速发展。

社会发展需要道德教育。社会的发展离不开科学，但是只有科学难以保证社会的健康发展。第二次世界大战时期的德国纳粹集中营与日本731部队的医学实验，对科学的探索泯灭了人性，所以社会的健康发展也需要通过道德教育来构建人们的人文精神。人文精神要求我们要有人文关怀，人类之间要相互协作、相互依靠，因为个人的力量是有限的，凝聚为一个集体才使得人类这个从身体角度看起来很弱小的种族成长为地球上的万物之灵。人文精神使得我们相互关怀、相互扶持，利用工具改造环境，最终缔造人类的文明。

科学教育与道德教育是相生共存的，辩证统一的。如果一个社会只注重科学精神，那么人类将变得没有感情，如果没有道德规范的约束，人类社会难以快速发展。所以，我们既要推动科学教育，又要推动道德教育。

总之，缺少科学教育的社会将停滞不前，缺少道德教育的社会将野蛮发展。我们要推动社会的健康快速发展，科学教育与道德教育缺一不可。

第十三章 知己知彼——论说文深度解析

第一节 什么是论说文

一、论说文的含义

论说文,也可以称为说理文,是一类直接剖析事物、说明事理、阐发见解、提出主张,从而力求说服他人的文章。它的中心在于"事理""见解""主张",它的表达方式主要是议论,这些都是和记叙文相区别的。论说文"说明事理""阐发见解""提出主张",都是为了"答疑解难",也就是为了回答问题、解决问题。广义地说,论说文所回答的问题是无所不包的,大至宇宙天地、社会人生;小至一事一物、一言一行,任何问题都可以拿来"论",都可以拿来"说"。

通常,论说文的作者会为读者解答以下三类问题。

(1)是什么?——类别和性质方面的问题。

(2)为什么?——原因和目的方面的问题。

(3)怎么办?——方法和途径方面的问题。

在考试中论说文作为管理类联考的最后一道题目,近几年大纲对字数的要求不少于700字,建议考生在30分钟左右完成。

二、论说文的要素

论说文通常由论题、论点、论据、论证四部分构成。

(一)论题

论题是指作者在文章中提出要进行论述的问题,是论证的话题与对象。论题只是话题,属于中性,它并不包含作者的观点,也并不表明作者对客观事物的认识。例如"中国人失掉自信力了吗?"是个疑问句,不表示判断,只表达发问,等待回答。"论骨气"也不是判断。论题规定和限制着文章的论述范围和论述重点,决定着议论展开的方向和途径,论题是贯穿全文内容、组织结构的线索。论题一般都出现在标题或序言中,一篇文章的论题是全文论述的中心,不仅议论部分要围绕它,非议论性的内容也要服从它,它是全文内容的中心线索,起着统摄全文的作用。

(二)论点

论点是论说文全文的核心、总观点,是一篇论说文的灵魂、统帅。任何一篇文章都只有一个中心论点，但是在同一个中心论点下，可以存在几个分论点。论点应该正确、鲜明、概括，是一个完整的判断句，绝不可模棱两可。论点出现的位置一般有三个地方：题目、开头、结尾，但更多的情况是在文章的开头，每个段落的论点也是如此。当开头与结尾出现类似的语句时，开头的为论点，结尾处的则是对论点的呼应。

有的议论文的论点在文章中用明确的语句表达出来，容易找到；有的则没有用明确的语句直接表述出来，需要读者自己去提取、概括。但是，在管理类联考的论说文写作中，考生的论点一定要在首尾段清晰表达，不要让阅卷老师去提炼和总结。

（三）论据

论据是支撑论点的材料，是作者用来证明论点的理由和根据，它分为事实论据和理论论据两种。

（1）事实论据：在议论文中论据的作用十分明显，用于分析事实，阐明道理，检验它与文章的论点在逻辑上是否一致。事实论据又包括事例和数据等，比如有代表性的事例、确凿的数据、可靠的史实等。

（2）理论论据：作为论据的理论常常是读者比较熟悉的或者是为社会所普遍承认的，它们是对大量事实抽象、概括的结果。理论论据又包括科学定理、研究报告、名言警句、谚语、格言以及作者的经验分析等。

（四）论证

论证是用论据来证明论点的过程。论证的目的为揭示论点和论据之间的内在逻辑关系。论证的方法有很多种，比如举例论证、引用论证、比喻论证、类比论证、对比论证、反向论证、归谬论证、因果论证等。论说文的论证一般分为立论和驳论两大类型。通常我们在管理类联考中的论说文写作以立论为主，驳论为辅。

第二节　论说文考试大纲解析

一、论说文考试大纲

要求考生在准确、全面地理解题意的基础上，对命题或材料所给观点进行分析，表明自己的观点并加以论证。

文章要求思想健康，观点明确，论据充足，论证严密，结构合理，语言流畅。

二、论说文考试大纲解析

考试大纲是论说文写作考试可参考的权威文件，所以在开始学习论说文之前，一定要仔细研读大纲，明确大纲背后的深层含义。下面对论说文的考试大纲一一进行解读。

（一）考试形式

论说文的考试形式有两种：命题作文、基于文字材料的自由命题作文。每次考试为其中一种形式。

大纲的首句首先明确了论说文的考试形式。命题作文也就是指命题者直接给出写作题目的作文。而基于文字材料的自由命题作文则是指需要考生根据材料给出观点,自行拟定题目的作文。命题作文在考试中并不常见,在以往年份的考试中仅考过两次。

1. 1999年10月MBA联考论说文

以"小议企业领导者的素质"为题,写一篇500字左右的议论文。

2. 2009年MBA联考论说文

"由三鹿奶粉事件所想到的"为题,写一篇700字左右的论说文。

大家会发现命题作文的特点是题干都很短,所以题干传达的信息有限,这类作文对于我们考生来说好处就是节省了拟题时间、可供考生发挥的空间相对比较大,劣势就是由于自由度高、发挥空间大,而且题目既定往往会使很多考生省略了立意的环节,进而从给定的话题切入,落笔天马行空,偏离了论说文这一文体。

除了以上两年的真题外,其他年份的真题都可以归纳为基于文字材料的自由命题作文。自由命题作文根据题干材料及题干要求的不同又可以进行进一步的细分,考查形式还包括案例分析型作文,如2005年MBA联考真题:

根据下述内容,自拟题目,写一篇短文,评价丘吉尔的决策,说明如果你是决策者,在当时情况下你会做出何种选择,并解释决策依据。

随后,案例分析型作文就再未出现过,原因是随着联考不再考管理类科目,命题者预设考生是不了解管理学知识的。案例分析的形式虽然被取消了,但其包含的对于观点进行分析的题型却沿袭了下来,例如2008年MBA联考真题:

"原则"就是规矩,就是准绳。而在日常生活和工作中,常见的表达方式是:"原则上……但是……"请以"原则"与"原则上"为议题写一篇论说文,题目自拟,700字左右。

再如2011年管理类联考真题:

根据下述材料,写一篇700字左右的论说文,题目自拟。

众所周知,人才是立国、富国、强国之本,如何使人才尽快地脱颖而出,是一个亟待解决的问题。人才的出现有多种途径,其中有"拔尖",有"冒尖"。"拔尖"是指被提拔而成为尖子,"冒尖"是指通过奋斗、取得成就而得到社会的公认。有人认为当今某些领域的管理人才,"拔尖"的多而"冒尖"的少。

观点分析的题型虽然在大纲中没有明确提出,但它是客观存在的,应当引起考生的重视。

(二)考查目标

《全国硕士研究生入学统一考试管理类专业学位联考综合能力考试大纲》规定:要求考生在准确、全面地理解题意的基础上,对命题或材料所给观点进行分析,表明自己的观点并加以论证。

1. 准确、全面地理解题意

这是对审题的要求,审题不但要准确,而且应该全面。无论题目的表现形式是命题、话题还是各种材料,我们都必须准确无误地理解题干意思,正确接收题干所传达的信息,借助多种方法和技巧揣测出题人的真实意图。换言之,命题人给出的任何题目都绝非凭空虚设,命题人想让考生去论证的东西必然藏于题干材料之中,只不过有的明显,有的不明显罢了。

2. 对命题或材料所给观点进行分析

考试大纲要求对命题或材料所给观点进行分析,首先就要分析材料里的情况,我们要用条件思维来考虑题干中观点的适用条件。应该紧扣材料来行文,因为所有的观点都是通过材料总结出来的。脱离了材料,文章的观点就成了无源之水、无本之木。在表现形式上,要求考生行文时无论在开头、结尾,还是其他位置都要联系材料,对材料进行分析、评判,而不能脱离材料。记住这条规则,就可以帮助考生在快速行文时也能时刻检查自己是否"跑偏"。当发现自己的行文内容联系不上材料了,这就意味着已经脱离了命题范围,需要调整思路。

3. 表明自己的观点并加以论证

"表明自己的观点"与"对所给的观点进行分析"形成相互补充。也就是说,考生不能仅仅就事论事,不能题目提出一个问题或现象,考生仅评论该问题或现象,而要基于对问题或现象的评论,引申出自己的观点。论说文的论点从何而来呢?大纲中已经给出了答案,论点就是你的观点,那么你的观点从何而来呢?大纲中也给出了答案,是在对命题或材料的所给观点进行分析的基础上得来的。

此外,考试大纲要求,仅有鲜明的观点还不行,还要"加以论证"。什么是"加以论证"呢?就是通过列举实例、引用名言、分析因果等各种分析方法,使他人能够认可、相信你提出的观点,分析过程中做到有理有据,有力支持文章的论点。

(三)写作要求

《全国硕士研究生入学统一考试管理类专业学位联考综合能力考试大纲》规定:文章要求思想健康,观点明确,论据充足,论证严密,结构合理,语言流畅。这就意味着,写论说文要把握下列六个原则。

1. 思想健康

思想健康大致包含三个方面的内容:第一是坚定正确的政治立场。作文的观点不能与党和国家的大政方针相违背,更不能有反动的语言。第二是积极进取、客观公正的人生态度。作文中不能表现消极、偏激的观点,对于有争议的价值观问题最好避而不谈。第三是开阔的眼界和胸襟。"铁肩担道义,妙手著文章"。考生如果能在行文中体现自己开阔、宽仁和包容的眼界、胸襟和气度,无疑会更容易引起阅卷者的共鸣。思想健康要求考生具备政策意识、爱国意识,但又不仅限于此,还包含客观意识、服务意识和执行意识。具体来说,思想健康就是要求考生站在公理、道德、国法、人情等多个层面看待问题。

2. 观点明确

观点明确就是要求考生在文章中必须开诚布公地提出自己的观点,提出解决实际问题的方案,坚定、鲜明、唯一,不能含糊其词、模棱两可,更不能前后不一致、自相矛盾。

3. 论据充足

论据包括理由、事例两种类型。写作中不能通篇只谈论点,文章中所提的论点,必须有理由支撑(重要性、必要性),主张使人"知",理由使人"信"。事例指可以佐证的事实或名言,既可以是古代事例,亦可以是现代事例;既可以是正面例证,亦可以是反面例证;既可以是人生故事,亦可以是管理案例。论据充足至少要有充足的理由,即要有充足的分析性语句支撑观点。

4. 论证严密

论证严密要求写作过程中要深入分析,而不是进行论据的简单堆砌。写论说文除了要把握主旨,还要提出论据,能够从多角度论证,以使读者信服。

既然联考要求写一篇议论性的文章而不是其他的文体,那么考生的行文也要包含三要素:论点、论据和论证。考生仅仅靠扎实的文字功底和优美动人的语言是不足以得到高分的;反之,即便语言不那么华丽,措辞不那么讲究,只要表现出了思维逻辑的缜密,考试得到高分也并不难。所以要想获得高分,还必须运用在论证有效性分析中学到的批判性思维素养,使自己的文章既"能破"又"能立"。所谓"能破",就是能够驳倒对方的理论,所谓"能立",就是能够建立自己的主张。

5. 结构合理

结构合理要求文章具备基本论说文规范结构。文章结构完整、清晰、有条理,逻辑脉络完整,能一目了然,而不是信马由缰想到哪儿就写到哪儿。考试大纲并没有要求结构精巧或规定必须用某种结构,仅要求结构合理。

6. 语言流畅

语言流畅要求考生具备扎实的文字功底,做到用词准确,语法规范,表达顺畅,衔接紧密,过渡自然。切忌使用生僻的字词、新奇时髦的流行语、故弄玄虚的修辞和有失规范的语法结构。这里再次强调:论说文不是散文,不必刻意追求华丽、优美的辞藻,而要用准确、朴实的语言把观点说清楚,把道理说透彻,拿得出、站得住就可以了。千万不能舍本逐末、因文害意。

第三节 评分标准

一、评分标准

(1) 按照内容、结构、语言三项综合评分。

一类卷(30—35分)：立意深刻,中心突出,结构完整,行文流畅。

二类卷(24—29分)：中心明确,结构较完整,层次较清楚,语句通顺。

三类卷(18—23分)：中心基本明确,结构尚完整,语句较通顺,有少量语病。

四类卷(11—17分)：中心不太明确,结构不够完整,语句不通顺,有较多语病。

五类卷(10分以下)：偏离题意,结构残缺,层次混乱,语句严重不通。

(2) 漏拟题目扣2分。

(3) 每3个错别字扣1分,重复的不计,扣满2分为止。

(4) 卷面整洁清楚,标点正确,酌情加1—2分,但总分不得超过35分。

二、评分标准解析

评分标准中主要包括两个部分,一部分是基本得分,另一部分是扣分项。这里提醒各位考生注意,如果说一篇论说文从题目来看能得15分,从结构来看能得20分,从行文来看能得20分,那么这篇文章最终能得多少分呢？答案是15分。也就是说,论说文的评分依据的是短板原理,即文章的分数反映的是文章当中最薄弱的环节,取的是最低分。所以要求大家在学习论说文的时候一定要齐头并进,不要有任何方面的短板。在基本得分这部分,主要评估六个要素,即扣题、中心、立意、论证、结构、语言。

(一) 扣题

扣题是论说文最基本的要求,同时也是考试中考生失分最严重的一项。在考试中考生论说文的实际得分并不高,平均只有15分,这其中有一部分考生是因为考试时间不够导致没有答完试卷,还有一部分考生是因为写作过程中没有扣题。我们可以看一下评分标准中对于扣题的要求,其被划分为几个档次,即紧扣题意、切合题意、基本切题、不太切题、偏离题意和观点错误或背离题意。前面说过,论说文的评分依据的是短板原理,就是说一旦你的文章审跑题了,那么不管论证多么严密,结构多么合理都只能是五类卷水平,得分在10分以下。

(二) 中心和立意

这两点同样也是对审题的要求,这里需要特别强调的是考试大纲只对一、二类卷的立意做了说明,如果你想写出一、二类卷水平的文章,那么就要做到有立意,而且立意深刻。立意就是文章的观点,有立意就是要有明确的观点,即考试大纲中所强调的观点明确;立意深刻就是指观点要有深度、有现实意义、积极、有价值,这一点应该是我们在审题环节需要重点练习的。

(三)论证

关于论证,我们已经在前文中有比较具体的阐释,不再详述。这里再次和各位考生强调,一定要将批判性思维应用到论说文中,经常对自己练习的文章进行批判性的思考,最大限度地规避论证缺陷,考试时才有可能拿到三类卷及以上的分数。

(四)结构和语言

与散文等文体不同,一般论说文的结构是有规律可循的。从开头的引论(点题或提出观点),到中间的本论(主体论证),再到末尾的结论,从事例的叙述到理论的分析,从总论点的统帅到分论点的支撑,从局部的逻辑推理到观点的全面论证,从上下文的衔接到段落之间的过渡,都有着内在联系。这些联系就自然形成了文章的基本结构。平常练习时,要注意论说文的特点和规律,实战时才能比较从容地做到过渡自然、结构完整。考试大纲中对文字表达的要求为语言流畅。评分标准中一类卷对于语言的要求为行文流畅。可见论说文重点想考查的并非考生的文采和能否旁征博引,而是考查考生的论证能力、批判性思考的能力等。因此,考生在备考的时候应该把握好方向。

此外,我们还应该留心文章的题目、标点、错别字、书写整洁等细节要素,这些问题会在一定程度上影响分数。否则,即使你的文章立意准确,但是如果不注意其他细节,也会导致丢分。要尽量做到紧扣题意,立意深刻,中心突出,论证充分,结构完整,语言流畅。

三、论说文评分示例

在分析了评分标准以后,为了让考生对论说文的评分有更直观的理解,这里特意选择了2010年管理类联考真题及各类不同分值的例文,以供各位同学参考。

(2010年管理类联考)根据所给的材料,写一篇700字左右的议论文,题目自拟。

一个真正的学者,其崇高使命是追求真理。学者个人的名利乃至生命与之相比都微不足道,但因为其献身于真理就会变得无限伟大。一些著名大学的校训中都含有追求真理的内容。然而,近年学术界的一些状况与追求真理这一使命相去甚远,部分学者的功利化倾向越来越严重,抄袭剽窃、学术造假、自我炒作、沽名钓誉等现象时有所闻。

【一类文:33分】淡名利,求学问

"天未生仲尼,宇宙常咸咸"。滚滚红尘芸芸众生,没有孔子、佛陀、苏格拉底等一大批先知学者的指导,我们今天很可能仍然停留在鸿蒙蛮荒的原始社会,与野兽无异。因此献身于"为天地立心,为生民安命"的学者才获得了"人类导师"的神圣尊称。

但是，我们在倾听吸收这些伟大学者的伟大思想之余，我们可曾想过，他们的这些创造性的思想是怎样在漫长寂寞的时光中锻炼出来的？相关研究显示，所有开创性的重大学术项目都至少需要10年以上的攻关，比如马克思写《资本论》就用了四十年的时间……所以真正的学者就必须有"板凳要坐十年冷"的耐心和气概。

但是，现在很多学者显然违背了献身真理的崇高使命，丧失了"十年磨一剑"的学术精神，表现出来的是各种急功近利的不端行为——抄袭、剽窃、造假、炒作……究其原因，他们甚至还振振有词：市场经济的大环境啦，单位的科研有指标啦，房价以及孩子教育的费用高得吓人啦……其实，这些都不过是其堕落的借口而已。

对于学术不端行为，我们坚决主张要像惩治腐败一样严惩不贷。首先，抄袭剽窃非法侵占了别人的学术成果，导致学术上的不当竞争；其次，造假的学术一旦运用于实践，就可能直接严重危害个人、企业、社会的利益；再次，学者本应是人类的导师、道德的楷模，学者的不端也最能败坏整个社会的风气；最后，它还严重浪费我国原本稀缺的科研资源，进一步枯竭国家创新的源泉，长此以往，还可能导致整个民族进步的生机和活力都将丧失殆尽！

当然，学者也是人，所以我们并不苛求学者完全不求名利。但君子爱财，取之有道。我们相信，在知识经济的时代，如果你真能长期潜心学问，最后你也必定能像袁隆平一样实现学术和名利的双丰收！

◆ 文章简评

此文标题清晰、有文采，符合一类文的评分标准"紧扣试题，立意深刻，中心突出，论证充分，结构完整，语言流畅"。文章结构完整，而且结尾也能拔高文章立意。可评为一类试卷。

【二类文：28分】远离名利，追求真理

自古以来，学者以"淡泊名利自高雅"为世人称颂，然而在物欲横流的今天，学术界出现了一些剽窃炒作等争名逐利的现象。这不禁让我们为学者们高呼：请远离名利，追求真理！

淡泊名利是成功的前提。"君子静以修身，俭以养德。非淡泊无以明志，非宁静无以致远。"纵观古今中外，凡是有所成就的人，无不视名利为浮云，用对真理的执着追求获得点滴进步。如果没有李白的"安能摧眉折腰事权贵"，怎会有后人代代传颂的诗仙太白？可见看透名利的浮华，坚持追求真理的人们往往能为人生谱写华美的乐章。相反，如果追名逐利往往一事无成。常言道，利字当头一把刀。历史赐予我们太多不舍名利之人的教训。清代大贪官和珅，收受贿赂，徇私舞弊，最终以"二十大罪"被赐予白绫一条自尽而死；2009年中科院新增35名院士，其中3位学者因涉嫌舞弊而落选。试想：若不是一颗不舍名利之心，何以至于两手空空甚至一命呜呼呢？可见贪图名利往往会让自己陷入困境。

通往真理的道路充满艰难险阻，因此我们不能忽略淡泊名利的重要性。淡泊名利是做人之根本，我们作为社会整体中的个体，每个人都无法与外界脱离联系，而淡

泊名利是人们相互交流、沟通感情的关键,试想一个满眼皆名利毫无感情的人,有谁会愿意与他交流,而他又如何在社会中长久立足呢?淡泊名利是社会进步的保障,只有让人人淡泊名利,崇尚真理,社会才能远离利欲熏心的污浊之气,才能有助于新技术、新思想的创造。淡泊名利同样是民族之气魄,唯有以淡泊名利为美德的民族,才能以浩然正气屹立于世界民族之林。

作为有志青年的我们,更应该抛弃名利,在真理的追求中实现自我,完善自我。保持心中真理之树常青,才能为建设祖国贡献自己的力量。

总之,克己奉公,淡泊名利;不计得失,志存高远。朋友们,敢于放弃名利,才能真正地诠释人生的真谛!

◆**文章简评**

二类文的评分标准是"切合试题,立意较深刻,中心明确,论证比较充分,结构比较完整,语句通顺"。此文皆符合以上标准,可谓二类偏上文章。

【三类文:21分】学术环境的建设

学术环境在很大程度上决定着学者的行为。近年来,学术界的一些状况与追求真理这一使命相去甚远,这并不是个别学者的问题,我们需要检讨一下我们的学术环境。

首先是道德标准的问题。过高的道德标准,不但无益,反而会使道德崩溃。有人认为:"一个真正的学者,其崇高的使命是追求真理,学者个人的名利乃至生命与之相比都微不足道。"抛弃名利乃至生命来追求真理,圣贤也。我们可以仰望,可以崇敬,但不能将其作为衡量标准。"我剽窃了,我不是真正的学者。那你呢?你没有剽窃,但你做到为了真理可以献出生命了吗?你没有。所以我们都一样,都不是真正的学者。"

其次是价值标准的问题。近年来学者们抄袭剽窃、学术造假、自我炒作、沽名钓誉都被划分为同一类别,被认为是越来越严重的功利化倾向。其实不同行为还是应该区别看待的,抄袭剽窃、学术造假固然应该严厉谴责,但自我炒作、沽名钓誉却应区别对待。马斯洛把人的需要分成五个层次,生存的需要、安全的需要、交流的需要、尊重的需要和自我实现的需要。学者也是人,在追求真理的同时,也渴望社会和公众的肯定与赞许。而公众接触更多的学术也有利于全民素质的提高。大可不必把学者们向公众推销自己说成自我炒作、沽名钓誉。这也不利于真正打击抄袭剽窃和学术造假的需要。

最后是监督体系的问题。我们都知道权力需要制约,否则会导致腐败。也许学者们的道德普遍比官员高尚,但毕竟都是人,官员需要制约,学者同样需要制约,权力需要制约,学术也同样需要制约。监督体系的不完善,必然导致抄袭剽窃、学术造假的泛滥,进而造成"劣币驱逐良币"的现象,使不良学者得以掠夺本应属于真正学者的资源。

综上所述,学术界的风气需要学术环境来引导。建立适当的道德标准、恰当的价值标准和严格的监督系统,才能建立起良好的学术环境,使更多的学者致力于追求真理这一崇高的使命。

◆ **文章简评**

三类卷的评分标准是"基本切题,中心基本明确,论证基本合理,结构尚完整,语句较通顺,有少量的语病"。从立意上看,文章缺乏深度。题干的重点是学者的"内因",而本文的主题是有关环境的"外因",也只能算是"基本切题"。

【四类文:14 分】莫把学者当圣贤

我们都是凡人,学者也是。

用圣贤的道德标准来要求学者是有害的。学者的使命是追求真理,正如农民的使命是种植作物,医生的使命是治病救人,艺人的使命是娱乐大众。使命都是崇高的,也都是平凡的。

有人认为:"一个真正的学者,其崇高的使命是追求真理。学者个人的名利乃至生命与之相比都微不足道。"抛弃名利乃至生命来追求真理,圣贤也。我们可以仰望、可以崇敬,但不能将其作为衡量标准。我们都是凡人,学者也是,大多数学者达不到圣贤的境界,但不会有哪个学者愿意被人认为"不是真正的学者"。他们会因此向着可以为了真理抛弃生命的方向努力吗?他们会因为自己达不到圣贤的标准退出待遇优厚、受人尊敬的学者队伍吗?或许有人会,但大多数人会仅仅将这过于苛刻的道德标准停留在口头上。

过高的道德标准,不但无益,反而会使道德崩溃。"我剽窃了,我不是真正的学者,那你呢?你没有剽窃,但你做到了为真理可以献出生命了吗?你没有。所以我们都一样,都不是真正的学者。"正如《吕氏春秋》中记载的:鲁国有一个制度,鲁国人如果在外国见到有本国人在做奴隶,只要帮其赎身,那么回国之后可以到国库报销赎身的花费。孔子的一个学生有一天很高兴地来找孔子,自豪地对孔子说:"我在国外帮一个鲁国人赎身,但回国之后没有找国库报销。"他没有得到自己所期待的老师的赞许,孔子很失望地对他说:"由于你的行为,以后不会再有鲁国人在国外帮本国人赎身了。"即使是万世师表的圣人,也没有用圣贤的道德标准要求他人,相反他认为这样是有害的。

适当的道德标准,才可以配合更为严格的监督机制来建立清洁的学术环境。不造假、不剽窃、踏踏实实做学问,就是真正的学者,不需要你视名利为粪土,更不需要你舍生取义。

我们都是凡人,学者也是。即使学者有更丰富的知识和更高的智力水平,但学者也是凡人,莫把学者当圣贤。

◆ **文章简评**

四类文的标准是"不太切题,中心不太明确,论证有缺陷,结构不够完整,语句不够通顺,有较多语病"。本文的立意不太积极,有为伪学者开脱之嫌。

【五类文：8 分】由学术界的功利化所想到的

自古以来，我们都对学者身怀敬意，因为我们一直认为真正的学者是为了追求真理而将名利置之度外，甚至为了真理勇于献身的人们。例如伟大的数学家陈景润，为了理想安于清贫，脚踏实地，孜孜不倦地工作，从他身上我们看到了一个学者所散发出的人性的光芒，我们为之而感动。

如今，一些著名大学的校训中都含有追求真理的内容，这也说明了当前学术界依然提倡我们要追求真理，实事求是，然而，近年来学术界出现了一些与追求真理这一使命相去甚远的不良现象，抄袭剽窃、学术造假、自我炒作、沽名钓誉时有所闻。我想此类问题的产生与当前的社会环境是分不开的。

首先，随着市场经济的发展，一切向钱看的观点不仅影响了普通群体，对学术界也产生了不可低估的腐蚀作用。当学问与金钱的关系越来越近时，追求真理的道路也就变得不再纯粹，甚至会有所扭曲。其次，现代人急功近利、心态浮躁、希望不劳而获或者说走捷径，在学术界也不例外，为了得到自己想要的名利不择手段。最后，管理制度的缺陷，管理者责任心的缺失，监督的不利，让造假者心存侥幸。社会对抄袭的轻微惩罚，对学术造价的百般容忍，对自我炒作的推波助澜，对沽名钓誉的视而不见，无疑是对学术界追求功名利禄的人群的一种鼓舞，他们无须铤而走险，更不用担心身败名裂，即便事发，也可以一笑而过。

由学术界的功利化，我们也想到当今社会不同行业类似的现象也常有发生，审计造假如美国安然，产品造假如三鹿奶粉，学历造假如牛人唐骏，虽然安然和三鹿都付出了沉重的代价，但唐某依然毫发未损。由此我们应该反思，一方面要提高个人、企业、行业和整个社会的责任心，另一方面，更须加强和完善法制建设，双管齐下，让我们的学者和我们社会的每一个人走向正直、光明的追求真理的道路。

◆**文章简评**

五类文的评分标准是"偏离题意，中心不明确，论证有较多缺陷，结构有残缺，层次比较混乱，语句不通，有很多语病"。此文章从头到尾，更像是一个读后感。

第四节 论说文题型总结

关于论说文考试的题型，《全国硕士研究生入学统一考试管理类专业学位联考综合能力考试大纲》是这样说的："论说文的考试形式有两种，即命题作文，基于文字材料的自由命题作文。每次考试为其中一种形式。"但是这样的说法实际上过于笼统。结合历年的真题，我们进一步把管理类专业学位联考论说文考试的题型划分为五类：命题作文、话题作文、观点分析、材料立意、案例分析。下面依次列举要点，并选取相应的历年真题分别进行介绍。

一、命题作文

"命题作文"是一种古老的作文考试形式，命题者给出一个确定的题目，要求考生以此题目进行写作。

在历年的真题当中,1999年10月MBA联考真题的作文可以看作典型的命题作文:

以"小议企业领导者的素质"为题,写一篇500字左右的议论文。

2009年MBA联考真题的作文也是标准的命题作文:

以"由三鹿奶粉事件所想到的"为题,写一篇700字左右的论说文。

二、话题作文

"话题作文"指的是这样一种作文考试形式:出题者只给出一个特定的话题作为写作的范围。话题作文的目的在于鼓励考生的个性和创新,写作自由度较高。最典型的话题作文是2001年10月的MBA联考的作文:

近些年来,新闻媒体经常报道公开招考公务员,乃至招考厅局级干部的消息,这同我国传统习惯中的"伯乐相马"似乎有所不同。

请以"相马""赛马"为话题,写一篇600字右的议论文,题目自拟。

本题明确地规定了"以……为话题",所以,显然它是"话题作文"。

2002年10月MBA联考作文:阅读下面的材料,根据要求作文。

中国古代的《易经》中说:"穷则变,变则通。"这就是说,当我们要解决一个问题而遇到困难无路可走时,就应该变换一下方式方法,这样往往就可以提出连自己也感到意外的解决办法,从而收到显著的效果。

请以"穷则变,变则通"为话题写一篇作文。可以写你自己的经历、体验或看法;也可以联系生活实际展开议论。文体自选,题目自拟,不少于700字。

2008年MBA联考真题的论说文试题也属于话题作文。

"原则"就是规矩,就是准绳。而在日常生活和工作中,常见的表达方式是:"原则上……但是……"请以"原则"与"原则上"为议题写一篇论说文,题目自拟,700字左右。

由于话题作文的审题难度较低,走题的现象很少,再加上考生的写作自由度很高,所以建议考生在平时的复习过程中不必花费太多的时间来准备。

三、观点分析

迄今为止考过的论说文真题当中,最典型的观点分析题是2003年10月MBA联考真题。该题如下:

"读经不如读史。"

对上述观点进行分析,论述你支持或反对这一观点的理由。可根据经验、观察或者阅读,用具体理由或实例佐证自己的观点,题目自拟,全文500字左右。

我们之所以说它是最典型的观点分析,是因为首先它给出一个明确的观点"读经不如读史",然后又进一步给出这样的一个写作要求:对上述观点进行分析,论述你支持或反对这一观点的理由。你可以运用你的经验、观察或阅读到的实例或理论作为论据。所以典型的观点分析试题的特点是:出题者给出一个观点,要求你明确对这个观点的支持或反对的立场,然后寻找相应的理由来论证自己的立场是有道理的。

2017年管理类联考真题:根据下述材料,写一篇700字左右的论说文,题目自拟。

一家企业遇到了这样一个问题:究竟是把有限的资金用于扩大生产呢,还是用于研发新产品?有人主张投资扩大生产,因为根据市场调查,原产品还可以畅销三到五年,由此可以获得可靠而丰厚的利润。有人主张投资研发新产品,因为这样做虽然有很大的风险,但风险背后可能有数倍于甚至数十倍于前者的利润。

2018年管理类联考真题:根据下述材料,写一篇700字左右的论说文,题目自拟。

有人说,机器人的使命应该是帮助人类做那些人类做不了的事,而不是代替人类。技术变革会夺取一些人低端烦琐的工作岗位,最终也会创造更高端、更人性化的就业机会。例如,历史上铁路的出现抢去了很多挑夫的工作,但同时又增加了千百万的铁路工人。人工智能也是一种技术变革,人工智能也将会促进人类社会的发展,有人则不以为然。

2021年管理类联考真题:根据下述材料,写一篇700字左右的论说文,题目自拟。

我国著名实业家穆藕初在《实业与教育之关系》中提到,教育最重要之点是在道德教育(如责任心与公共心之养,机械心之拔除)和科学教育(如观察力、推论力与判断力之养成)。完全受此两种教育,实业中坚者遂出之。

四、材料立意

所谓材料立意性论说文考试指的是,出题者给出一篇材料,没有明确提出观点,要求考生自行理解、提炼立意、确立观点,写一篇论说文。

1997年MBA联考真题写作材料的题干给出的就是一种社会现象:

根据所给材料写一篇500字左右的议论文。题目自拟。

时下,商店、企业取洋名似乎成了一种时尚,许多店铺、厂家竞相挂起了洋招牌,什么爱格尔、欧兰特、哈勃尔、爱丽芬、奥兰多等触目皆是。翻开新编印的黄页电话号码簿,各种冠了洋名的企业也明显增多。甚至国货产品广告,也以取洋名为荣。

2000年MBA联考真题给出的就是一个真实的历史故事:

根据所给材料写一篇500字左右的议论文,题目自拟。

解放初期,有一次毛泽东和周谷城谈话。毛泽东说:"失败是成功之母。"周谷城回答说:"成功也是失败之母。"毛泽东思索了一下,说:"你讲得好。"

2004年MBA联考真题写作部分给出的则是一则或真或假的"寓言故事":

根据以下材料,自拟题目撰写一篇600字左右的议论文。

一位旅行者在途中看到一群人在干活,他问其中一位在做什么,这个人不高兴地回答:"你没有看到我在敲打石头吗?若不是为了养家糊口,我才不会在这里做这些无聊的事。"旅行者又问另外一位,他严肃地回答:"我正在做工头分配给我的工作,在今天收工前我可以砌完这面墙。"旅行者问第三位,他喜悦地回答:"我正在盖一座大厦。"他为旅行者描绘大厦的形状、位置和结构,最后说:"再过不久,这里就会出现一座宏伟的大厦,我们这个城市的居民就可以在这里聚会、购物和娱乐了。"

2010年管理类联考真题写作部分给出的是一种社会现象:

根据下述材料,写一篇700字左右的论说文,题目自拟。

一个真正的学者,其崇高使命是追求真理。学者个人的名利乃至生命与之相比都微不足道,但因为其献身于真理就会变得无限伟大。一些著名大学的校训中都含有追求真理的内容。然而,近年学术界的一些状况与追求真理这一使命相去甚远,部分学者的功利化倾向越来越严重,抄袭剽窃、学术造假、自我炒作、沽名钓誉等现象时有所闻。

2013年管理类联考真题写作部分给出的是一种社会经济现象:

根据下述材料,写一篇700字左右的论说文,题目自拟。

20世纪中叶,美国的波音与麦道两家公司几乎垄断了世界民用飞机的市场,欧洲的飞机制造商深感忧虑。虽然欧洲各国之间竞争也相当激烈,但还是争取了合作的途径,法国、德国、英国和西班牙等决定共同研制大型宽体飞机,于是"空中客车"便应运而生。面对新的市场竞争态势,波音公司和麦道公司于1997年一致决定组成新的波音公司,以抗衡来自欧洲的挑战。

2019年管理类联考真题写作部分给出的是一种社会经济现象:

根据下述材料,写一篇700字左右的论说文,题目自拟。

知识的真理性只有经过检验才能得到证明。论辩是纠正错误的重要途径之一,不同观点的冲突会暴露错误而发现真理。

总之,不管给出的是一个真实的或虚构的故事,还是一种自然或社会现象,材料立意性论说文考试的题干都没有明确提出观点,都要求考生读出给定材料背后蕴含的"寓意",然后以这个寓意为主题写一篇论说文。这就意味着"材料立意"性作文考试的第一个难点就在于:你的审题立意的能力必须过关。建议考生在备考复习过程中,一定要提升根据材料进行审题立意的能力。

五、案例分析

案例分析是给出一个具体的情景案例,要求考生身临其境,对其中决策做出评价,或者设想自己就是当事人如何进行决策。这对于管理类专业学位联考来说是一种非常实用且重要的思维方式。但或许是由于考试难度比较大,在迄今为止考过的真题当中只有2005年1月的MBA联考试题的写作部分可以看作标准的案例分析。

根据下述内容,自拟题目,写一篇700字左右的短文,评价丘吉尔的决策,说明如果你是决策者,在当时情况下你会做出何种选择,并解释决策依据。

二战期间,英国首相丘吉尔曾做出一个令他五内俱焚的决定。当时盟军已经破译了德军的绝密通信密码,并由此得知下一个空袭目标是英国的一个城市考文垂。但是,一旦通知这个城市做出任何非正常的疏散和防备,都将引起德军警惕,使破译密码之事暴露,从而丧失进一步了解德军重大秘密的机会。所以丘吉尔反复权衡,最终下令不对这个城市做任何非正常的提醒。结果考文垂在这次空袭中一半被焚毁,上千人丧生。然而,通过这个密码,盟军了解到了德军在几次重大战役中的兵力部署情况,制定了正确的应对策略,取得了重大的军事胜利。

本题是一种典型的"案例分析":出题者给出一个真实的情景(案例),要求考生深入案例情景之中,在厘清局中人所面对的问题、限制条件和决策资源的基础上,做出合乎情理的决策或者对局中人的决策进行评价。

我们介绍了管理类专业学位联考论说文的几种常见的考试题型。下面分析一下各种题型出现的概率。经过考察历年考试的频率以及最近几次考试的题型后发现,出现概率较大的是以下四种题型:①话题作文;②材料立意;③观点分析;④命题作文。前三种都是给出材料的自由命题作文,难易程度适中,在历年的考题中占有相当大的比例。这三种题型也是论说文写作复习的重点。

第五节 论说文考试主题归纳

在研究了历年论说文考试的五种题型之后,接下来研究历年论说文考试的主题,看看考试的主题是不是有些规律可循。下面是对历年 MBA 论说文及管理类专业学位联考考试主题的一些简单总结。需要说明的是,下面的"9701"指的是"1997年1月的 MBA 联考试题","9702"指的是"1997年10月的 MBA 联考试题",其余以此类推。

历年 MBA 论说文及管理类专业学位联考考试主题

9701	品牌建设	9702	格言:各主题
9801	儿童高消费	9802	过程的重要性
9901	门采尔:厚积薄发	9902	领导素质:各主题
0001	居安思危	0002	从小养成好习惯
0101	恒心,毅力	0102	竞争
0201	压力,心态	0202	变通
0301	(未考)	0302	普遍理论与历史经验
0401	理想,心态	0402	沟通与有效沟通
0501	整体与局部	0502	做自己能做的

续表

0601	投资长远,制度等	0602	变通,创新,眼光等
0701	争先,理想,探险	0702	眼高手低
0801	原则性与灵活性	0802	锲而不舍,专注,扎根
0901	企业管理:各主题	0902	团结,合作
1001	学者的使命,功利化批判	1002	企业的社会责任,回报社会
1101	人才,拔尖,冒尖	1102	造福百姓
1201	跟风,个性,专注	1202	技术创新
1301	合作对敌	1310	节能环保
1401	谨慎选择,事物的两面性	1501	富与仁
1601	多样性与一致性	1701	冒险与创新
1801	人工智能	1901	检验真理
2001	细节、忧患、思危	2101	道德教育与科学教育

仔细研究上述历年真题所对应的"考试主题",我们发现,管理类联考论说文在考试主题上虽然没有明确的范围,但基本上是围绕这样一个大问题来考的,就是一个人、一个组织要想获得成功,应该具备哪些重要的素质,侧重于考查考生是否具有普适的领导素质。据此我们归纳概括出了经常考的管理类联考论说文主题的四大类型。

第一类:"志"代表理想、信念。任何领导者首先要拥有比组织成员更远大的志向和更坚定的信念,否则很难成为团队的领导者。

第二类:"制"代表道德、准则、原则、自我约束。领导者不能任意妄为,必须为组织确立方向和原则,即价值观和文化。

第三类:"智"代表的范围最广泛,既涵盖领导者智商、情商等内在能力,也涵盖与人的思维紧密相关的许多能力,包括远见、创新、权衡、互补、辩证等。

第四类:"质"代表品质,聚焦于做事情的品质,而非做人的品质。优秀的领导者不仅有思想、有原则、有智慧,他们往往还拥有较好的做事品质,如专注、勤奋、务实等。这些做事品质共同构成了他们成功的基石。

"志"与"质"是理想与行动的关系,"制"与"智"是原则与聪明的关系,"智"与"质"是方向与努力的关系,"志"与"制"是目的与手段的关系。

第六节 论说文的复习建议

人人都在议论,人人都会议论,可是议论的能力有优劣之别,议论的境界有高下之分,这到底是什么原因呢?归根结底是表达方法的问题。表达方法又紧密联系着思维方法,所以,我们要把道理说明白,要把议论文写好,关键是要训练好自己的理论思维能力和文字表达能力。但是,纸上谈兵是容易的,对于基础参差不齐的考生来说,其真正需要的是快速、高效的得分秘籍。请各位考生在平时的复习中,重点关注以下七点,争取在最短的时间内提高自己的得分。

一、练好字

一篇内容不错的文章,字迹潦草,所得分值往往不是很理想,为什么呢?第一,卷面差,按评分要求会被扣分;第二,试卷的"颜值"在一定程度上影响阅卷者打分的情绪。美观整洁的书写是文章最好的"外衣",它对阅卷者主观评分印象的形成是直接有效的。

首先,我们在写作中要做到字迹笔画清楚,字体端正,这样才能给阅卷者留下好印象。如果字迹龙飞凤舞,难以辨认,就算文章写得再好,也难以让人欣赏。其次,字体要适中。字体过大,卷面有拥挤繁乱之感,观之不雅。字体过小,阅读起来如觉蚁行,极其费神。最后,写作过程中要尽量减少涂改。要涂改也必须规范地涂改,切忌乱涂乱画,在卷面留下醒目墨点,这样会给阅卷者造成浮躁凌乱之感。

二、拟好题

题目是文章的眼睛,是文章传递关键信息的重要部分。由于它位居文章结构之首,所以文章题目的优劣也会直接影响阅卷者对文章的第一印象。论说文拟题的基本要求是在准确的基础上力求醒目、通畅。具体而言,可鲜明、可形象、可简约、可别致、可整齐,不一而足。总之文章的题目要能够激发阅卷者的阅读兴趣,或使之有耳目一新之感。

三、开好头

论说文的开头要讲究"短、快、靓"。"短"即要简洁,最好三两句成段引入本论。开头短,可避免冗长之弊,而且短句成段,在空间上突出其内容的重要性。"快"即入题要快,最好三言两语就点明文章的基本观点或议论的话题。开篇确定中心,这样有利于阅卷者按等计分,也有利于作者展开论述,不会出现主旨不清、中途转换论题等写作大忌。"靓"就是要醒目,给人留下深刻的印象。

四、中间段写好首句和末句

论说文的结构是否严谨,条理是否清楚,论证是否严密,论据是否典型,关键在于中间段的写作。而结构、条理、论证和论据等都是论说文评分的重要细则,因此写作论说文要尽量符合这些标准。一般常见的论述模式是:首句为分论点或承上启下的过渡词句;中间围绕分论点,运用恰当的事实、理论论据,或针对现实生活中的某些现象分析说明;最后结合论述内容写一两句小结的话语。其中首句和末句的写作最重要的是能直接勾勒出文章的脉络,显示出全文的论述思路。

五、选好典型、新颖的论据

典型的论据是指能充分反映事物本质,具有代表性的事例或名言。论据首先要求真实可信,紧密结合主旨。其次要新颖脱俗,体现出深厚的文化底蕴。有些考生记住几个经典人物的论据,如司马迁、居里夫人、爱因斯坦、爱迪生、张海迪等,在行文中变换着角度反复使用,过度"消费",其实这些论据就算典型,也不能引人注目。相反,如果我们选取人无我有、人有我新的论据说理,会使阅卷者在阅读时产生新鲜感,效果会更好。

六、结好尾

文章结尾是全文内容发展的必然结果,是文章结构的重要组成部分。现代著名作家师陀曾说:"写文章不管长短,首先要考虑好结尾。有了结尾,如何开头,中间如何安排,便迎刃而解了。"好的结尾当如凤尾,响亮辉煌,令人警醒,催人奋进。结尾的写作,要收束全文,突出中心论点;要体现全文结构的紧凑、完整,不能草率收兵,更不能画蛇添足;语言要干脆有力,清音留响,富有启发性和鼓舞性。简而言之,结尾既要总结全文,也要具有号召性,还可以抒发理想抱负。

七、语言形象畅达

论说文的语言要准确鲜明,生动形象。除了采用比喻、类比、举例等论证方法外,形象畅达乃至华美的语言也必不可少。修饰论说文的语言,注意运用比喻、排比、对偶和反复等,使文章形成华美流畅之感;注意运用假设句、反问句或整句,这样就会使文章增强不可辩驳之势,从而使阅卷者产生阅读的快感。修饰语言之功,虽不是一朝一夕可成,但我们只要注意平时的积累和练习,自然会有长进。

第十四章 拨云见日——掌握审题与立意

第一节 审题立意概论

按照现行考试大纲的评分标准,论说文的审题立意是非常重要的。如果审题正确,文章的起评分至少有18分(满分共35分),大多数考生的得分在20分上下;如果审题时跑偏,就会被划为四类卷,阅卷老师只会给出10—12分。这就意味着如果文章立意不准确,甚至跑题了,即使文章写得再好,也很难得到较高的分数,基本上在10—12分。所以同学们在下笔写作之前,必须特别注意审题和立意。

何谓审题立意?所谓"审题",就是"审清题意",要力求客观、准确、全面地理解、把握题目的真实意思,特别是试题给出的"写作要求"以及命题者的"命题意图"。所谓"立意",就是在审清题意的基础上,确立自己的文章所要论证的核心观点。论说文的审题立意,就是通过想象与联想,运用辩证思维的方法,对特定的材料进行多角度分析,透过材料的表面现象,领悟其实质,从中找出隐含的道理,最后确立文章的中心思想。

由于审题立意是管理类联考论说文写作的基础,所以在考场上,就算时间再紧张,考生也不能在题目没看完、没读懂的情况下就急着下笔去写,否则写出的文章看似下笔千言,实则离题万里,纯粹是在浪费时间。考试的时候,考生必须强迫自己静下心来,认认真真地最少读三遍题目,而且最好是用笔点着读。经过"眼到、手到、心到"的三遍阅读,就能比较全面、准确地把握试题的意思,接下来所写的文章才不会出现严重的偏题、跑题问题。

此外,读懂题目之后,我们应要求自己拿起笔来,弄清接下来要写的文章是要论证一个什么样的核心观点,用简短、明确的话写下来。写下来之后,再看看它和考试试题的关系如何,有没有跑题;在确保立意没有跑题之后,再问问自己"这个立意好写吗?""它的写作空间有多大?""写作的过程中有没有很多的话题(道理、理论、事例等)在等着我去用它?"大家一定要注意,好的立意不仅是扣题的,而且对自己来说又必须是好写的,面对它有一种比较强烈的写作欲望和冲动。当然,如果你读完题之后不能明确地形成自己的"立意",或者对自己的"立意"不是很满意,我们建议你还是继续静下心来,读题、审题、立意……直到形成自己满意的"立意"为止。

要想做好审题立意,我们需要把握好以下五点。

一、全面性

审题立意的"全面性"指考生最好能将给定材料中的所有重要信息都考虑在内,

披沙拣金,抽象出材料所包含的本质意义。相反,如果在审题的过程中忽略了某些重要信息,那么你的立意很可能是肤浅的、片面的,甚至是错误的。为此,《全国硕士研究生入学统一考试管理类专业学位联考综合能力考试》(以下简称《大纲》)明确规定,"要求考生在准确、全面地理解题意的基础上……",显然,"全面"理解题意是论说文评分的关键。

二、准确性

审题立意的"准确性"是指文章的立意必须是题目材料中本来就有的意思,而不能无中生有、胡乱引申、联想,去歪曲、篡改题干的原意……总之考生一定要明白,只有题干中真正客观具有的意思,才能成为考生文章中的立意。为此,《大纲》明确规定,考生必须"在准确理解题意的基础上"写文章。显然,作为论说文核心的"立意"一旦失去了"准确性",很可能就是跟题目材料无关的,写作过程就容易跑题。

另外,立意的"准确性"除了指立意的"客观性"之外,也指立意的"重要性"。考试给定的材料中的信息量往往比较大,这就要求考生在审题立意时,一定要抽丝剥茧,筛选出题干中最为关键、最为核心的信息加以抽象、立意、构思,提炼出中心论点,进入写作过程。

三、正确性

我们写论说文的目的是宣传真理、明辨是非、分清正误、区别美丑,所以思想观点的正确性是首要的。这就要求考生的立意,也即文章的核心观点必须和社会的主流意识形态、价值观念相吻合,和当今的社会公德相一致,否则就有可能被阅卷者判定为思想不健康、观点错误,这样的文章也很容易引起阅卷者的排斥和反感。另外,立意的"正确性"也指考生的立意必须符合出题者通过给定材料而表现出来的价值取向。如果出题者对某一现象或思想是褒义的,考生最好就要顺着出题者的意思加以肯定;如果是贬义的,考生也最好跟着否定。否则,如果没有把握审题的正确性,文章可能同样会被阅卷老师判定为观点错误。

四、现实性

一般来说,论说文不是为论证而论证的空洞说理,而是要试图解决人们现实生活中某些思想、认识中出现的问题、困惑或偏差。所以在写作时,文章的立意一定要符合党和国家的大政方针,契合时代的要求,体现当下社会的主流价值观。如果我们的文章跟现实、跟时代没有任何关系,那么这样的论说文是没有任何存在的价值和意义的,也是难以激起阅卷老师的阅读兴趣的。

五、可操作性

审题立意之后,考生要在规定的时间内围绕这个立意来组织材料,写成一篇文章。由于时间紧迫,不允许我们从容地调动自己的知识积累。所以在立意的时候,还要考虑自己的理论水平和论据储备能否足以支撑这个立意。如果心中有数,则可以最终确定;如果对与该立意相关的材料内容不是很熟悉,感觉写作过程没有什么话可说,这样的文章肯定难以写好,当然也不可能得到理想的分数。所以,我们在写作中进行审题立意的时候,还要根据自己对立意的把握程度来加以选择或调整,避免因一着不慎而满盘皆输。

第二节 审 题

审题就是阅读原题材料,然后对材料展开分析,全面、准确地揭示出命题人通过题干材料想要传递给考生的写作话题,这是我们写好文章的第一步。这一步要求我们考试时必须集中精力审清题意,避免跑题。我们在审题时应把握"点""面"两个方面。所谓"点"即准确了解命题意图,找准题目中的关键性词语或深层含义,搞清命题人要求我们"写什么",这是审题的关键。所谓"面"即全面了解写作要求,如文体、范围、写作方式、字数及其他特定要求,使我们知道"怎么写"。

审题,是我们写作的第一步,也是写好文章的第一关。如果在这一步中出现方向性的失误,就会导致文章写作全盘皆输。因此,论说文的写作要求我们在应试中必须花一定的时间进行审题。应试写作中常出现的跑题、偏题、狭题、宽题、浅题、虚题等现象,很大程度上就是因为考生缺乏认真、准确、全面的审题而造成的。

一、审题的要求

(一)审清题意

弄明白题目的深层含义,找到命题者的意图,看清楚命题人要求写什么,从什么角度写,这是审题的核心。要想审清题意,考生不能只满足于字面上的意思,而是要挖掘它的内涵。拿材料作文来说,我们要先读懂材料,弄清其含义,还要抓住关键词语,找出材料中的核心信息,然后探究其本质,细心体会材料隐含的意义或寓意,这样就能把握材料的主旨,挖掘其中蕴含的道理,找到命题的角度进行写作。

(二)思考全面

审题时我们要调动我们的想象、联想、辩证思维,尽量找到材料多方面的含义,这样立意时才有选择的余地,这就为我们确立一个最佳的立意打下了坚实的基础。而对于观点分析题,我们在写作时,则要对所提供的观点从不同侧面进行理性分析,做出相关的回应。

(三)角度准确

材料作文给出的材料既然是有多重含义的,可写的角度当然不止一个,论点也会有多个。审题时,考生一定要在全面思考的基础上,努力找到最佳角度来写。所谓最佳角度,就是最能体现材料主旨的角度,能准确揭示事物之间内在联系的角度,又是命题要求中明确限定的角度,以及考生最熟悉的又有话可说的角度。考生只有选取了最佳角度才能确立最佳论点,文章的主旨才能挖掘得更深刻。

（四）指向清楚

考生要深入研究命题材料,排除干扰,要领悟出命题者的价值取向和意图指向,弄清楚命题者想让其从什么角度去写;还要找出命题者的褒贬倾向。倾向明确了,该褒的褒,该贬的贬,这样在行文时才不至于出错。

二、审题的内容

（一）审清命题类型

所谓审清命题的类型,就是要求考生全面了解论说文写作的要求。写作要求是清楚明白地写在试卷上的,我们审题时用笔仔细标示出来,做到没有疏漏即可。具体来说,就是首先分清命题属于哪类题型,是命题作文,还是材料作文;是立论型,还是评论型;以及有无体裁限制等。管理类联考论说文的命题类型,考试大纲已经做了明确规定,着重考查材料作文,属于"一材、一文、多点（多角度、多理解）"的大作文形式。这样我们审题时把握文体的难度就降低了,考生只需分清是自由拟题还是限定话题,抑或案例分析等就行了。

（二）审清命题材料内容

既然是管理类联考,命题的材料内容自然与管理方面比较贴近,但不会是特别专业的,更不会全是这方面的内容,有相当一部分是非管理方面的社会生活内容。不管从哪个角度命题,命题人都会考虑大多数考生的知识视野、社会阅历和思想水平,其内容都是直接或间接地反映时代脉搏的,具有鲜明的思想性和高度的普适性,能让已经具备一定社会阅历、经验和思想水平的考生都有话可说、有事可写、有理可论、有情可抒,充分体现命题注重实用和公平竞争的精神。在审题时,考生要充分调动自己的生活和理论积累,弄清材料所包含的思想内核,从而找到立意的最佳角度。

（三）审清文章体裁

近年来管理类联考的作文命题,已有明确的体裁要求,考生考试时照办即可。应该注意的是,命题虽然是论说文,但还要进一步确定属于论说文的哪一种类型,比如是立论性的还是评论性的,是赞成性的还是驳论性的等。同样是论说文,类型、性质不同,写法也就不一样。考生千万不可随心所欲,否则将导致失分。

（四）审清写作范围

审清写作范围,就是确定命题者限定考生在多大范围内进行发挥。写论说文要弄清楚议论哪类问题、选取什么角度、侧重哪些方面等。考生一定要明确,应试作文不是自由作文,是按要求作文,是"戴着镣铐舞蹈"。审清写作范围,我们才能集中思维去选择立意、确定论点、展开论证并得出结论。

第三节 立 意

审题之后,接着就要进行立意。所谓立意,就是根据题目要求,选择适当的角度,确立材料的中心论点。立意就是将审题思路具体表现出来的过程,它直接决定文章的成败。如果说审题是解决观点准确的问题,那么立意就是解决观点深刻的问题。考生要在审题的基础上,从材料所体现出的最主要、最本质的意思入手,力求准确无误地抓住主旨,从而避免跑题和偏题。

一、立意的要求

(一)入题要窄,覆盖话题

"入题要窄"说的是考生在命题材料中提炼出的论点是明确的、单纯的、唯一的,不能过于抽象或大而无当。"入题要窄"基本的方法是就事论事、一事一议。如果选择的角度太大,必然涉及面广,写作时就容易泛泛而谈、不深不透。如果选取的角度小一点、集中一点,在这个基础上走笔成文,虽然看起来很窄,但主题却相对集中,而且能够以小见大、立意深远,正所谓"一滴水也能折射出太阳的光辉"。"覆盖话题"指的是立意要概括、抽象出命题材料中所包含的本质属性,不能以偏概全,更不能离题万里。

(二)要有主张,揭示寓意

如果考生只给出了论题,还无法让阅卷者在第一时间弄清考生的实际主张,不知道考生到底要肯定什么、否定什么、赞成什么、反对什么。一篇文章如果没有明确的主张,就会显得模棱两可、不知所云,立意也会变得虚浮、空泛,头重脚轻。"揭示寓意"是指在论点中引申、升华材料的寓意,使文章具有灵魂和格调。揭示寓意,我们可以通过探求材料的引申义、比喻义来进行。引申义就是由原义引申出来的意义,这种新意与原意有某种相关性,引申时一定要自然流畅、顺理成章,不可牵强附会、生拉硬扯。比喻义就是以彼物比此物,两者之间有某些相似点。立意时必须找准这些相似点,否则写出来的文章就会离题,就不符合联考作文的要求。

(三)正面立论,立场鲜明

"正面立论"要求考生在立论时,要用肯定的表述方式,尽量避免使用否定词。"立场鲜明"是指考生通过审题,在选取的论点中明确表示肯定或支持什么、否定或反对什么,便于阅卷者在第一时间把握考生的主张。

(四)单一论点,简洁明确

在论说文中一篇文章应该集中地讨论一个主题,所有论据的选择和论证过程的设计,都要围绕这一主题进行。这个主题,最好能用简洁、精练的一句话来概括。如果作者对该论题有多方面的见解,可以在正文中分层论述,但切记这些分论点是为中心论点服务的,始终不能偏离主题。只有这样,才能让立意站稳,把道理说透。

(五)中心突出,观点鲜明

如上所述,一篇数百字的论说文,要求考生自始至终表达一个论点,这看似简单,其实并不容易。论说文写作训练养成的能力,既是一种思考能力,又是一种表达能力。如果所有的材料都围绕、支持和论证中心论点,就自然实现了论点的"集中"。当然,除了主要的论点之外,文章在不同的层次上也可能出现其他论点。但这些论点和主要的论点之间,一定具有逻辑上的上下统属、支撑的关系,而不能是平行的、不相统属的。因此,考生下笔时不能逻辑混乱,让人摸不着头脑。

二、立意应重视的内容

(一)心胸要有宽度

雨果说,人的胸怀是宽广的。在实际的作文中,我们一定要提高认识,审视社会时心胸要有宽度。我们要选择善良,放弃粗鄙;选择诚实,放弃虚伪;选择崇高,放弃低俗。我们正确、美好的选择,不仅会感化他人,也会提升自我,所谓"赠人玫瑰,手有余香"。唯有追求真善美、具有广阔心胸的人,才能写出促人警醒、催人奋进的文章。

(二)眼界要有高度

古人云,意高则文胜。眼界的高远是优秀作文必不可少的前提。眼界有了高度,人的心灵则空明澄澈,超然于名利纷争之外,感到宁静与满足。"芙蓉如面柳如眉",是先天的骄傲;"腹有诗书气自华"的浸润,更能使人出类拔萃、卓尔不群;即便是遇到挫折,"行到水穷处",也要坦然地迎难而上,潇洒地"坐看云起时"。

(三)视角要有亮点

我们都有这样的体验,对同样的事物、同样的素材能从不同的角度(包括正面、反面、侧面、整体、局部等)去联想、分析,从而引出不同的议题,并提炼出"仁者见仁,智者见智"的不同观点。考生需要在诸多的议题、论点中,通过比较鉴别,筛选出最有意义、最新颖的一个。选择一个有亮点的视角,利用由此及彼、由物及人、由外及里的发散性思维,就能"精骛八极,心游万仞,观古今于须臾,抚四海于一瞬",从而在写作时文思泉涌。

(四)思考要有深度

考生如果想写出立意深刻的文章来,写作时就要能"见人所未见,发人所未发"。人们常说"学海无涯苦作舟",强调学习要勤奋;笔者认为"学海无涯巧作舟",学习不光要勤奋,更要讲究方法,这样才能事半功倍。平中见奇,不落窠臼,这就是深度思考带来的独特效果。要想做到这一点,最重要的是你比一般人要思考得深、琢磨得透,从普通的事物中洞见其本质意义。古人说:"凡作文发意,第一番来者,陈言也,扫去不用;第二番来者,语也,停止不可用;第三番来者,精语也,方可用之。"这三番来意,即代表了写作中认识逐渐深化、文章主题渐次深刻的过程。

(五)思想要有集中度

管理类联考作文的材料一般比较宽泛,尤其是近几年盛行的材料作文、话题作文。但在写作时,考生不宜从大的方面泛泛而谈,思想上要求简约、集中为上。简而明才称得上"简约"。就文章立意而言,简明、集中是对主题的要求;相反,如果为了面面俱到而主题分散,往往会顾此失彼,这是论说文立意之大忌。要做到"简约",考生就需要高度的概括力。如果不进行概括,表象就无法升华为本质,认识就无法实现理性的飞跃,立意就不可能达到简明、集中。"集中"就是要求思想内容上集中。行文过程中集中精力,文章写得深刻,会给人以鲜明、突出的印象。

第四节 部分真题审题立意精练

【2021年管理类联考真题】

根据下述材料,写一篇700字左右的论说文,题目自拟。

我国著名实业家穆藕初在《实业与教育之关系》中提到,教育最重要之点是在道德教育(如责任心与公共心之养成,机械心之拔除)和科学教育(如观察力、推论力与判断力之养成)。完全受此两种教育,实业中坚者遂出之。

【2020年管理类联考真题】

根据下述材料,写一篇700字左右的论说文,题目自拟。

据报道,美国航天飞机"挑战者号"采用了斯渥克公司的零配件。该公司的密封圈技术专家博易斯·乔利多次向公司高层提醒:低温会导致橡胶密封圈脆裂而引发重大事故。但是,这一意见一直没有受到重视。1986年1月27日,佛罗里达州卡纳维拉尔发射场的气温降到零度以下,美国宇航员再次打电话给斯渥克公司,询问其对航天飞机的发射还有没有疑虑之处。为此,斯渥克公司召开会议,博易斯·乔利坚持认为不能发射,但公司高层认为他坚持的理由还不够充分,于是同意宇航局发射。1月28日上午,航天飞机离开发射平台,仅过了73秒,悲剧就发生了。

【2019年管理类联考真题】

根据下述材料,写一篇700字左右的论说文,题目自拟。

知识的真理性只有经过检验才能得到证明。论辩是纠正错误的重要途径之一,不同观点的冲突会暴露错误而发现真理。

【2018年管理类联考真题】

根据下述材料,写一篇700字左右的论说文,题目自拟。

有人说,机器人的使命应该是帮助人类做那些人类做不了的事,而不是代替人类。技术变革会夺取一些人低端烦琐的工作岗位,最终也会创造更高端、更人性化的就业机会。例如,历史上铁路的出现抢去了很多挑夫的工作,但同时又增加了千百万的铁路工人。人工智能也是一种技术变革,人工智能也将会促进人类社会的发展,有人则不以为然。

【2017年管理类联考真题】

根据下述材料,写一篇700字左右的论说文,题目自拟。

一家企业遇到了这样一个问题:究竟是把有限的资金用于扩大生产,还是用于研发新产品?有人主张投资扩大生产,因为根据市场调查,原产品还可以畅销三到五年,由此可以获得可靠而丰厚的利润。有人主张投资研发新产品,因为这样做虽然有很大的风险,但风险背后可能有数倍于甚至数十倍于前者的利润。

【2016年管理类联考真题】

根据下述材料,写一篇700字左右的论说文,题目自拟。

亚里士多德说:"城邦的本质在于多样性,而不在于一致性……无论是家庭还是城邦,它们的内部都有着一定的一致性。不然的话,它们是不可能组建起来的。但这种一致性是有一定限度的……同一种声音无法实现和谐,同一个音阶也无法组成旋律。城邦也是如此,它是一个多面体,人们只能通过教育使存在着各种差异的公民统一起来组成一个共同体。"

【2015年管理类联考真题】

根据下述材料,写一篇700字左右的论说文,题目自拟。

孟子曾经引用阳虎的话:"为富,不仁矣;为仁,不富矣。"(《孟子·滕文公上》)这段话表明了古人对当时社会上为富为仁现象的一种态度,以及对两者之间关系的一种思考。

【2014年管理类联考真题】

根据下述材料,写一篇700字左右的论说文,题目自拟。

生物学家发现,雌孔雀往往选择尾巴大而艳丽的雄孔雀作为配偶,因为雄孔雀的尾巴越大越艳丽表明它越有生命活力,后代的健康越能得到保证。但是这种选择也产生了问题,孔雀尾巴越艳丽越容易被天敌发现和猎获,生存反而受到威胁。

【2013年管理类联考真题】

根据下述材料,写一篇700字左右的论说文,题目自拟。

20世纪中叶,美国的波音与麦道两家公司几乎垄断了世界民用飞机的市场,欧洲的飞机制造商深感忧虑。虽然欧洲各国之间竞争也相当激烈,但还是争取了合作的途径,法国、德国、英国和西班牙等决定共同研制大型宽体飞机,于是"空中客车"应运而生。面对新的市场竞争态势,波音公司和麦道公司于1997年一致决定组成新的波音公司,以抗衡来自欧洲的挑战。

【2012年管理类联考真题】

根据下述材料,写一篇700字左右的论说文,题目自拟。

中国现代著名哲学家熊十力先生在《十力语要》(卷一)中说:"吾国学人,总好追逐风气,一时之所尚,则群起而趋其途,如海上逐臭之夫,莫名所以。曾无一刹那,风气或变,而逐臭者复如故。此等逐臭之习有两大病。一、各人无牢固与永久不改之业,遇事无从深入,徒养成浮动性。二、大家共趋于世所矜尚之一途,则其余千途万途,一切废弃,无人过问。此二大病,都是中国学人死症。"

【2011年管理类联考真题】

根据下述材料,写一篇700字左右的论说文,题目自拟。

众所周知,人才是立国、富国、强国之本,如何使人才尽快地脱颖而出,是一个亟待解决的问题。人才的出现有多种途径,其中有"拔尖"、有"冒尖"。拔尖是指被提拔而成为尖子,冒尖是指通过奋斗、取得成就而得到社会的公认。有人认为,我国当今某些领域的管理人才,拔尖的多而冒尖的少。

【2010年管理类联考真题】

根据下述材料,写一篇700字左右的论说文,题目自拟。

一个真正的学者,其崇高使命是追求真理。学者个人的名利乃至生命与之相比都微不足道,但因为其献身于真理就会变得无限伟大。一些著名大学的校训中都含有追求真理的内容。然而,近年学术界的一些状况与追求真理这一使命相去甚远,部分学者的功利化倾向越来越严重,抄袭剽窃、学术造假、自我炒作、沽名钓誉等现象时有所闻。

【2008年MBA联考真题】

根据下述材料,写一篇700字左右的论说文,题目自拟。

"原则"就是规矩,就是准绳。而在日常生活和工作中,常见的表达方式是:"原则上……但是……"请以"原则"与"原则上"为议题写一篇论说文,题目自拟,700字左右。

【2007年MBA联考真题】

根据下述材料,写一篇700字左右的论说文,题目自拟。

电影《南极的司各脱》,描写的是英国探险家司各脱上校到南极探险的故事。司各脱历尽艰辛,终于到达南极,却在归途中不幸冻死了。在影片的开头,有人问司各脱:"你为什么不能放弃探险生涯?"他回答:"留下第一个脚印的魅力。"司各脱为留下第一个脚印付出了生命的代价。

第五节 审题立意实战演练

【例1】 古希腊神话中终身服苦役的西西弗斯,他命中注定要永远推一块巨石上山,当石块靠近山点时又滚落下来,于是重新再推,如此循环不息。

《列子·天瑞》中有孔子同他弟子的一段对话。子贡倦于学,告仲尼曰:"愿有所息。"仲尼曰:"生无所息。"

核心立意:生命不息,奋斗不止。

【例2】巴西足球名将贝利在足坛上初露锋芒时,一个记者问他:"你哪一个球踢得最好?"他回答说:"下一个!"而当他在足坛崭露头角,已成为世界著名球王,并踢进一千多个球后,记者又问道:"你哪一个球踢得最好?"他仍然回答:"下一个!"

核心立意:永不满足,不断进取。

【例3】一个小女孩迷上了小提琴,每晚都在家里拉个不停。家人不堪这种"锯床腿"的干扰,每次都向小女孩求饶。小女孩一气之下跑到一处幽静的树林,独自演奏了一曲。突然,她听到一个老妇人的赞许声:"拉得真不错!"老人继而说:"我的耳朵聋了,什么也听不见,只是感觉你拉得不错!"于是,小女孩每天清晨都来树林里为老人拉琴。每奏完一曲,老人都会连声赞许:"谢谢,拉得真不错!"终于有一天,小女孩的家人发现,小女孩的琴拉得早已不像是在"锯床腿"了,便惊奇地问她是否有名师指点。这时,小女孩才知道,树林中的那位老妇人竟是著名的器乐教授,她的耳朵也从未聋过。

核心立意:要善用鼓励。

【例4】驴子驮盐渡河,它滑了一下,跌进水里,盐溶化了,它站起来时轻了许多。这件事使它很高兴。又有一天,它驮了海绵走到河边,故意一滑,跌进水里,那海绵吸了水,驴子便站不起来了,最终淹死了。

核心立意:一切从实际出发,具体问题具体分析,灵活处事。

【例5】猫头鹰背着行李准备搬家,斑鸠见了它就问:"住得好好的干嘛要搬走呢?"猫头鹰说:"这里的人都嫌弃我叫声太难听,小孩们还因此用弹弓打我。"斑鸠说:"你的声音确实不好听,除非你能改变叫声,否则就算你去了东方,那里的人还是会讨厌你的。"

核心立意:改变自我才是关键。

【例6】丹麦人去钓鱼会随身带一把尺子,钓到鱼,常常用尺子量一量,将不够尺寸的小鱼放回河里。他们说:"让小鱼长大不更好吗?"

两千多年前,孟子曾说过:"数罟不入洿池,鱼鳖不可胜食也。"意思是,不要用细密的渔网在池塘里捕捞小鱼,这样才会有更多的鱼。

核心立意:要有长远的眼光,不要为了眼前的利益而放弃长远利益。

【例7】某日,明朝都察院长官王廷相对新御史们讲了这样一件事:昨天雨后乘轿进城,轿夫穿的是双新鞋。开始,他小心地挑着干净地面落脚,后来一不小心踩在泥水里,于是便不再顾及新鞋。一御史听后说道:"终生不敢忘。"

核心立意:慎始者方能善终。

【例8】孔子说:"君子不器。"对这句话,李泽厚解释为:"人不要使自己成为某种特定的工具和器械。"安德烈·莱维解释为:"君子不把任何人当器具对待。"

核心立意:君子应有修养。

【例9】世间有一篇名帖《怀仁集王羲之圣教序》(以下简称《圣教序》),由于王羲之的真迹很可能已经没有了,所留可靠的摹本也很稀少,所以这本字帖就特别珍贵。

怀仁的书法水平也很高,能将王羲之的字排列得相当和谐,尤其是从单个字来看,每个字都对原字进行了修缮,可以说是字字如玉,几乎没有瑕疵,所以学王羲之字体的人往往从《圣教序》入手,但它的名气远不如《兰亭序》。虽然《兰亭序》作品中有不够完满的用笔和结构,部分单个字也不如《圣教序》中的字体。

核心立意:不完美也是一种美。

【例10】几米有一幅漫画,名叫"公平的游戏"。一条被钓上来的鱼,掉下硕大的泪,这泪大得惊人,下面有句话:是因为痛吗?还是怨恨这是一场不公平的游戏。如果钓鱼的人,嘴里也含着鱼钩来博弈,输的鱼是不会流泪的。

核心立意:世界上没有绝对的公平。

【例11】四位女士聚在一起抱怨自己的生活。

其中一位中年女士说:"我活得很不快乐,因为先生常出差不在家。"

一位妈妈说:"我的孩子不听话,让我很生气!"

一位老太太说:"我的媳妇不孝顺,我真命苦!"

一位职业女性说:"我的上司是个不知好歹的家伙,在我们公司里,我是最有能力的一个,但是他偏偏不赏识我,这真让我想不通。"

核心立意:不要抱怨别人。

【例12】材料一:据调查,目前在"考分"压力下,不少青少年阅读面狭窄单一,无法有效地提高自己的文化修养。

材料二:在一项"您最希望孩子买的书"的调查中,90%的家长都选择了"辅导读物"。

材料三:许多青少年在有限的课余时间里,读得最多的是漫画卡通、言情武侠等"休闲"作品。这类作品位于青少年图书消费量的榜首。

核心立意:为提高青少年的文化修养,要改革"考分至上"的考试制度。

【例13】要把买来的羊装进船、运往屠宰地点的时候,羊群往往不肯上船。这样,每个羊群中就都需要一只"领头羊"。商人赶着这只领头羊,这只领头羊向羊群叫几声,"奋勇地"走到河岸上,蹲身一跳,首先跳入船中。羊群看见领头羊上船了,便纷纷跟上来,争先恐后地跳进船里去。等到这群羊全部上船之后,商人便把这只领头羊牵上岸来,仍旧送回棚里,以供下次之用。

这只领头羊不仅因此而保全了自己的性命,而且也享受着种种特殊的待遇,比如吃最好的草或睡最好的羊圈。

核心立意:领导人不能损人利己。

【例14】一个女孩子莫名其妙地被老板炒了鱿鱼。老板吩咐她下午去财务室结算工资。中午,她坐在公园的长椅上黯然神伤。这时,她看见一个小孩子站在她身边一直不走,便奇怪地问:"你站在这里干什么?""这张长椅背刚刚被刷过油漆,我想看看你站起来背上是什么样子。"小家伙说。女孩子怔了怔,然后,她笑了。下午,她带着灿烂的笑容来到公司,愉快地办理了清结手续。

核心立意:笑对挫折。

【例15】据说朱元璋一次微服外出,路遇彭友信,正好雨过天晴,万里长空出现了一道彩虹。朱元璋兴之所至,便吟了两句:"谁把青红线两条,和风和雨系天腰?"彭友信灵机一动,马上应声吟了两句:"玉皇昨夜銮舆出,万里长空架彩桥。"朱元璋听后,龙颜大悦,吟诗的第二天早晨,彭友信就被封为布政使(省级行政长官)。

核心立意:当心"精神贿赂"。

【例16】程砚秋是著名的京剧艺术家,年轻时,练习台步着了迷。一天,他在前门大街看见几个人抬着轿子,脚步走得十分稳健和谐。于是情不自禁地跟在后面,不知不觉地走了好几里路,心想:如果青衣的台步能走得这样稳,那该多好啊!回家后,他立即在院子里练开了。

核心立意:它山之石,可以攻玉。

【例17】上课了,老师说:"同学们,这节课我们来讨论一个问题,第一和第二的问题。"同学们都看着老师,不明白老师的意图。老师又问:"世界第一高峰是哪座山峰?"同学们大声回答道:"珠穆朗玛峰!"老师接着问:"那世界第二高峰呢?"这下同学们面面相觑,无人应声。

核心立意:勇做第一。

【例18】一天上午,父亲邀我到林中漫步,我高兴地答应了。

父亲在一个弯道处停了下来,在短暂的沉默之后,问我:"除了小鸟的歌唱之外,你还听到了什么声音?"

我仔细地听,几秒钟之后我回答:"我听到了马车的声音。"

父亲说:"对,是一辆空马车。"

我问:"您又没看见,怎么知道是一辆空马车?"

父亲答道:"从声音就能轻易地分辨出是不是空马车。马车越空,噪声就越大。"

核心立意:莫做"空马车"。

【例19】从前,有一位少年,渴望练就一套超群的剑术,便千里迢迢来到一座仙山求教于一位世外高人。这位少年一心想早日成名,跪拜之后便说:"我决心勤学苦练,请问师父需要多久才能学成下山?"师父答道:"十年。"少年嫌太长,就说:"假如我全力以赴,夜以继日需要多长时间?"师父说:"这样大概要三十年。"

核心立意:欲速则不达。

【例20】有个教授做过一项实验:12年前,他要求他的学生进入一个宽敞的大礼堂,并自由找座位坐下。反复几次后,教授发现有的学生总爱坐前排,有的则盲目随意,四处都坐,还有一些人似乎特别钟情后面的座位。教授分别记下了他们的名字。10年后,教授的追踪调查结果显示:爱坐前排的学生中,成功的比例高出其他两类学生很多。

核心立意:勇争第一。

第十五章　追本溯源——掌握论说文三大要素

第一节　论　　点

　　论说文有三大要素,即论点、论据和论证,而论点是一篇论说文中最主要、最核心的因素,是整篇文章的灵魂。论点就是文章中作者的看法和主张。我们都知道:管理类联考作文字数要求在700字左右,考生在有限的篇幅内只能承载一个主要的看法和主张,也就是论说文的中心论点。中心论点通常解决"证明什么"的问题,在论说文中起统帅作用,中心论点决定着文章的价值。

　　和直接命题作文不同,材料作文的中心论点不是给定的,而是来源于题干中的材料,这一写作特性决定了对中心论点的第一要求是确切。所谓确切,就是要以题干中的材料为母体和出发点,要求考生在全面了解材料内容、正确理解题意的基础上,自然合理地从材料中提炼出中心观点。提炼出来的中心观点必须贴近材料内容,切合材料意思,否则就会偏题或离题。而一旦考生差之毫厘,就很可能谬以千里,在论证中即便你再用功,表达得再充分,也不过是南辕北辙,无济于事。

　　论说文的结论部分是回答问题和解决问题的部分,是对主旨的归纳和深化。结论的任务主要是明确全文中心论点,加深阅卷者的认识,增强阅卷者的感受,使之读后有余味。论说文的结论必须根据文章的具体内容决定,不能随意拔高,或先想好一个框架往上套。论说文结论部分的写作,要收束全文,突出中心论点;要体现全文结构的紧凑、完整,考生不能草率收兵,也不能画蛇添足;语言要干脆有力,富有启发性或鼓舞性。

　　结论部分是论说文写作过程中一道重要的"工序"。如果说文章开篇有"先发制人"的功效,那么结论更要有"后发制人"的威力。结论好会使文章显得结构严谨、大放异彩,反之则会使文章结构松弛、黯然失色。对于考场中论说文的结论,考生不管采取哪种方式,都要能"结"得住,能够点明意旨,升华主题,呼应前文,强化形象,切不可草草收兵或画蛇添足。可以说,一篇文章只有首尾照应才称得上是结构完整的文章,这是作文最基本的要求。这里特别要指出和强调的是,不少考生的模考试卷,在文章最后没有做到对中心观点进行提升,这就限制了其作文不可能上升到一个较高的层次,从而影响了考卷的综合得分。

第二节 论　　据

　　论据就是确立论点的理由和依据。一篇论说文确立了中心论点之后,接下来就要围绕这一中心论点选择一定的材料加以证明。写作中的这些材料依据,就是我们常说的论据。考试大纲中明确规定论说文的写作要"论据充分",作为论说文三要素之一的论据,在论说文中不仅不可或缺,而且还必须充分,足以证明中心论点的成立。一篇文章如果没有充分的论据,即使再好的论点也只能沦为空洞的外壳。论据可分为两大类:理论论据和事实论据。理论论据多是引用经典性的著作和权威性的言论,它们都是经过实践检验的真理,同时具有高度的概括性和普遍性,能够有效增加论点的广度和深度,使读者对作者的观点理解得更加深刻。

　　就一般的论说文来说,用得最多的还是事实论据。事实论据指古今中外曾经发生过的实事及各种数据。作为论据的事实材料,其一般是有代表性的确凿的事例、史实、统计数字、概括的事实、亲身经历和感受等。写作的过程中用事实作为证据证明论点,胜过空洞乏味的说教,使读者对观点能够有比较具体的理解和判断,因此事实论据比理论论据更有说服力。正所谓事实胜于雄辩。

　　就论说文写作而言,考生应该把功夫下在平时,在阅读和社会生活体验中积累大量的材料,这样才能在考场上厚积薄发,从容应付各种题材的写作要求,能随机从脑海中调动出相应的材料作为论据。考生在备考的过程中,要留心收集尽可能多的论据,所谓"韩信将兵,多多益善"。在使用论据的时候一定要精辟,恰如"税吏把关,百般挑剔"。在这一多一少之间,就是古人所言的"博收而约取"。

　　论据是论证论点的根据,是作者建立论点的理由,是为论点服务的,因此,论据必须与论点保持一致,即材料与论点要有必然的、本质的联系,能完全支撑文章的论点。论据如果不贴切,或者偏离了论点,不但没说服力,反而会成为文章的累赘,甚至会打乱文章的思路。引用材料的贴切,是对论据的第一要求,只有持之有据,才能言之成理。在文章中,无论是事实论据还是理论论据,都应该能够充分证明文章的论点,如果不能达到这个目的,那么引用的事实论据再典型、理论论据再精辟也是没有价值的。

　　我们在这一节重点阐述论据的运用,即考生经常感到困扰的"写作素材"的问题。择其要者,管理类联考写作对论据的要求主要有三点:真实、新颖、典型。

　　真实就是力量。引用的论据真实可靠,论点就会令人信服;如果论据靠不住,论点也就成了空中楼阁。尽管平时人人皆知"事实胜于雄辩",但在考试时无奈腹中空空,不得已只好在模糊、凌乱的记忆中寻找有限的材料,有些是捕风捉影,张冠李戴,有些甚至胡编乱造故事,虚构杜撰名言警句。就拿事实论据来说,有的考生在模拟考试中,把爱迪生发明电灯的事放在爱因斯坦身上;把淡泊名利的居里夫人拿给孩子玩的奖章说成是金表;说袁隆平发明了杂交小麦;甚至还有的考生说屈原遭楚怀王流放,眼看祖国日益衰弱,绝望中投漓江自尽;唐太宗勤于政事,多次派郑和下西洋。这些明显失真的所谓论据只能成为笑料,并影响最终得分。

古人云:"人唯求旧,物唯求新。"创新是写作永恒的命题,也是制胜的法宝,管理类联考也不例外。新颖的论据不仅能拓宽读者的视野,更能让阅卷者耳目为之一新,精神为之一振。如果所使用的材料都是陈旧的论据,拾人牙慧、老生常谈,游离于日新月异的生活,落伍于飞速发展的信息时代,自然缺乏新鲜感和说服力,甚至难免使人生厌。

在实际写作中,有不少考生把领袖、名人、先进人物、名言警句当作应试的"万能胶",没有从生活中挖掘出更有说服力的东西,更不善于从生活中选择新鲜的素材,写文章时不管论点如何,翻来覆去都是最常用的那几个论据,读后让人味同嚼蜡。比如一谈到勤奋,就引用爱迪生"天才加汗水"之类的格言;一谈到爱国,就引用文天祥"人生自古谁无死,留取丹心照汗青"之类的诗句;一谈到忧患,就引用范仲淹"先天下之忧而忧"之类的名言。至于事实论据,则往往一谈到身残志坚,就写到海伦、张海迪、保尔·柯察金;谈到忍辱负重,就写到司马迁、曹雪芹、越王勾践;一谈到不同流俗,就写陶渊明、李白、苏轼;一谈到不畏艰险,就写玄奘取经、红军长征等。这些古今中外的经典人物和事迹固然不错,但长期被引用,考生再用便了无新意。

要使论据具有新鲜感,一定要在"新"字上下功夫。说起论据,我们在中小学阶段就对格言警句、名人名言、民谚俗语、诗词名句等耳熟能详,如果考生在考试中对其有新的理解和不落俗套的运用,这些当然可以用作论据。在这里我们要重点讲的是事实论据怎样去求新的问题。我们知道一篇论说文中,论据作为论说文的三大要素之一是不可或缺的,但是具体到论说文的写作上来,理论论据可有可无,事实论据则是必不可少的。我们首先要明白的是采用事实论据的事例要求新,但并不意味着越新越好。最近刚刚发生的新闻人物和事件,即便是媒体曝光率很高,大众广泛关注,但往往还没有下定论而成为一个典型案例的时候,是不适合用其充当论据的。至于在我们身边刚刚发生的事,即使真实可靠,但是还不为大众所广泛知晓,那么再新也不宜用其作为论据,因为它不具备典型性。所以我们一般说的事实论据的新颖,必须以真实性和典型性作为前提和基础,而事实的真实性与典型性往往需要时间的积累和沉淀,需要历史的验证。所以事实论据的新颖,基本上与论据的时效性是无关的。我们从论据的典型性角度来看,能充当论据的人和事一般对我们来说都是"旧闻","旧"才能被大家所熟知,才具有一定的典型性与代表性,也才具有充当论据的资格。我们常常说论据的"新"要建立在"旧"的基础上,"新"与"旧"在这里呈现出复杂且微妙的关系,"新"离不开"旧","新"要以"旧"为基础方能显出其"新"。我们这里说论据的新与旧,实际上是指论据典型性与新颖性的矛盾关系。考生在行文中应该处理好两者的关系,具体来说就是写作过程中运用论据时应遵循"熟人生事"的原则和标准。

所谓"熟人",当然不是指现实生活中我们的亲朋好友、同事邻里之类的"熟人",

而是指历史名人、文化名人、公众人物等，考生对这些人一般都比较熟悉，他们常常出现在各种新闻媒体的报道当中，但是考生往往只是被他们见诸媒体的辉煌成就所吸引，或者仅仅只是对他们的事迹有粗浅的了解，至于对他们的一些人生细节却不甚了解。比如世界顶级网球运动员"瑞士天王"费德勒，以举止优雅、球风飘逸而著称，殊不知少年时代的他性情暴躁，经过了多年的磨砺才塑造了属于他自己的人格和球风，成就了他"一代球王"的地位。对于费德勒的成长故事，无论谈其人格、风度、修养还是磨炼等，一般情况下都能将它们作为论据使用，而且是比较新鲜的论据，更是典型性与新颖性的矛盾统一。

创新是论说文的生命和亮点。就论说文来说创新主要体现在论点和论据两个方面。论点新，论据也新那是再好不过的。但是论点新是高要求，考生在考试中往往很难做到，那么我们就应该在论据的使用上尽力求新、出新、创新，来弥补我们立意上的不足，否则从论点到论据，都落入俗套，整篇文章乏善可陈，只能沦为平庸之作。

典型性是指论据要具有代表性和普遍意义，能够充分揭示事物的本质和规律。典型论据往往具有丰富的层次、深厚的内涵和强劲的张力，给人以智慧的启迪和精神的激励。论据典型，在文章中能获得以少胜多的效果；如果不够典型，论点就会显得单薄、空泛，文章也就没有说服力，很难被读者认可和接受。

在我们的生活中，其实并不缺乏这样的典型材料。从宇宙万物到人类社会，从神话传说到现代故事，从个人奋斗到团队管理，从先贤遗训到民间格言……我们身边充满着生动鲜活、丰富多彩的典型案例和启迪人生的哲思睿语。只要我们处处留心、广采博取，不断充实、丰富自己，就会在写作时厚积薄发、妙语连珠。具体到管理类联考写作，大家只有平时注意广泛收集与之相关的典型材料，准确把握其精神实质和思想内涵，才能在写作的时候信手拈来、随意驱遣，给我们的文章论点提供有力的支撑。正所谓"汝果欲学诗，功夫在诗外"。

第三节 论 证

论证是论说文三大要素之一，是指论据和论点之间的联系方式，也即在论证过程中所采用的推理形式，它回答的是"怎样用论据去证明论点"的问题。论证就是用一个或一些真实的命题确定另一命题真实性的思维形式。基本的论证方法包括以下六类。

一、归纳论证

归纳论证是从材料到观点，从个别到一般的论证方法，是从对许多个别事物的分析和研究中归纳出一个共同结论的推理形式。使用归纳论证，一般是先分论后结论，首先开门见山提出论题，然后围绕论题运用材料逐层证明论点，最后归纳出结论。使用这种方法,比较符合人们思维的认识规律。我们在进行论证时,可以先举例,然后再进行分析议论;也可以一边叙述事例一边进行评议,然后说明自己的观点,这就是人们通常说的夹叙夹议法。运用这种方法的好处是材料与观点结合得更紧密,让人读起来深刻具体。需要注意的是,夹叙夹议应以议为主、以叙为辅,叙只是为议论提供事例的。因此如上面所说,引用事例要概括得越简练越好,不必进行详细的描绘。这与记叙文中的夹叙夹议有所不同。在一篇记叙文里,描写是主要的,有时也有议论,但不是由论点、论据和论证组成的完整的议论,而是简要的、画龙点睛式的点拨与分析。

进行归纳论证时,要注意以下几个问题。

第一,首先要保证事实材料的真实性和可靠性。我们所举的事例必须是确有其事,不能夸张或歪曲。叙述时要准确,包括细节也不能失真。运用枚举法时,要注意可能存在反例,在表述上要有分寸感,避免以偏概全或绝对化。一般来说,对于众所周知的事实,我们可以比较放心地列举;对于比较生僻的事实,一定要注意其可靠性。

第二,要避免被事例所驾驭而转移论题。事例往往包含多层面的含义,我们只用选择其中的一个侧面或一个部分,即事例的描述与写作论点相一致的那个切入点,其他方面的内容要有所舍弃。

第三,注意选取新颖的事实材料。新颖的事实材料常常可以给论点带来新意,同时又使文章具有较强的吸引力。考生要善于从现实生活中选取那些富有新意的典型事实材料,善于摘引文献资料中那些别人没有用过或很少使用的例子。对于一些熟知的事例,要善于从不同角度重新审视和分析,反弹琵琶,道别人所未道。这样的论证往往能令人耳目一新。

二、理论论证

运用理论论证的目的是要证明论点具有普遍性和规律性。从逻辑学的角度来看,理论论证的逻辑形式是演绎推理,就是将归纳所得的论点用人类已知的科学原理去衡量。在进行理论论证时,作者既不摆事实也不引经据典,就是说并不借助其他的手段,而直接通过剖析事理来分析问题,揭示论点和论证之间的关系,从而来证明自己的观点是正确的。理论论证在论证过程中关键是要进行严密的推理,找到理论与论题之间的联系,从而揭示出论点的本质及其普遍性和规律性,以此来证明论点是正确的。所以,运用理论论证一定要进行分析,抓住其本质;然后综合概括,让文章的结论集中起来,上升到原则性的高度。

运用理论论证应注意以下问题。

首先,要重视哲学修养。理论论证表现为寻求普遍性、规律性和高度概括性的联系,这就要求考生具有较高的理论素养。就我们在生活中一般性的论题而言,不可少的理论准备就是哲学。一旦有了哲学修养,就可能用最普遍的规律将论题的内部关系做出新的判断,形成自己新的观点并加以表达叙述,这样就可以免去老生常谈的"流行病"了。

其次,要重视论点与论据内在的有机联系。既然我们引用理论作为论据,那么就意味着论点与论据之间存在着内在联系,这种内在联系需要作者自己去理解和阐述。运用理论论证,除了要在恰当之处精准地引述理论论据之外,还需要联系论题对论据进行演绎性的阐述,把论题和论据充分地、有机地、严密地联系在一起。如果缺少了这一环节,就只是单纯的引经据典,削弱了论述的思辨性与逻辑性,就会影响文章的说服力。

再次,要追求阐述的理论清晰度。写作中叙事文体追求的是含蓄、意在言外,议论文中的理论阐述恰恰相反,它要求作者有高度的理论清晰度。这种理论清晰度既表现在概念、判断、举例等的明确性与一致性上,也表现在演绎阐述中思维的清晰与论述的透彻上,文章中论点与论据之间的联系,都是体现作者文章的理论清晰度的关键之处。尤其是运用理论论证写作时,考生更要特别重视直接、明确地阐明论点与论据之间的联系。

最后,运用论据要避免断章取义。在摘引理论著作的某些段落或个别语句时,要注意不可从自己的某种需要出发,不顾原文的整体观点和上下文联系,寻找个别与自己论点相一致的言论,孤立地摘引出来。这种断章取义的操作,往往会偏离或歪曲原著中的观点,甚至走到与原著观点背道而驰的地步。

三、类比论证

类比论证是根据两个对象在某些属性上的相同或相似性,推论两者在其他属性上也有相同或相似之处,其逻辑形式为:A 具有 a、b、c、d 的属性,B 具有 a、b、c 的属性,所以 B 可能具有 d 的属性,属于形式逻辑中的归纳推理。类比论证属于或然性推理,是一种从特殊到特殊、从个别到个别的推理方式,其结论不一定为真,只有一定程度上的可靠性。类比论证富于启发性,它能深入浅出地使读者易于领悟抽象的道理,又使文章简练生动。

类比论证是有一定的哲学依据的,因为世界是多样的又是统一的。我们从思维方式来看,类比论证往往不拘泥于事物表面上的差异,它把不同的事物联系起来考查,试图从异中求同。类比论证包含了辩证法的因素,许多类比的结论虽然不一定是真实可信的,但是往往可以作为进一步研究的假说。但是作为一种论证方式,它是一种或然性推理,其得出的结论不是完全可靠的,所以在表述上多用"可能";另外,即使在一个基本正确的类比结论中,也往往包含着某些谬误。一般来说,类比推理的可靠程度取决于共有属性和推出属性之间的联系。如果共有属性和推出属性之间的联系越密切,那么结论的可靠程度就越高;如果共有属性和推出属性之间的联系程度越低,那么结论的可靠程度就越低;如果共有属性和推出属性之间的联系是无关的,就不能将两种事物进行类比。

运用类比论证需注意以下几点。

首先，要使用同类对象进行类比。世界上具有某些相同属性或相似属性的事物是无穷多的，有的事物根本是风马牛不相及的，用它们进行类比就缺乏说服力。

其次，要避免单独运用类比论证这种论证方式，最好是与其他的论证方式结合使用、交叉使用，使之起到补充和丰富的作用。

最后，要注意结论的可靠程度。除非存在个别很有把握的情况，否则结论一般只是一种可能性。我们在表述上要把握住写作的分寸，不可绝对化。

四、对比论证

对比论证是一种求异的思维方式，对比论证侧重于从事物的相反或相异属性的比较中来揭示论点的本质。对比论证方式在日常生活中的运用范围很广，中与外、古与今、大与小、强与弱、美与丑、积极与消极、进步与落后等，都适合进行比较，有比较才能有鉴别。一旦在比较中分析和阐明了两者的差异和对立性之后，自然而然就能够确立论点了。对比可以是两个对象之间的比较，也可以是同一事物不同发展阶段之间的比较，前者我们称为横向比较，后者我们称为纵向比较。

对比论证要注意以下几个问题。

首先，比较的双方要具备可比性。

其次，要建立合理的参照体系。要进行比较就必须具有合理的参照体系，如果没有参照体系，两者就无法进行比较。所谓参照体系指的是用来衡量和确定双方优劣长短的标准，这样的标准必须具有客观性，否则比较的结论就不可靠，也不一定使人信服。

五、比喻论证

比喻论证是指拿比喻者所含之理做论据去论证被比喻者所含之理的论证方式。在比喻论证中，比喻者往往是一个形象事物，被比喻者则是一个抽象事物。比喻者和被比喻者尽管是两类不同的事物，但是在它们之间存在着一个共同的或一般性原理，因此它们之间具有逻辑推理关系。

运用比喻论证要注意以下几个问题。

首先，用来作为比喻者的事物应当是大家所熟悉的，它是具体的、易懂的，这样才能既通俗又生动地说明另一个事物。

其次，比喻应当贴切、自然，要能恰到好处地说明被比喻者的特点。

最后，因为比喻的双方都缺乏本质上的内在联系，所以任何比喻都是有缺陷的。如果要完整、深刻地论述一个问题，不能仅靠几个比喻，应当把比喻论证法和例证法、分析法等论证方法结合起来使用更好。

六、因果论证

我们知道，在自然界和社会中，各种现象之间是普遍联系的，因果联系是各种现象之间较普遍的表现形式之一。因果联系就是普遍性和必然性的联系,生活中没有一个现象不是由一定的原因引发的;而当事物发生的原因和一切必要条件都存在时,结果必然就产生了。所谓原因指的是产生某一现象并先于某一现象的现象;所谓结果就是指原因发生作用的后果。原因与结果在时间上具有先后关系,但具有时间先后关系的现象并非全都有因果关系;除了时间的先后关系之外,因果关系还必须具备另外一个条件,即结果是由于原因的作用而引起的。在议论文文体中,根据客观事物之间具有的普遍的和必然的因果联系的规律性,通过提示原因来论证结果就是因果论证。运用因果论证时,我们不能停留在一因一果的层次上,而是要善于多角度地分析原因和结果,比如要分析一果多因、一因多果,还要分析同因异果、异因同果及互为因果等。

第十六章　谋篇布局——掌握文章结构与语言

考生在写作中往往要根据主题的需要、体裁的要求，按照事物的内在联系和发展规律，对文章进行组织、安排和构造，使之成为一个严密的完整结构。结构的实质就是为某种思想观点找到一个最恰当的表现形式，为文章的各组成部分以及各部分间确定一个恰当的组合关系。结构好比一个人的形体，如果形体不完美，那么再高尚的灵魂也不能得到充分的体现。

文章结构的一般要求是"结构完整，条理清楚"。所谓结构完整是指文章的各个组成部分应搭配匀称，无残缺、断裂或者虎头蛇尾等问题；所谓条理清晰，是指文章的段落层次排列有序，先说什么，再说什么，后说什么，都要合乎逻辑，合乎事物的一般发展规律，文理自然顺畅。所以结构反映着作者对事物规律性的认识。如果考生落笔之前，在审题、立意、选材等方面做得较好，谋篇布局时也就更容易做到结构完整、条理清楚、自然顺畅。

虽然人们常说文无定法，但文章的结构还是有基本规律可循的，那就是要围绕中心，依据文章体裁，按照事物的内在联系灵活安排；另外还有一个基本的方法，那就是全局在胸，综合分析，先编提纲，然后成文。就管理类联考的论说文来说，它的结构一般包括开头、主体和结尾部分，这也就是我们常说的引论、本论、结论。根据文章的逻辑关系来说，就是提出问题、分析问题和解决问题。管理类联考的论说文对结构总的要求是开头、主体、结尾均要完整；行文严密，无脱节、无破绽、无重复；全文和谐自然、开合自如、比例匀称、笔调一致、顺理成章。

第一节　标　题

标题是首先映入读者眼帘的第一道"风景"。好的标题，能起到纲举目张、画龙点睛的效果，分量之重，自不必说，特别是应试作文，往往有一"题"定分数的说法。但是，考生如果在写作时不顾自身实际，一味追求"标新立异"，甚至把大量时间用来追求标题效应，这种做法是得不偿失的。

标题是文章精华的高度浓缩，也是作者思想的全面综合，更是阅卷老师研判分数的第一条参照物。这些因素都体现了标题的重要性，也为考生"穷尽标题一举制胜"提供了"理论基础"。然而这些都是表面现象，因为一篇文章的优劣全在于作者的综合素养，尤其是理论水平和提笔行文能力，只有这两方面都具备一定的功底才能写出好的标题，这是标题产生的前提与基础。

一篇文章好的标题是吸引阅卷老师、获取高分的一个重要因素。然而很多考生只是一厢情愿地想到自己的标题会在众多雷同的标题海洋中一下就吸引住阅卷老师，然后获得高分，可是没有想到好标题的另一个作用就是会使老师产生多看几眼的冲动，对正文的内容也产生兴趣。所以考生不要认为抓住了标题就万事大吉了。试想阅卷老师如果看到好标题激起了其阅读的欲望，而考生文章的内容却错字连篇、漏洞百出，又会是一种怎样的心情呢？是否会有一种被考生欺骗的感觉？是否会有一种上当的感觉呢？

如果刻意"求新"，考生在拟题时往往容易跑题。命题作文首先需要考生从材料中快速、准确地提炼出内在的实质，然后综合概括材料，拟出文章提纲。所以简洁准确是第一位的，也是考生通过一定的训练能把握的。如果放弃这个根本，一味追求"标题效应"，往往就会走入主观臆断、为标题而"穷思极想"的误区。根据对历年跑题者的调查和研究表明，文章跑题的考生往往并不是大家印象中认为的作文水平不高的考生，也不是自认为作文水平很差的考生，而往往是那些位于高、低水平之间的"中间分子"。这是因为能力强的考生对写作的把握大，而能力一般的考生在写作时并不强求好标题，而是想出一个思路就写。另外，如果平时养成不顾时间一味地追求好标题的习惯，到考试时就会因为时间紧张，想不出好标题而造成"意断笔折"的不良后果。

考生若想通过应试作文关，首要的任务就是多看材料，多考虑行文思路，平时要加强实战练习，文章拟题时要特别注重准确、简单和速度，而不是准备十几个甚至几十个好标题到考场上临时一用，产生"标题效应"就高枕无忧了。

一、论说文标题需要注意的事项

论说文对标题并没有过多的限制，但是我们也不能过于随意。一个好的标题不但可以更好地帮助阅卷老师理解文章主旨，还能够提高考生的第一印象分。

（一）题目通常需要自拟

根据考试大纲的要求，考生应该首先识别考题类型。如果是命题作文，即考题表述为"以……为题"，考生不需要自拟题目。如果是材料作文，即考题表述为："根据下述材料，写一篇700字左右的论说文，题目自拟。"那么，考生则需要自拟题目。管理类联考的论说文除2009年以外，均是自拟题目的材料作文。

（二）漏拟题目扣2分

考试大纲的评分标准明确写道："漏拟题目扣2分。"所以标题是占分的，考生切忌遗漏标题。有人会觉得，这还能忘吗？的确每年都有考生考完后发现漏拟题目，主要原因是考试时间太过紧张。所以请各位考生平常养成好习惯，无论是先拟标题再行文，还是先行文后拟标题都可以，但在平时的训练中务必养成检查标题的习惯。

（三）标题位置居中

论说文标题的位置一般居中会比较好看，拟好题目后，可以根据字数的多少设

第十六章 谋篇布局——掌握文章结构与语言

计标题前后的空格。如果有副标题,也要根据字数多少设计,与主标题保持空间上的平衡。

(四)不要仅用简单的核心词语做标题

有些同学在确定立意后,仅仅拿立意核心词语的两三个字来做标题,这样的信息量对于阅卷老师快速理解文章意图和主旨而言是远远不够的。好的标题当然需要精练,但精练是建立在足以揭示主题、统领全文的基础之上的。因此,考生在拟标题的时候,应尽量避免使用意思不够完整的词语或句式作为标题,而应考虑通过什么样的句式才能涵盖主旨、引领全文。

二、论说文拟标题的常用方法

(一)全文论点做标题

文章的论点是全文的中心。在行文时,为了突出文章的主旨,可以用全文的论点直接作为文章的标题。用论点做标题的好处是直接把论点和标题合二为一,简洁明了地告诉阅卷老师全文的论点。用论点做标题时,直接把它搬到标题位置上即可,不必担心重复。相反,重复等于强调,有助于让阅卷老师清晰地看到文章的论点。如果文章的论点较长,可以适当地缩减字数。

(二)加工论点做标题

我们还可以通过修辞对标题进行美化加工,这样的标题会给人耳目一新的感觉。加工可以有多种方法,例如比喻、拟人、对偶、顶针、设问等。考生对加工分类的名称不必过于拘泥,而应重在拓宽思路、增加文采及阅读的快感,给阅卷老师带来一股"清风"。

(三)万能标题

(1)(　　　　)的力量。

(2)非凡皆自(　　　　)起。

(3)为(　　　　)喝彩。

(4)将(　　　　)进行到底。

(5)谈(　　　　)。

第二节　开头与结尾

一、开头

一篇好的论说文的开头要像"凤头"。这种说法,生动形象地说出了好的开头应具备的两个特点:短小、漂亮。短小便于让阅卷老师了解文章的论点或论题,从而把握全文主旨;漂亮才能吸引读者注意。"起句当如爆竹,骤响易彻。"爆竹之起爆,何等干脆利落！文章的开头不可拖泥带水、拖沓冗长。爆竹是吸引人的,把人的注意力一下子吸引过去,好的文章开头也应当如此。

好的开头要具备以下三个标准。

第一:开宗明义。好的开头要让阅卷老师一开始就知道你要说的问题和持有的态度,也就是了解文章的论点或论题。白居易说:"首句标其目。"李涂在《文章精义》中也说:"文字起句发意最好。"大致意思都是讲文章的开头要开宗明义、一语中的。

第二:注重形式。论说文在重视全文内容的前提下,也应注重表达的形式。只有这样才能让人赏心悦目。尤其是文章的开头要注意表达的技巧,如"设悬念""用典故""引名言""摆问题""亮靶子""反弹法"等。文章形式美是内容美的修饰和保证,二者是相辅相成的关系,考生切不可低估文章开头的表达形式在考试中的作用。有了这种美,你就能先声夺人,给阅卷老师留下深刻的印象。从这个意义上来说,"好的开头是成功的一半"。

第三:简洁明朗。行文的时候,要尽可能用精练、简洁的语言对原材料所包含的思想加以抽象和概括,并干脆利落地引出自己想要议论的话题,进入论证的过程。不要过多地、原封不动地引述题干原材料,使文章一开始就显得拖泥带水。

二、写好文章开头的方法:开门见山法

开门见山法大致包含以下三个部分。

(一)引材料

考生简要引述题干材料,导出文章的立意,可直接引用材料中的关键句子或关键信息。一来表示自己读懂了材料包含的道理,二来证明自己是基于题干材料写出的文章而不是套作。

(二)过渡句

过渡句重在点出材料背后蕴含的哲理。过渡句一般是对材料的总结和过渡,主要意图是引出后文的主旨。如果引述的文字较长,或者实在想不出合适的句子,本句写作时可以省略。

(三)主旨句或文章主题句

主旨句简明指出全文的论点,论点句应该是陈述句或者是单句。主旨句是文章首段甚至整篇文章中最重要的一句,应该直接、明确地表述出自己的价值观以及文章的主题。

三、结尾

古人云:结尾如撞钟。结尾是对全文的收束和总结,干脆利落的同时,最好还能留有深长的余味。从某个角度而言,文章的结尾有时比开头更重要。如果说开头具有"先发制人"的威力,那么结尾就有"余韵悠长"的效果。成功的结尾可以使文章锦

上添花,反之,如果在几段铿锵有力的论证过后,却配上一段平淡无奇的结尾,就有些虎头蛇尾的感觉。况且阅卷老师是在看完结尾后即刻打分,所以文章结尾呈现出的质量会直接影响阅卷老师最终一刻的评分心理,考生更要谨慎为之。

结尾段的主要任务是重申文章的论点并收束全文,所以要尽量避免草草收场,当然也要避免画蛇添足,最好是在充分阐明论题的基础上,对主旨加以强调和升华。文学家李渔曾说:"终篇之际,当以媚语摄魂,使之执卷流连,若难遽别。"结尾如果能获得如此效果,你的文章必属佳作。

论说文结尾有以下两种形式。

(一) 首尾呼应法

文章的结尾与开头遥相呼应,紧扣文章的中心论点,结尾处可适当地提出希望或指明行动方向。这可以使文章结构完整、逻辑严谨,也是大部分考生在考场上普遍使用的一种结尾方式。

(二) 万能结尾法

(1) (   ),也许无法让我们成为伟人,但是,足以让我们收获一份属于普通人的成功。

(2) 每个人都渴望成功,为成功而拼搏,就像朝拜一个遥远的圣地。道路是曲折而漫长的,但我相信,(   ),可以征服世界上任何一座高峰!

(3) "自信人生两百年,会当击水三千里。"有了(   ),我们便可以如鹰击长空,如鱼翔浅底,自信从容地活出自己的精彩!

(4) 青山一道,我们同历风雨。正是(   ),我们心手相连,只愿为天地立心,为生民立命;为往圣继绝学,为万世开太平。

(5) 天下兴亡,匹夫有责。唯有(   ),方为人民期盼,社会福音,国家希望。

(6) 大道至简,大智无声。仰望苍穹,高声呼唤(   ),与日月合光,与天地同德。

第三节 结 构

考生的考试作文虽然是自由创作的,但考试作文有其自身的特殊性,如果考生在考试时仅仅凭着自己的"感觉"进行写作,很可能就会写得乱七八糟。为了确保在规定的时间里写出一篇像模像样的论说文,就应该在平时复习的过程中对论说文的写作结构给予充分的关注并加以训练。因为考试时考生一旦选择了自己熟悉的、有把握的写作结构,其文思很可能马上就会被激活,写起来自然就得心应手,没有必要为谋篇布局而绞尽脑汁,从而大大节省了写作的时间。

我们知道,论说文一般是由"提出问题"(引论)、"分析问题"(本论)、"解决问题"

(结论)三大部分构成。"提出问题"即在论说文开头要旗帜鲜明地提出中心论点;"分析问题"即要围绕中心论点展开分析论证;"解决问题"即在结尾部分得出综合性结论或者提出前瞻性的建议等。在论说文中,分析问题是全文的重点,基本要求是要全面透彻。因此在行文过程中,要按一定的维度分层展开论述。所谓"维度"即文章中论述展开的方向。基本"维度"有四个:是什么,为什么,怎么办,什么结果。根据以往考试作文的实际情况,我们可以把"提出问题""分析问题""解决问题"三大部分进一步地细分为"述—引—联—结"四个部分。一般情况下,考生可以按照这四步来构架自己的文章。首先,要简述材料。论说文不论从何种角度去立论,都不能离开题干的材料,否则很容易会被阅卷老师判为套作。考试中考生要用自己的语言去复述材料,但切忌完全照抄原材料。其次,在简要引述材料后,要立即摆明自己的观点,不要绕来绕去让人不知道你要表达什么。再次,重点分析题干给出的材料并引出全文的中心论点。这部分内容我们强调要联系社会现实和实际情况来进行分析,论证要围绕观点、联系实际、举例论证。最后,在结尾部分考生要回应题干材料,结束全文。

由于考试时间和写作篇幅的限制,本论部分只需要从"是什么、为什么、怎么办、什么结果"这四个维度中选择一个到两个维度展开即可。但无论考生从哪个维度展开写作,其中各个分论点之间都要形成一定的联系。一般来说,论说文独立型话题文章的结构有并列式、递进式、正反式三种。

一、独立型话题文章结构

(一)并列式结构

并列式结构的论说文一般就是围绕文章的中心论点从同一个维度列出几个分论点然后逐一论证。如果考生仅仅是围绕一个维度来写,那么几个分论点之间的关系大多是并列关系,考生在分论点的基础上扩充成文。

并列式结构的论说文示例如下。

追求真理要去功利化

追求真理是学者的崇高使命。然而近年来部分学者功利化倾向愈演愈烈,引发社会思考。于我看来学者追求真理的过程中要去功利化。

去功利化,有利于学者术业专攻,有所成就。在当今知识经济迅速发展的时代,掌握某些知识可以快速获取资源和财富。然而如果学者们都为了追逐财富而舍弃自己擅长的领域,进入快捷获取财富的领域,那么该领域就会火速达到饱和而不再衍生财富,而且学者最初专攻的领域也会荒废。在这种得不偿失的后果之下,学者应该去功利化,一心从事自己所长,这样才会取得像袁隆平、屠呦呦那样的成就。

去功利化,有利于学界井然有序、返璞归真。时下各行各业都需要存在条理化行业规范和稳定的环境,这样才能促进事物稳定发展下去。同样学界是保障社会进步,关联经济、文化、社会方方面面的体系,因此,良好的学界秩序能够为学者们提供纯粹的求知环境。学者们只有在这种环境下,才会更好地将个人知识转化为探索钻研的武器,勇敢地追求真知。

去功利化,有利于知识与社会紧密相连,共同发展。众所周知,文明社会的发展离不开知识的不断更新。然而功利化的存在会使知识的探索偏离方向,停留在表面的肤浅。所以去除功利化可以降低知识探索中偏离轨道的时间成本,使学者不被眼前的诱惑所吸引,潜心钻研知识获得更高成就,从而加速社会发展。当学者得知自己的钻研成果会与时代进步接轨时,必然不断攀登知识高峰。

去除功利化在追求真理的过程中极为重要。社会需要营造无功利化大环境,通过采取措施来激励对于功利化的摒弃,从而达到追求真理的目的。我们要倡导学者去功利化,唯有这样才会使学界术业专攻,勇登高峰。

（二）递进式结构

递进式结构的论说文在阐述文章的中心论点时,各层次段落之间的关系是环环相扣、逐层深入的关系。一般会出现两个或两个以上的维度,即按照"是什么""为什么""怎么办"来展开论述。

"是什么"即提出问题,"为什么"即分析问题,"怎么办"即解决问题。"是什么"即在文章的开头亮明作者的观点,一般包含两个部分的内容:一是明确的论点;二是对论点中的概念做出解释。"为什么"是整篇文章的主体部分,主要针对"是什么"给出相应的理由,而考生给出的理由是否充分会影响阅卷老师对文章论点的认可度。"为什么"属于递进式中最重要的一环,这部分写得好坏会直接影响最后的得分。"怎么办"就是结合"为什么"给出相应的解决措施。

递进式结构的论说文示例如下。

也谈"拔尖"与"冒尖"

有人认为我国当今某些领域的管理人才拔尖的多而冒尖的少,我很赞同这个观点。

"拔尖"和"冒尖"二者似乎相差不大,强调的都是突出、出众的意思。但是如果深入体会二者的区别,不难发现:二者的不同之处不是在于"尖",而在于"尖"是如何产生的？拔尖,靠领导赏识,被动成为尖子；冒尖,靠自身的努力主动成为尖子。

社会的发展更需要"冒尖"管理人才。因为拔尖人才过于依赖"伯乐"的赏识,而千里马常有伯乐不常有,人才往往会面临怀才不遇的窘境。而且被伯乐提拔的尖子,也未必是真正的尖子,也可能是伯乐看走了眼,使得庸者上能者下。而冒尖更加强调内力的作用,给人才设置一个公平竞争的平台,让人才通过竞争冒尖,这样冒出来的尖子,是经得起压力、扛得住风险的真尖子。淘尽黄沙得到的是真金,而且这样出来的尖子,在冒尖的过程中也得到了锻炼,增长了才干,就算原本不是尖子也成了真人才。

培养"冒尖"管理人才不能仅停留在口头上,要落实在行动中。培养"冒尖"管理人才关键需要有创新的思想。海尔以"日事日毕,日清日高"来激励员工,也就是今天的事今天做好,而且今天要比昨天做得好一些。这种做法不仅提高了员工的工作效率,而且创造了一大批不断超越自我的优秀员工及管理者。这是思想创新在培养"冒尖"管理人才的体现。邓小平开创的"改革开放"无疑是社会制度方面的创新和重大突破,他让我们的国家跟上了世界发展的脚步,同时在各行各业培养出许多"冒尖"人才,这是制度创新在培养人才上的卓越典范。

如何培养"冒尖"管理人才,关系着企业的生存,甚至中华民族伟大复兴的实现,我们每一个人都无法逃避。

(三)正反式结构

正反式结构论说文是从论题的正反两个方面入手进行对比论证得出结论。其优点是结构简洁,论证充分,写作时容易上手。最简单的正反式结构论说文是在提出观点后,一段从正面论证观点,另一段从反面论证观点,最后得出结论。还有一种是从正面进行论述或者摆出论据后,紧接着用转折或者假设的方式从反面进行论证。但从考试作文的实际情况来看,正面的例子一般比较好举,反面的例子往往是含糊其词一笔带过,这样的论证就会显得片面、单薄。所以,在管理类联考的备考过程中,应该有意识地准备一些诸如企业破产、贪官下马、工作失败、创业失利的素材案例,以备不时之需。

正反式结构论说文示例如下。

合作寓竞争,合作求共赢

面对极大的市场竞争压力,不论是波音和麦道还是欧洲公司,都纷纷奔向合作之途借此实现共赢发展。显然这正是一则伟大的经营智慧:合作寓竞争,合作求共赢。

常言道:单丝不成线,独木不成林。人无完人,个体的精力、能力、智慧、效率等都极其有限,如果想实现跃升式的发展还需寻求合作。合作可以实现取长补短,形成超强的集体合力。古语有云:人心齐,泰山移。放眼当今世界,经济全球化的浪潮不正是合作的最佳明证吗?企业间、各国间求同存异,精诚合作,借此提升自身实力,谋得共同进步,借助协同效力方能实现 $1+1>2$ 的完美结果。

身在商场竞争不可避免,总会与竞争对手在"红海"不期而遇,但一味地着力于竞争只能沦为恶性竞争,又称为"自杀式竞争""毁灭式竞争",因为结局早晚会两败俱伤。双方会将过多精力与能量放在过度竞争之上,从而严重阻碍自身发展的步伐,挤压发展空间最终滑入狭隘的深渊。正所谓独脚难行,孤掌难鸣。企业只依靠自身力量抵抗竞争难免波及内部经营,极易导致生产运营效率低下,造成过多成本会无端浪费,从而忽略了产品的完善与升级换代,早晚在市场中被消费者遗弃。在这样的情况下企业又怎能长足发展呢?

此情此景合作即为上策,这样不仅可以抵御竞争,更能有效地实现共赢。在国际分工日趋精细化的今天正所谓"术业有专攻",任何企业都不可能拥有三头六臂,更不可能具备 $360°$ 全能优势,因而企业必须学会将优势集中于某一特定行业或特定领域,力求精益求精;同时,企业要积极和相关企业开展合作,优势互补,弥补自身发展的短板,强化自身发展的优势,共同实现行业升级、领域革新,推动企业间彼此竞争力的共同提升,从而创造更多的社会价值、更大的市场份额。

古人云:"能用众力,则无敌于天下矣;能用众智,则无畏于圣人矣。"竞争之路,合作为上,迎接挑战,实现共赢。

二、关系型话题文章结构

关系型话题的文章结构有别于独立型话题的文章结构,因为要表述的内容更加丰富,结构也会变得比较复杂。一旦出现关系型考题,如果考生事先缺乏相关的准备,在考场上恐怕会感到束手无策、心急如焚。只有在平时的训练中充分准备,熟练掌握其结构特点和规律,才能在考场上顺利下笔。

关系型话题文章结构

方　　案	具体结构	写作套路
专为关系型话题设计的写作结构,共分为三种	AB式结构	首先说A好(或作用) 其次说B好(或作用) 最后说A+B最好(完美)
	非A非B式结构	首先说单A不行(危害) 其次说单B不行(危害) 最后说A+B才能行(完美)
	降维式结构	分三点,说清关系

(一) AB式结构

一致性是基础,多样性是根本

亚里士多德的话揭示了多样性与一致性的关系和内涵,即城邦既需要一致性,又追求多样性共存。因此一致性与多样性是相辅相成的,一致性是基础,多样性是根本。

一致性是基础。没有一致性多样性就是一盘散沙。事物的多样性必须建立在一致性的基础上,无论是城邦还是团队,没有一致性作为基础,那么很难形成团体。例如唐僧西天取经,一行四人性格、能力各不相同,团队构成充分多样,但整个团队拥有共同的目标——求取真经。正是这个目标使得团队面对苦难、分化时紧密团结,战胜险阻。

多样性是根本。城邦之所以建立,在于成员的互助、互利、共存、共生。一致性是基础,但不是目的。一致性最终是为了实现多样性。只有不断发展多样性,群体才能朝着更加有利的方向发展。所谓和谐是指不同音符的恰当共存,最终形成和谐的韵律。倘若只有一个音符,那么便没有和谐这个概念。因此真正的和谐并非只有一致,而必须是一致基础上的多样性。

一致性与多样性需要共生共存。要想形成和谐的多面体,就要在一致性的引领下实现多样性发展,在多样性发展中维护一致性方向。正如中华民族拥有56个不同民族,才有丰富的历史文化,共同构成完整的国家。但同时56个民族又要不断地巩固共同的文化基础,维护国家的和谐稳定。因此要实现一致性与多样性的统一必须坚持求同存异、兼容并蓄,做到增进一致而不强求一律,包容多样而不丧失基础。

一致与多样并非天然存在,人们常常要么多于追求一致,要么多于偏重多样。因此,必须通过各种手段引导群体中的个体保护一致性基础,维护多样性特质,通过正确处理两者关系,达到群体的和谐。

一致是船,是个体共存的基础;多样是帆,是群体更好共存的力量源泉。只有协调好一致性与多样性,才能创造群体的和谐。

(二)非A非B式结构

坚守与变通

坚守即一种执着,它是《孙子兵法》"以不变应万变"的冷静,而变通则是《易经》"穷则变,变则通"的智慧。生活中的事物不会总是一成不变的。因此,我们要在坚守中学会变通,让变通来实现坚守。

只有坚守的人生是单调而清苦的,守得云开见月明的日子遥遥无期。飞蛾扑火,九死一生,留给我们的除了可敬,还有什么?蜂死瓶底,气竭力尽,留给我们的除了感喟,还有什么?没有变通的坚守是作茧自缚,自己关闭成功之门。

只有变通的人生是摇摆蹉跎的,碌碌一生是必然结果。项羽纵然是一代霸王,也终为莽夫之名有勇无谋,学文、学剑、学兵法,只知道变通却不知道坚守,终在四面楚歌中结束了自己的生命。留给我们的除了惋惜还有什么?没有坚守的变通,必然是失败的。只有将两者结合起来,才是正确的对待方式。

坚守是变通的前提,变通是坚守的途径。三国中的曹操行刺董卓,他坚守但也懂得变通。一旦刺杀败露,立刻改口献刀。因为他知道——霸业需要生命,保命要紧。他的变通有坚守的强硬,更有人生的睿智。这样的智慧将会使你的坚守锦上添花,使你的人生更加辉煌。勾践亡国,这对一国之君来说无疑是奇耻大辱,他的坚守是复国,他的变通是委身吴国。几年辛苦,让他在草席上酝酿出复国大业,他成功了。他的人生是坚守与变通的最好证明。学会坚守与变通,终会走向成功。

坚守与变通是一种武器,可以使将士在战场上得胜;坚守与变通是一条妙计,可以使商人在商场上战胜危机;坚守与变通是一抹彩虹,可以为学生的学业添上一缕光辉!为了未来,既要学会坚守,又要学会变通。

(三)降维式结构

合作可以提高竞争力

"空客"和"新波音"的诞生过程,向我们展示了一幅跌宕起伏的商战情景。当今的世界,是一个充满竞争的全球化的世界。走出去有竞争,而更多的是竞争自己进来了,可谓"闭门家中坐,竞争天上来"。面对竞争,企业该如何应对?"空客"与"新波音"的案例给了我们深刻的启示:通过合作,可以迅速提高竞争力。

强强合作优势互补,可以迅速提高竞争力。在专业化成为企业特征的今天,通过对各自强势资源的整合,可以在行业内处于领先的地位,强化竞争力。比如擅长研发的企业与擅长市场运作的企业合作,既可以使企业更加关注各自专长的领域,也可以使双方的优势得以互补,进而成为行业中强有力的竞争者。联想并购IBM而进军世界PC市场,我国大型央企并购海外企业,都是成功的典范。

即使处于竞争弱势的企业,也可以通过合作加强自身的实力,进而提高在市场中的竞争力。处于弱势的企业,可能有很多原因,比如对信息的掌握不足,或者对资源的占有不足,或者对市场渠道的建设不足,又或者资金、品牌等实力不足。通过合作可以迅速弥补不足,既可以提高合作整体的竞争力,也可以在合作中不断提高自身的能力。"华硕"起家于代加工,为各大PC厂商生产电脑元器件,而如今它已成为世界性PC品牌。

更有核心企业,以自身优势联合众多企业,而成为行业龙头。美特斯邦威,以自身的设计、品牌与市场渠道优势为核心,联合众多的加工企业,迅速成为服装行业的明星企业。GPRS时代的诺基亚,将诸多生产商团结在自己周围而成为行业巨无霸;蒙牛、中粮贯穿产业的上下游,集优势资源于一身,而成就一时的霸主地位。

合作是迅速提高竞争力的重要手段,让我们重视它,善于利用它,以期在当今的经济环境下,迅速提升自身的竞争力!

第四节 语　　言

语言是思想的直接体现,是知识内容的载体,也是文章的建筑材料。写作过程中,如果没有好的语言,考生有再美好的奇思妙想,再深刻的真情实感,再丰富的思想内容,也无法把它们表达出来。高尔基说:"文学的第一个要素是语言。"所以语言的优劣是应试文章评分高低的重要依据。但丁说过:"语言作为工具,对于我们思想的必要正如骏马之于骑士,既然最好的骏马适合于最好的骑士,那么最好的语言就适合于最好的思想。"考生要想把文章写好,就需要精心为自己的思想训练一匹最好的骏马,只有这样,才能在文章的天地里自由驰骋。

语言问题是写作中的重要问题,一篇文章的风格一大半靠语言来支持。管理类联考中,考试时时间短、文章篇幅小,写作时不太容易写得从容不迫,加上作文考的是材料作文,思路会更加受限,难以释放语言的创造性。因此,考生在写作时要力争做到准确、鲜明、精练、流畅。

语言准确就是恰到好处地使用词语,充分揭示出事物的本质。语言准确不是一天两天就能练出来的,而是需要一个长期的沉淀过程。仅就写作的词汇积累而言,写出好文章需要掌握的词汇要比一般人掌握的更多。特别是同义词方面，在精细的描写中会充分地表现出这个问题。一个人掌握的词汇越多，下笔的时候就会越有感觉，知道在什么情境下使用什么词最恰当。

语言鲜明就是要求考生有很好的描述能力和分析能力，能把一件事情、一个道理生动形象、条理分明地写出来。如果语言流于平淡或模糊晦涩，就会让人看得云里雾里，不知道在说什么。

语言精练就是要言简意赅，有话则长，无话则短，每句话都能说到点子上，以最经济的语言表现文章丰富的内容和深刻的道理。对于管理类联考作文来说，要使语言精练，考卷中的信息量就显得十分重要，如果在短短700字中能够包含考生丰富的意旨，就会获得四两拨千斤的效果。

语言流畅就是作文如行云流水，一气呵成，具有明快酣畅的节奏，让人读起来感觉轻松舒服。这一点，实际也是评卷的加分因素。除了平时的文字功底外，语言的流畅实质上是考生思维的流畅。要能把一个看似普通的道理讲得很流畅，这就需要考生思想的明澈通透，把事情、事理彻底弄明白，才能很透彻、很有逻辑地讲出来，让别人也明白。要想做到这一点，就需要考生在苦练语言基本功的同时，多阅读、多思索，不断有思想上的感悟与提升。

管理类联考的作文对语言表达的基本要求是用词准确、用意明白、结构妥帖、语句简洁、文理贯通、语言平易、合乎规范，能把客观概念表述得清晰、准确、连贯、得体，没有语病，一看就懂。

一、语言表达清晰

语言表达清晰是我们进行交际和思想交流的重要条件之一，是语言表达的一项基本要求。写作中语言表达的清晰与思维的清晰有着非常密切的联系，但思维清晰语言表达也不一定清晰。因为语言表达主要是文章句子内部的问题，它着眼于语句的组合，重点在传递信息的准确和条理清楚，有其自身的表达方法和技巧。

二、语言表达连贯

语言表达连贯当然要以语句的表达清晰为基础，但一个个语句表达清楚了，并不等于语言表达就连贯了。因为语言连贯主要是句与句之间的关系问题，它研究的是句以上单位的组合规律，要求句子之间的衔接要合乎事理逻辑，做到表达紧凑、通顺、流畅、自然。我们知道信息是以线性排列的顺序传达出来的，写作要想做到语言连贯就必须使语言形成一个衔接有序的链条，这就要求考生必须注意信息传达的中心性、线索性、层次性和有过渡等标志的形态性，这样文章才能展现出语言表述的严密层次关系。如果有中心不明确、线索不清晰、语序颠倒、结构混乱、缺少照应、缺乏过渡、关联误用、语义断层等现象，这都会造成作文不连贯的问题。

三、语言表达得体

语言是用来进行交流的,交流的时间、地点、场合、目的、对象、内容不同,使用的语言材料、表现方法、运作方式也就不一样,这种根据不同的交际功能而确定的特定语言体系就是语体。生活中常用的交谈、演讲、辩论等口语语体与公文、科技、政论、文艺等书面语体,各有自身的特点和功能。语体不一样,使用的语言材料、表现方法和运作方式就会不同。所谓语言准确得体,就是采用的语体与要完成的交际功能和特定语境相适应。

第十七章　以终为始——百战归来悟真题

第一节　管理类联考阶段真题

【2021年管理类联考真题】
根据下述材料,写一篇700字左右的论说文,题目自拟。
我国著名实业家穆藕初在《实业与教育之关系》中提到,教育最重要之点是在道德教育(如责任心与公共心之养成,机械心之拔除)和科学教育(如观察力、推论力与判断力之养成)。完全受此两种教育,实业中坚者遂出之。

【参考范文】

道德教育与科学教育并重

科学推动社会的快速发展,而道德保证社会的健康发展。正如穆藕初所说,教育之重点在道德教育和科学教育。只有二者并重,才能保证社会的快速健康的发展。因此,我们既要注重科学教育,也要注重道德教育。

社会发展需要科学教育。科学教育的重点在于培养人们的科学精神,科学精神强调理性思考与批判性思考,我们认识世界和改造世界都需要科学精神。正是科学精神从人类文明开始就推动社会的快速发展。从中国四大发明到西方世界的蒸汽机,从电的发现到航空航天、人工智能的出现,我们用了数千年从茹毛饮血自给自足的农业经济,但是科技却只用了百年时间就重塑了人类社会。可见科学精神着眼于未来,注重开拓创新,推动人类社会的快速发展。

社会发展需要道德教育。社会的发展离不开科学,但是只有科学难以保证社会的健康发展。二战时期的德国纳粹集中营与日本731部队的医学实验,对科学的探索泯灭了人性,所以社会的健康发展也需要通过道德教育来构建人们的人文精神。人文精神要求我们要有人文关怀,人类之间要相互协作、相互依靠,因为个人的力量是有限的,凝聚为一个集体才使得人类这个从身体角度看起来很弱小的种族成长为地球上的万物之灵。人文精神使得我们相互关怀、相互扶持,利用工具改造环境,最终缔造人类的文明。

科学教育与道德教育是相生共存的,辩证统一的。如果一个社会只注重科学精神,那么人类将变得没有感情,如果没有道德的规范约束,人类社会难以快速发展。所以,我们既要推动科学教育,又要推动道德教育。

总之,缺少科学教育的社会将停滞不前,缺少道德教育的社会将野蛮发展。我们要推动社会的健康快速发展,科学教育与道德教育缺一不可。

【2020年管理类联考真题】

根据下述材料,写一篇700字左右的论说文,题目自拟。

据报道,美国航天飞机"挑战者号"采用了斯渥克公司的零配件。该公司的密封圈技术专家博易斯·乔利多次向公司高层提醒:低温会导致橡胶密封圈脆裂而引发重大事故。但是,这一意见一直没有受到重视。1986年1月27日,佛罗里达州卡纳维拉尔发射场的气温降到零度以下,美国宇航员再次打电话给斯渥克公司,询问其对航天飞机的发射还有没有疑虑之处。为此,斯渥克公司召开会议,博易斯·乔利坚持认为不能发射,但公司高层认为他坚持的理由还不够充分,于是同意宇航局发射。1月28日上午,航天飞机离开发射平台,仅过了73秒,悲剧就发生了。

【参考范文】

细节决定成败

"挑战者号"这一庞大的系统工程,竟然因为橡胶密封圈的脆裂而酿成惨剧,着实让人扼腕叹息。但是在叹息之余,也不得不引发我们思考这样一个问题:细节决定成败,我们一定要重视细节。

重视细节是我们一切工作的根本出发点。《道德经》有言:"天下大事必作于细。"也就是说,一切工作的起点都应该立足于对于细节的把握,不然基础不牢,极有可能造成满盘皆输。以中国核潜艇的研发为例,黄旭华及其团队,宵衣旰食,焚膏继晷,用算盘和算尺一遍又一遍地推敲一切细节,算了一遍又一遍,测了一次又一次,最终完成了我国核潜艇研发的宏伟事业。由此可见一切成功都来源于对细节的重视。

重视细节是我们伟大事业的助推器。毛泽东同志曾经说过:"世界上怕就怕'认真'二字,共产党就最讲'认真'。"也就是说认真注重每一个细节才能保证我们不断前进。改革开放四十余年来,我们在推动这项伟大事业的同时,对于每一个具体的细节和目标都极其重视。每一个理论、路线、方针、政策的提出都认真推敲,详细讨论,最终开创了今天的"东方奇迹"与"中国神话"。由此可见一切成功都依赖于对细节的重视。

重视细节是我们宏伟目标的根本落脚点。李克强总理曾经指出,要在全社会大力培育、弘扬"匠人精神",让这种重视细节、精益求精的精神在全社会生根发芽、开花结果。只有全社会都重视细节,都尊重匠心,我们的伟大事业才能说得上真正的成功。正如袁隆平院士一直秉承的价值观一样,我们不但要培育特高产超级稻、盐碱稻、海水稻、沙漠稻,更重要的是通过这些项目培育出重视细节、尊重科学的优秀人才。由此可见一切成功都归结于对细节的重视。

反观"挑战者号"空难,在专家再三警告的基础之上公司高层仍然置若罔闻,最终机毁人亡,酿成惨剧。这就是忽视细节、盲目决策的后果。又何止"挑战者号",现实生活中这样忽视细节的决策俯拾即是,给我们的发展和我们的事业造成了极大的损害。这些都从反面证明了重视细节的重要性。

英国有句歌谣：少了一枚铁钉，掉了一只马掌。掉了一只马掌，失去一匹战马。失去一匹战马，败了一场战役。败了一场战役，毁了一个王朝。这和"挑战者号"有异曲同工之妙，都启示我们一定要防微杜渐，提防千里之堤，毁于蚁穴！

【2019年管理类联考真题】

根据下述材料，写一篇700字左右的论说文，题目自拟。

知识的真理性只有经过检验才能得到证明。论辩是纠正错误的重要途径之一，不同观点的冲突会暴露错误而发现真理。

【参考范文】

论辩出真理

通过论辩观点得以碰撞，思维的桎梏得以突破，人们可以借此去伪存真、接近真理。可见真理越辩越明并非虚言。

论辩能让我们认识到自己的无知与偏见，从而趋近真理。人的认知总有一定的局限性，受这种局限性的制约，难免会存在无知与偏见，而这种无知与偏见会阻碍我们对真理的探索。通过论辩，我们能从他人的认知中获得启发，认识到自己的不足，碰撞出新的观点，从而拓宽看问题的视角。当我们提高了自身认知水平后，我们对各种现象的认识就会上升到一个新的台阶，接近事实与真相。例如光的波粒二象性理论不就是在波动说和微粒说的争辩中产生的吗？假如没有这种思想的碰撞，人们对光的本质的认识可能还处于偏见之中，更谈不上后来量子力学的产生。由此可知我们能通过论辩发现真理，剔除谬误。

论辩能让我们不断地反思、完善真理。真理是相对的、有条件的，如果把真理固化，那么真理就可能变成教条或谬误。而论辩却能改变这一点，让真理得以不断完善。论辩犹如思想的交锋，这种交锋能激发人们进行反思，走出思维的"舒适区"，接受其他观念的挑战。当我们理性对待这些挑战时，势必会审视过去的真理，考虑影响真理的各种因素是否发生了变化，进而做出调整，真理也因此而趋于完善。

既然论辩能让我们趋近真理、完善真理，提升论辩能力是至关重要的，那么如何提升这方面的能力呢？

一方面要敢于表达异见。"异见"能提供新的思考角度，能带来思想的碰撞，擦出"真理"的火花。另一方面不能盲目表达异见，而是要遵循一定的规则。围绕论辩的对象做到有理有据，如此一来论辩的价值才能体现。

俗话说：鼓不敲不响，理不辩不明。探索真理的过程就是论辩的过程，要同无知论辩，同偏见论辩，让论辩见证真理。

【2018年管理类联考真题】

根据下述材料，写一篇700字左右的论说文，题目自拟。

有人说，机器人的使命应该是帮助人类做那些人类做不了的事，而不是代替人类。技术变革会夺取一些人低端烦琐的工作岗位，最终也会创造更高端、更人性化的就业机会。例如，历史上铁路的出现抢去了很多挑夫的工作，但同时又增加了千百万的铁路工人。人工智能也是一种技术变革,人工智能也将会促进人类社会的发展,有人则不以为然。

【参考范文】

合理利用,造福社会

随着备受世界瞩目的"人机大战"以阿尔法围棋获胜告终,人们对人工智能技术的争论也进入了白热化状态,我们既想享受人工智能带来的好处,又担心同步而来的威胁。我认为应该通过共同努力合理开发,让人工智能造福社会。

人工智能可以为人类创造出非常可观的经济效益,BAT等科技巨头纷纷布局人工智能,科大讯飞在语音识别方面取得了不小的突破。人工智能可以做大量人类不想做、不敢做、不能做的工作,而且精准度高、成本低、可持续工作,这就极大地解放了人类,使人工智能提供人工劳动原本无法提供的产品和服务。

有人担忧随之而来的失业浪潮。确实,人工智能将部分替代人类的低端劳动,这不能回避也不应回避。但是替代低端、解放人类,这不正是人工智能的部分意义所在吗?对于这个新挑战,我们不该简单地畏惧或担忧,而是应该从整体、从长远看待其中的利害关系。低端岗位失业可能是短暂的、局部的,但人工智能对人类发展的推动作用是整体的、长期的、巨大的;而且从历史看,局部群体通常无法抗拒社会发展趋势,技术进步的脚步很少因为某个国家或人群的忧虑而放缓。

人们对人工智能更深层次的担心,是担心机器人未来将学会像人类一样思考和适应,最终反客为主甚至取代人类。这样的失控确实是可怕的。但这不仅是应用人工智能可能面临的问题,也是历史上引入任何技术都可能产生的问题。试想大到核能小到刀具,哪个不是有益于人类但又可能伤害人类的呢?难道因为可能的威胁就弃之不用吗?在历史上人类还是凭借着高超的智慧,通过合理开发、有序利用、共同制约,获得了让核能等技术服务人类而非毁灭人类的结果,人工智能也应如此。

所以面对人工智能技术,个人应该顺应趋势,积极学习,适应技术发展;国家应积极推进"中国智造2025",在该技术上继续保持国际竞争力;整个世界应该发挥共同智慧,加强研究磋商,制定发展规划和使用原则,确保良性发展。只要合理开发、正确利用,我们就能借助人工智能技术推动社会进步,并享受随之而来的巨大好处。

【2017年管理类联考真题】

根据下述材料,写一篇700字左右的论说文,题目自拟。

一家企业遇到了这样一个问题:究竟是把有限的资金用于扩大生产呢,还是用于研发新产品?有人主张投资扩大生产,因为根据市场调查,原产品还可以畅销三到五年,由此可以获得可靠而丰厚的利润。有人主张投资研发新产品,因为这样做虽然有很大的风险,但风险背后可能有数倍于甚至数十倍于前者的利润。

【参考范文】

着眼长远,勇敢创新

一边是扩大生产,收获几年可观的回报;一边是投资研发,虽有风险却可能收获远大于前者的利润。面对两难抉择,我认为企业应当着眼长远,勇敢创新。

案例中的企业目前利润可观,有人认为不必冒险,其实这种想法颇为短视。创新并非只有在逆境中产生,顺境中同样也需要创新。企业经营良好时如果主动创新,就更能占据先发优势,赢取未来利润,形成良性循环。反之,利润稳定时如果停滞不前,未来市场稍有变化,企业可能面临经营艰难和被迫创新的双重压力。

着眼长远,赢在长远。企业经营需要着眼长远,不能只安稳于三五年的舒坦。技术领先的机会稍纵即逝,行业前行的脚步不会停歇。面对当下和未来这个选择,企业必须着眼长远,谋划未来,只有这样才有长久的生命力和持续的竞争力。华为从创立之初就高额投入技术研发,没有计较短期业绩,通过几十年努力,技术达到国际领先,回过头来又赢得更多的利润和尊敬。

认清风险,理性冒险。既然着眼长远,创新当属必然。创新的风险是可能失败,可能损耗利润。然而创新之路,面对失败是必修课。创新意味着试错,意味着挑战,但也意味着机会。苹果手机之前世界上没有智能手机,诺基亚安稳于现有产品,倒是挣足了当下利润,没有承担风险,但却被苹果手机"弯道超车"。可见守得住三五年的利润,未必守得住企业的未来。

勇于创新,擅于创新。创新不但需要眼光,更需要勇气。企业创新的风险如同航海途中的风浪。畏惧风浪无法出海,畏惧风险无法创新。当然创新也需要勇气,也需要技巧。企业应增强风险的控制力、极端损失的把控力,提高研发创新的胜算。

实际上企业在实际经营决策时,面临的变量会比案例呈现出的多得多。因此企业应当全面评估风险程度、竞争强度和技术难度,经过审慎充分地判断和评估,最终做出理性周全的决策。

无论对行业规律,还是社会环境而言,当下的中国企业都应当奋发进取、科学决策、控制风险、勇敢创新,这是经营的需要,也是时代的要求。

【2016年管理类联考真题】

根据下述材料,写一篇700字左右的论说文,题目自拟。

亚里士多德说:"城邦的本质在于多样性,而不在于一致性……无论是家庭还是城邦,他们的内部都有着一定的一致性。不然的话,它是不可能组建起来的。但这种一致性是有一定限度的……同一种声音无法实现和谐,同一个音阶也无法组成旋律。城邦也是如此,它是一个多面体,人们只能通过教育使存在着各种差异的公民统一起来组成一个共同体。"

【参考范文】

<h3 style="text-align:center">一致是船,多样是帆</h3>

亚里士多德的话揭示了多样性与一致性的关系和内涵,即城邦既需要一致性为基础,又追求多样性共存。因此一致性与多样性辩证统一,相生共存。

一致性是基础。没有一致性多样性就是一盘散沙。事物的多样性必须建立在一致性的基础上。无论是城邦还是团队,没有一致性作为基础,那么很难形成团体。

例如唐僧西天取经,一行四人性格、能力各不相同,团队构成充分多样,但整个团队拥有共同目标——求取真经。正是这个目标使得团队面对苦难、分化时最终紧密团结,战胜险阻。

多样性是根本。城邦之所以建立,在于成员的互助、互利、共存、共生。一致性是基础但不是目的。一致性最终是为了实现多样性。只有不断发展多样性,群体才能朝着更加有利的方向发展。所谓和谐,是指不同音符的恰当共存,最终形成和谐的韵律。倘若只有一个音符,那么便没有和谐这个概念。因此真正的和谐并非只有一致,而必须是一致基础上的多样体。

一致性与多样性需要相生共存。要想形成和谐的多面体,就要在一致性引领下实现多样性发展,在多样性发展中维护一致性方向。正如中华民族拥有56个不同民族,才有丰富的历史文化,共同构成完整的国家。但同时56个民族又要不断地巩固共同的文化认同基础,维护国家的和谐稳定。因此,要实现一致与多样的统一,必须坚持求同存异、兼容并蓄,做到增进一致而不强求一律,包容多样而不丧失基础。

一致与多样并非天然和谐存在,人们常常要么过于追求一致,要么过于偏重多样。因此必须通过各种手段引导群体中的个体保护一致性基础,维护多样性特质,通过正确处理两者关系,达到群体的和谐。

一致是船,是个体共存的坚实基础;多样是帆,是群体更好共存的力量源泉。只有协调好一致与多样,才能创造群体的和谐。

【2015年管理类联考真题】

根据下述材料,写一篇700字左右的论说文,题目自拟。

孟子曾经引用阳虎的话:"为富,不仁矣;为仁,不富矣。"(《孟子·滕文公上》)。这段话表明了古人对当时社会上为富为仁现象的一种态度,以及对两者之间关系的一种思考。

【参考范文】

富仁兼取,既仁可富

关于"为富""为仁",我国历来持有两种观点,一种是认为富和仁两者矛盾,只能取其一;另一种是认为富和仁相互促进,可以兼得。在当今社会我认同后者的观点——为富与为仁可以兼取。

"为富不仁"和"为仁不富"是在当时生产关系和时代条件下做出的判断。时过境迁,在当今时代的体制、技术、环境条件下,我们不能再囿于对立的思想藩篱,既要传承仁义之风,又要鼓励合理创富。所以当下时代需要富仁兼取的正确观念。

富仁兼取,辩证统一。富和仁辩证统一并非当代独有的观点。古代墨子即主张"贵义""尚利"的统一。究其根本,富是做事的目的之一,仁是做事的重要手段,两者不是非此即彼,而是手段与目的的关系。只要合理处之则可以兼得。中华老字号同仁堂,恪守"炮制虽繁必不敢省人工,品味虽贵必不敢减物力"的传统古训,以"货真价实"享誉海内外,就是仁和富兼得的范例。

先仁后富,以仁为先。荀子主张"先义而后利者荣,先利而后义者辱"。孔子说"见利思义""义然后取"。只有先义才能有正当之利、长久之利。孔子云:"不义而富且贵,于我如浮云。"由此可见,无"仁"则无"富",不义则不可利。东方如此,西方亦如此。《圣经》中犹大因为金币出卖耶稣。犹大富在仁先,追求不仁之富,故遭受世人唾弃。

既仁可富,取利有道。我们要追求重仁尚礼,但是也要通过奋斗实现富裕生活。不能让割裂"富""仁"的观念使中国人"勤劳而不富有"。在为仁的前提下,我们应该弘扬既仁可富,取利有道。袁隆平为农业做出杰出贡献,虽富而无人嫉妒;莫言为中国拿到诺贝尔文学奖,虽贵而无人嘲讽;华为作为民营企业做到世界最大通信设备制造商,虽强而无人不满。由此可见只要以光明正大的方式,通过努力取得成功,就会受人尊敬,就应成为楷模。

由此可见,新时代呼唤正确的富仁观念,呼唤富仁兼取的时代风气与义利观。

【2014年管理类联考真题】

根据下述材料,写一篇700字左右的论说文,题目自拟。

生物学家发现,雌孔雀往往选择尾巴大而艳丽的雄孔雀作为配偶,因为雄孔雀的尾巴越大越艳丽表明它越有生命活力,后代的健康越能得到保证。但是这种选择也产生了问题,孔雀尾巴越艳丽越容易被天敌发现和猎获,生存反而受到威胁。

【参考范文】

发挥优势,不畏艰险

生物学家对孔雀的研究,让我发现在自然界的进化中,你充分发挥自身优势的同时,又会对自己的生存安全产生影响。不仅孔雀如此,猎豹也是这样。猎豹是自然界中奔跑速度最快的生物,但它的持续奔跑时间只有十几秒。它在捕猎中一旦连续几次失败,就可能力竭而死。但这个族群还是选择了速度,坚持这种进化方向,因此猎豹也成为自然界中最优秀的猎手之一。

在我们的生活中,自身优势和这种优势形成的不利是常见的一对矛盾,令人们难以权衡。但作为已经走入了社会、投身职场的我们唯一的选择只能是坚持发挥自身优势。这样的坚持也许使我们遇到强大的阻力,甚至被环境扼杀。但还是要相信时间,相信奋斗会给我们丰厚的回报。著名的篮球巨星科比·布兰特曾是美国NBA联盟中出名的刺头,他桀骜不驯,与其他球员难以相处。但他毫不顾忌,每天早上四点都会出现在洛杉矶的街道上进行跑步训练。在他眼中只有一个目标——超越乔丹。当时全美国的媒体和众多的球迷都对他口诛笔伐,球队也陷入困境。但在全世界都在对他无情批评的时候,他一天天把自己刻苦训练成一名篮球赛场的冷血杀手,终于将球队带回联盟第一的位置。

上面的例子告诉我们什么呢?任何你眼中的真理,都有可能招来阻止你前进的负能量。但只有你坚持并且不畏艰险,你才能取得最后的成功。我们都有过这样的经历吧?在我的职业生涯中确实遇到过这种经历,受到别人嘲笑和讽刺的时候,我曾经也动摇、沮丧过。但我自己并没有因恐惧而放弃自己艳丽的尾巴，还是坚持到今天，也取得了事业的进步。

当我们还在为选择优秀而感到恐惧的时候，我们应该直面挑战，坚持发挥自身的优势，勇敢奋斗，不畏惧艰险，才能取得辉煌的成就！

【2013年管理类联考真题】

根据下述材料，写一篇700字左右的论说文，题目自拟。

20世纪中叶，美国的波音与麦道两家公司几乎垄断了世界民用飞机的市场，欧洲的飞机制造商深感忧虑。虽然欧洲各国之间竞争也相当激烈，但还是争取了合作的途径，法国、德国、英国和西班牙等决定共同研制大型宽体飞机，于是"空中客车"便应运而生。面对新的市场竞争态势，波音公司和麦道公司于1997年一致决定组成新的波音公司，以抗衡来自欧洲的挑战。

【参考范文】

主动应对变化

有句名言"世界唯一不变的就是变化"。现代企业所处的商业时代和产业环境都处于迅速变化中，只有先观势而变，再顺势而动，最终才能乘势而上。因此企业应该积极主动应对变化。

主动应变为什么如此重要？因为变化是无法躲避的，任何企业和个人都无法独善其身。先动者占据先发优势，后动者只能勉强跟随，稍有不慎还可能惨遭淘汰。只有主动应变才能使赶超者弯道超车，使领先者立于不败之地。材料中无论是欧洲厂商主动抱团取暖，还是波音公司放下老大的"骄傲"与麦道合作，都是主动应对竞争变化，争取竞争优势的高明之举。

反之如果忽视变化，或者怀有侥幸心理，无论是产业巨头还是市场翘楚都可能江河日下快速消亡。诺基亚曾是手机领域的巨无霸，柯达曾是胶卷相机时代的巨擘，由于忽视了产业的变化，导致这些曾经风光无限的巨头最终失去昔日市场，经营濒临破产。

也许有人会说，变化日新月异、层出不穷令企业无所适从；也许有人会说公司取得成功就是依靠现在的模式。但是这些都不是忽视变化的理由。腾讯QQ是国内最大的即时通信软件。但是腾讯仍然对技术和趋势保持敏感并主动创新，2011年推出微信，继续引领整个行业。腾讯没有因为成功而忽视产业创新方向的萌芽，没有因为坐拥庞大用户而妄想与产业升级对抗。虽然微信短暂影响了QQ，但是整个腾讯乘势而上，取得了比以往更大的成就。由此可见主动应对变化是企业的唯一选择。

环境和产业变化涉及各行各业，主动应变不仅是科技企业的"信条"，也已经成为所有企业共同认同的通行准则。每个个人和每个企业都需要考虑应变，学会应变，主动应变。

在众多企业口号中，"因您而变"令人印象深刻。我想，那是因为只有主动改变才能应对未来无数种可能的变化吧。

【2012年管理类联考真题】

根据下述材料,写一篇700字左右的论说文,题目自拟。

中国现代著名哲学家熊十力先生在《十力语要》(卷一)中说:"吾国学人,总好追逐风气,一时之所尚,则群起而趋其途,如海上逐臭之夫,莫名所以。曾无一刹那,风气或变,而逐臭者复如故。此等逐臭之习有两大病。一、个人无牢固与永久不改之业,遇事无从深入,徒养成浮动性。二、大家共趋于世所矜尚之一途,则其余千途万途,一切废弃,无人过问。此二大病,都是中国学人死症。"

【参考范文】

品味专注

哲学家熊十力在《十力语要》中说"吾国学人有逐臭之习",而"逐臭之习是中国学人死症"。正是逐臭之习,导致学者失去专注,变得浮躁,进而无所成就。这番话告诉我们:为学做人需要专注。

专注能使人集中精力与才华、智慧与热情。"世事洞明皆学问,浅尝辄止无所成"。如果说积累相当于分子,领域相当于分母,那么成就是两者的商。越专注则积累越多,越专注则领域越小,则最终成就越大。童话大王郑渊洁将毕生精力投入童话创作与儿童教育当中,成为令人敬仰的作家和教育家;毕生可谓时间长,童话文学可谓领域专。当然郑渊洁成功有诸多因素,但不可否认专注是他取得成功的核心原因之一。

反之失去专注,将有限的精力投入到无限的事情当中注定只能失败。任何事业都有其门道、要害,也需要积累和持续改进。如果没有专注,就无法取得突破,也就无法企及突出的成就。

既然如此,为什么有人能长久专注,有人却无法抵御诱惑?专注最重要的是要有坚定的志向和信念。有了坚定不移的志向才能避免"无从深入",才能避免"共趋一途",才能坚持不懈,抵御寂寞的煎熬和他人成功的诱惑,坚持自己的领域和事业。玄奘赴西域取经,其间历经磨难和诱惑,为何还能专注于遥远的目标?因为他有弘扬佛法、普度众生的宏愿。志向是斧正意念的守则,克服困难的利器,抵御怀疑的法宝。所以要想专注,可以从立志、守志做起。有了专注的志才有专注的行动。

专注岂止是做大事所必需的?我们每个普通人,哪怕只是要做好本职工作,哪怕只是履行承诺责任,都必须践行专注的品质。专注贯穿在为人处世的方方面面。

要想成为一个有成就的人,最宝贵的财富就是我们的专注精神。为了社会的进步,为了更美好的明天,需要我们去专注地做一件事。

【2011年管理类联考真题】

根据下述材料,写一篇700字左右的论说文,题目自拟。

众所周知,人才是立国、富国、强国之本,如何使人才尽快地脱颖而出,是一个亟待解决的问题。人才的出现有多种途径,其中有"拔尖"、有"冒尖"。拔尖是指被提拔而成为尖子,冒尖是指通过奋斗,取得成就而得到社会的公认。有人认为,我国当今某些领域的管理人才,拔尖的多而冒尖的少。

【参考范文】

人才当冒尖

  人才是富国、强国之本,为了更好地服务社会,人才不能坐等选拔,而应该主动冒尖,发挥其自身价值,做出贡献。

  什么是冒尖?冒尖是通过自身奋斗主动脱颖而出,主动实现自身价值。国家建设和发展需要人才,个人生命光阴会有尽时。要想在有限的生命中发挥最大的价值,就不能坐等机会被动地等待拔尖。只有营造勇于、善于冒尖的自强氛围,才能缓解当下选拔人才的难题。那么怎样才能敢于冒尖、善于冒尖呢?

  冒尖要有奋发有为、敢于当先的锐气。冒尖不是件容易的事,必须具有雄心壮志。如果意识里想都没想过,就不可能有敢于当先的行为。当然光有雄心不够,要想出类拔萃做出不凡业绩,只能通过锐意进取艰苦奋斗。成功只属于那些勤奋、刻苦、敢闯、敢干的有志者,碌碌无为、明哲保身、安于现状、浑浑噩噩的人,是不可能成为拔尖人才的。

  冒尖要有克服心理障碍、排除干扰的勇气。冒尖不能墨守成规、亦步亦趋,而要不囿流俗、大胆求异。我国传统文化向来主张"中庸"之道,相对地排斥冒险,所以对冒尖也就多少有些回避甚至非议。古人有"木秀于林,风必摧之"和"枪打出头鸟"之说。反映到现实生活中,就是对冒尖者有些人会说三道四,冷嘲热讽。因此要想冒尖,还要从心理上战胜自己,有一股想干事、干成事、不怕事的勇气,集中精力排除干扰,把自己想做的事做好。

  冒尖要有胜不骄、败不馁的志气。在通向成功的奋斗过程中,总会遇到这样那样的困难。凡能胜利抵达彼岸者,无不是能够经得起考验的人。遇到挫折时不能失去信心,更不能轻言放弃;而在顺利的时候更要保持清醒的头脑。我们应当认识到冒尖是一个相对的概念,一方面冒尖不等于其他方面也冒尖;一时冒尖也不代表永远都能冒尖。只有谦虚谨慎、不骄不躁,才能不断进步。如果满足、懈怠、停滞了,落后就是迟早的、必然的。

  既然有才华,就应该主动贡献社会;既然是人才,就应该主动冒尖。

【2010年管理类联考真题】

  根据下述材料,写一篇700字左右的论说文,题目自拟。

  一个真正的学者,其崇高使命是追求真理。学者个人的名利乃至生命与之相比都微不足道,但因为其献身于真理就会变得无限伟大。一些著名大学的校训中都含有追求真理的内容。然而,近年学术界的一些状况与追求真理这一使命相去甚远,部分学者的功利化倾向越来越严重,抄袭剽窃、学术造假、自我炒作、沽名钓誉等现象时有所闻。

【参考范文】

抛却功利，踏实做事

树根在地下是黑暗寂寞的，但正是它在黑暗寂寞中吸收养料，才让大树枝繁叶茂。同样学者格物致知的道路是枯燥的，枯燥中难免产生功利之心，但只有抛却功利踏实做学问，才能在事业上有所建树，向社会贡献知识成果。

古往今来，但凡有成就的人正是因为守住寂寞，抛却功利，实实在在付出才收获了真正的事业成功。钱钟书先生潜心编写《管锥编》，在"文化大革命"期间依旧恬静淡泊，耐住浮躁与诱惑，学贯中西，游走古今。以他的名气想要乘势而为、争名逐利不是没有机会，但是他选择抛却功利，务实求理，最终才获得如此伟大的学术成就。

与此相反，总有许多浮躁的学者"身在曹营心在汉"，受到利益、名声的刺激与驱使，胡乱造假、东拼西凑、急功近利，不仅没有真正的有益成果，而且早晚会陷自身于囹圄，更有甚者败坏整个领域或国家的荣誉。

有人说守住寂寞太难了，功利之举也是迫不得已，这是借口和狡辩。真正的学术大师和成功人士能拒绝浮躁，源自他们对自己所投身事业本身的挚爱。他们付出的原动力不是出名，所以不需炒作；他们付出的动力不是暴利，所以不会造假。只有真心热爱自己事业的人，才会拒绝功利，甘心寂寞，脚踏实地。当然他们也有目的，他们的目的是真正推动所从事的行业的发展。中国无动力帆船环球航海第一人翟墨心怀梦想，独自一人耐住旅程中的寂寞与艰辛，完成自驾帆船环球航海一周壮举。奋斗的历程是充满寂寞与艰苦的，唯有守住底线，才能迎来收获的硕果。

各行各业莫不如此。塞林格坚守寂寞写出《麦田里的守望者》，令人敬佩；莫言坚守寂寞成为中国首位诺贝尔文学奖获得者，令人景仰；罗阳坚守寂寞托起航空母舰载机歼-15，令人动容；各行各业普通劳动者，亦莫不如此……

面对喧嚣浮华的社会，我们应该拒绝浮躁，拒绝功利，像"深深扎进地层的树根"一样，抛却功利，脚踏实地做学问、做事情。

第二节 MBA联考阶段真题

【2009年MBA联考真题】

以"由三鹿奶粉事件所想到的"为题，写一篇700字左右的论说文。

【参考范文】

由三鹿奶粉事件所想到的

三鹿等企业在生产婴幼儿奶粉时人为添加对人体有害的"三聚氰胺"，使嗷嗷待哺的无辜婴儿失去生命，毁掉了本该幸福的家庭。"三鹿事件"酿造了让人失声落泪的悲剧，引人深思。无论是经商还是做人，都应奉行诚信之本。

细观中外凡是优秀的企业都将诚实经营、信守承诺作为企业发展之道。民族企业同仁堂把行医卖药作为济世养生、效力社会的高尚事业来做，使同仁堂品牌历经三百年而不衰;海尔集团坚持做到货真价实、童叟无欺,在国内外均享有很高的声誉;通用电气公司坚持依靠员工的诚信作为公司的第一道防线,成为美国最受赞赏的公司。这些企业的成功就在于坚持诚实守信的经营理念,使企业品牌赢得了广泛赞誉。

然而,三鹿奶粉事件所暴露出的严重问题就是,某些企业在经营中丧失了诚信之本,它们的行为既违背了诚实经营的准则,也没有信守保证食品安全的经营承诺,其后果直接导致了百姓受害、企业破产。这种重效益、轻诚信的企业行为不仅需要食品行业反思,也应敲响各行各业的警钟。

古人云:"诚者,天下之道。"这句话说得非常有道理,每一个享有盛誉的优秀企业,都有着诚信为本的经营理念,商家只有坚持以诚为本、信守诺言,才能创造出优秀的企业品牌。

那么,三鹿奶粉是一开始就无视诚信、罔顾道德的吗?答案显然不是。那么它最终为什么会走上舍本逐末的歧路呢?诚信不是难在知晓,而是难坚持下来。企业为了打开市场都能做到货真价实、质优价廉。但是往往当企业成为优秀品牌驰名商标后,往往容易忽视了底线和原则,淡漠了企业经营的诚信之本,最终落得前功尽弃、毁于一旦的下场。

因此,经商立业应该以恪守诚信为本,以坚持诚信为贵。诚信是见利思义的准则,诚信是自律自强的意识,诚信是效力社会的承诺。只有以"三鹿奶粉"事件为戒,企业才能坚守以诚信为本的经营之道!

【2008 年 MBA 联考真题】

"原则"就是规矩,就是准绳。而在日常生活和工作中,常见的表达方式是"原则上……但是……"请以"原则"与"原则上"为议题写一篇论说文,题目自拟,700 字左右。

【参考范文】

牢守"原则",拒绝"原则上"

孔子所言"七十则随心所欲不逾矩"乃是阅尽千般世事才达到的境界,一个人已经达到"随心所欲"但是还要"不逾矩",可见做人要牢守原则。

但是在日常生活中原则已经有所异化,变成了"原则上",这是放松了原则,更有甚者变为根据需要或利益选择性地使用原则。这就失去了原则作为规矩和准绳,进行约束和规范的本来作用。所以"原则上"无疑已经破坏了原则。古语有云"心似平原放马,易放难收",原则但凡稍有突破便如决堤之水,日积月累造成大患。瘦肉精、地沟油等食品隐忧,无不是忽视了原则,突破了原则,最终践踏了原则。毒奶粉、地沟油破坏成千上万家庭的健康,造成亲人心中永远的伤痛。

是什么造成了对规则的破坏?——我们的文化中轻规则,重结果。这导致了铤而走险者破坏原则,不择手段。"成王败寇"的观念让我们经常为胜利者欢呼,鲜少为守规者点赞。当竞争达到某个程度,无法仅通过正常渠道取胜时,如果没有对规则的尊重,只有对结果的推崇,就会导致参与者失去原则不择手段。当然除却文化因素,法制环境亟待完善也是原因之一。同样是华人社会,新加坡、中国香港、中国台湾等地破坏道德、原则的情况就较少发生,部分原因也是法制更加完善健全、监督和惩戒更为严厉、违反原则付出的代价更大。

要减少流于形式的"原则上",我们就必须破除唯成功论,弘扬诚信之风,加强社会运行的监督与法制。唐骏的学历事件致使其事业受阻风光不再,我们在为这位经理人惋惜的同时也欣喜地看到,国人不再以成败论英雄,而是注重是否坚守诚信这个做人的基本原则。因此我们的社会需要进一步弘扬规则意识,加强法制监督,让"原则上"无所遁形。

当然,遵守原则并非墨守成规,并非不顾情理,并非不顾变通,变通可以,但是对以谋取私利、危害他人为目的的"原则上"是坚决不能有丝毫通融的。文有定法,律有常规,牢守原则,坦荡做事。

【2007年MBA联考真题】

论说文:根据下述材料,写一篇700字左右的论说文,题目自拟。

电影《南极的司各脱》,描写的是英国探险家司各脱上校到南极探险的故事。司各脱历尽艰辛,终于到达南极,却在归途中不幸冻死了。在影片的开头,有人问司各脱:"你为什么不能放弃探险生涯?"他回答:"留下第一个脚印的魅力。"司各脱为留下第一个脚印付出了生命的代价。

【参考范文】

坚定追求人生意义

司各脱是英国著名探险家,为了实现开拓者、探索者的人生意义,他不畏危险,探索南极,却不幸死于归途。但是他用宝贵的生命启示我们,人要努力追求人生意义。

努力追求人生意义,是关于如何度过生命的价值取向,是追求自我实现的坚定声音,是不要虚度生命的人生宣言。岳飞以精忠之心报效国家,诸葛亮以鞠躬尽瘁匡扶汉室,司马迁以坚忍著述弘扬史学。他们都是通过自身的不懈努力,不畏困难,甚至是不畏威胁,勇敢追求人生意义和价值的典范。

反之如果没有追求人生意义的理想,即使手握实现价值的机遇,也会纵身声色犬马,追悔莫及。臧克家在《有的人》一诗中写道:"有的人活着,他已经死了;有的人死了,他还活着。"就是告诉我们如果漠视人生的意义,那么就可能枉过此生。

有人说过好自己的生活不好吗,为什么非要追求人生的意义? 确实意义并非与生俱来的,也不是谁强加于你的。就像司各脱选择探索南极是他自己的选择,不但没有人强迫他,甚至有人提醒他危险。但是人生匆匆数十年,对于有志者来说,人生不仅是生活,也是对世界有所贡献的唯一机会。只有抓紧人生,立志追寻和实现某种人生意义,才能做成或大或小的事业,留下生命的痕迹,贡献自己独特的价值。

毕淑敏说过:"人生本来没有意义,但是每个人都要为它赋予意义。"对于有志者来说,对于不愿糊涂度过人生者来说,努力追求人生意义就是人生内在的组成部分之一。

当然,追求人生意义并非必然伴随着死亡,只是极端时为意义而献身的人们更加令人敬仰。同时,"我是个普通人"不是忽视人生意义,只求安稳度日的借口。任何人只要立足岗位拿出做事的决心,都能实现或大或小的成就,实现或多或少的人生意义。

【2006年MBA联考真题】

论说文:根据下述材料,写一篇700字左右的论说文,题目自拟。

两个和尚住在东、西两座相邻的山上的寺庙里,两山之间有一条清澈的小溪。这两个和尚每天都在同一时间下山去溪边挑够一天用的水,久而久之,他们就成为好朋友了。

光阴如梭,日复一日不知不觉已经过了三年。有一天,东山的和尚没有下山挑水,西山的和尚没有在意:"他大概睡过头了。"哪知第二天,东山的和尚还是没有下山挑水;第三天、第四天也是如此,西山的和尚担心起来:"我的朋友一定是生病了,我应该去拜访他,看是否有什么事情能够帮上忙。"于是他爬上了东山去探望他的老朋友。到达东山的寺庙,看到他的老朋友正在庙前打拳,一点也不像几天没喝水的样子,他好奇地问:"难道你已经修炼到可以不用喝水就能生存的境界了吗?"东山和尚笑笑,带着他走到寺庙后院,指着一口井说:"这三年来,我每天做完功课都会抽空挖这口井。如今终于挖出水来了,我就不必再下山挑水啦。"西山和尚不以为然:"挖井花费的力气远远甚于担水,你又何必多此一举呢?"

【参考范文】

智者远虑

在中国的历史故事中充满了太多西山和尚的不以为然。蜩与学鸠嘲笑过鲲鹏,智叟嘲笑过愚公,少年李白嘲笑过磨针老太……但无一例外地,后者最终成为我们学习的榜样。这些告诉我们:只顾眼前,必将失败;着眼长远,终能成功。

人不是朝生夕逝的虫豸。漫漫人生路,如淡然一弈,沉迷于暂时的得失,极易一着不慎,满盘皆输。西山和尚有水吃便不愿意打井,这样的"今朝有水今朝吃"不就等同于现实生活中的"今朝有酒今朝醉"吗?如果没有准备和积累,如果他日干旱,或体力不支,或要事缠身,西山和尚吃水会不会受到影响?所以,只有着眼于长远,才能安稳无虞。

为什么会出现这种"短视"的现象呢?因为短视者只看得到当下,看不到今后。西山和尚即使听了东山和尚的忠告,还是不以为然道:"挖井更费力气,多此一举。"可见他不是不懂而是不认可。他没有看到今后的形势、需要和变化,仅仅以当下的安稳和平衡为满足。这样的安稳就是沙中之塔、海中之楼。一旦环境出现了变化,就会令其措手不及。

远虑不易,能达者稀。如何能做到着眼长远?首先是要树立目标,东山和尚正是有了"不必再下山挑水"的目标,才有了日日持续挖井的行动。其次是要拓宽视野,只有眼光不仅局限于当下、眼前、身边,才能做到为长远谋、为后世谋。最后是要有耐心和毅力。着眼长远必然难以同时获得即期回报。西山和尚做出"多此一举"的结论是因为他只是比较了当下有付出、没收获,但是倘若他看到未来可以不再挑水的长远好处,那么他就不会再这么算一时的投入和回报的"小账"了。

远虑对于事业实在是太重要,无论是企业经营还是金融投资,无论是做人还是做事,要"风物长宜放眼量",着眼长远,无论你做什么,都可以让自己更接近成功。

【2005 年 MBA 联考真题】

根据下述材料,写一篇 700 字左右的论说文,题目自拟。

二战时期,英国首相丘吉尔曾做出一个令他五内俱焚的决定。当时盟军已经破译了德军的绝密通信密码,并由此得知下一个空袭目标是英国的一个城市考文垂。但是,一旦通知这个城市做出任何非正常的疏散和防备,都将引起德军警惕,使破译密码之事暴露,从而丧失进一步了解德军重大秘密的机会。所以丘吉尔反复权衡,最终下令不对这个城市做任何非正常的提醒。结果考文垂在这次空袭中一半被焚毁,上千人丧生。然而,通过这个密码,盟军了解到了德军在几次重大战役中的兵力部署情况,制定了正确的应对策略,取得了重大的军事胜利。

【参考范文】

放弃考文垂的艰难决定

面对通知考文垂还是保护破译密码的秘密,丘吉尔选择了后者,我认为他的选择理智且正确。如果我是决策者,我也会做出与丘吉尔一样的决策:放弃考文垂,保护破译密码的秘密。

首先,任何决策行为必须为最终目标服务。二战中最终目标是要最大化破坏密码价值,最好地为军事胜利服务。绝密通信密码的破译是极其困难的,因此必须保护所破译的密码并尽力使其发挥最大效能。但是要牺牲的是平民百姓的生命,这个保护就不再简单的仅仅是某个艰巨的目标,而是决策者将面临的两难选择。面对两难选择时首先是明确最终目标并坚定以实现目标、实现最大价值为原则,而不能感情用事。

其次,决策面临两难选择时必须质疑是否有取舍之外的有效办法。面对两难不能草率决定,而要分析是"真两难"还是"假两难"。许多时候,两难问题也许能通过统筹安排或其他办法解决。不过材料中已经说明了当时的情境"任何非正常疏散或防备都将引起德军警觉,使破译密码之事暴露"。这个"任何"就杜绝了采取其他隐蔽或变通手段通知考文垂疏散的可能。因此在这个两难选择中丘吉尔必须要做出取舍。

最后,如果决策时面对两难只能两利相权取其重,两害相较取其轻。面对保护考文垂和保护密码这个重大的两难决定,必须权衡利弊轻重。考文垂市居民性命宝贵,战场将士作为赢取胜利的关键,生命同样万分珍贵。面对这个两难抉择,权衡标准只能是"两利相权取其重,两害相衡取其轻"。保护破译的密码可以歼灭敌人的有生力量,减少盟军将士伤亡,尽早停止战争对无辜生命的摧残。所以决策者只能舍小为大,放弃通知考文垂,隐藏破译密码的机密,将其用于最重要的战役,给予德军致命一击。

决定是艰难的,生命是平等的,但是如果作为战争中的统帅,其只能当机立断,正确决策,才能真正不枉牺牲。

【2004年MBA联考真题】

论说文:根据下述材料,写一篇700字左右的论文说,题目自拟。

一位旅行者在途中看到一群人在干活,他问其中一位在做什么,这个人不高兴地回答:"你没有看到我在敲打石头吗?若不是为了养家糊口,我才不会在这里做这些无聊的事。"旅行者又问另外一位,他严肃地回答:"我正在做工头分配给我的工作,在今天收工前我可以砌完这面墙。"旅行者问第三位,他喜悦地回答:"我正在盖一座大厦。"他为旅行者描绘大厦的形状、位置和结构,最后说:"再过不久,这里就会出现一座宏伟的大厦,我们这个城市的居民就可以在这里面聚会、购物和娱乐了。"

【参考范文】

认识决定态度

材料中三位工人对待事情有不同的认知,有人看到了无奈,有人看到了职责,更有人看到了意义。认识的不同导致了不同的态度。材料给我的启示是认识决定态度。

认识决定态度,我们每个人对待不同事情会有不同态度。态度是外在表现,内因是对事物的不同认识在起作用。认识是我们看待世界的方式。积极的认识让我们看到善与美;消极的认识让我们看到假与恶。如果我们能全面而深入地看待工作或从事的事业,我们就会像第三个工人那样,不仅可以看到"养家糊口",还可以看到工作带给他人、带给社会的意义和价值。

反之,如果我们认识事物片面或肤浅,就会像第一个工人那样,只看到"养家"和"无聊",那么我们对待工作的态度无论如何都无法积极起来。

有人说"每个人都有选择自己如何看待问题的权利吧"。不错,这是每个人的自由。但是积极的认识能够建立乐观的态度,帮助我们拥有幸福、成功的人生。美国总统罗斯福的家中被盗,面对朋友他说:"值得庆幸的是,做贼的是他,不是我。"爱迪生面对实验失败时说:"这不是失败,这只是告诉了我又一种材料不行而已。"罗斯福的认识重点不在物品的得失而是品格的得失。爱迪生的认识重点不在成败,而在向着目标前进。正是有这种不平常的认识,才有了他们超越常人的态度,才使得罗斯福带领美国人民在艰难的二战岁月,乐观顽强地战斗;才使得爱迪生不畏上千次失败,最终发明了电灯。

同样的道理,不仅是对工作、事业如此,还有对待感情、自然、命运等也是如此。只有抛弃"理所当然"的认识,看到感情的珍贵、自然的恩赐、命运的垂青,我们才能不抱怨和不消极,乐观地面对世界。千里之行,始于我们对待事物的认知和态度。

【2002年MBA联考真题】

阅读下面一段材料,按要求作文。

在一次激烈的招聘考试中,有些志在必得的应聘者未能通过,有些未抱希望的应聘者却取得了好成绩。前者说,压力大影响了发挥;后者说,没有压力发挥了高水平。看来,压力确实能破坏人的情绪。但是,人们又常说,没有压力就没有动力,这说明压力又不可缺少。

究竟应当如何认识和对待压力呢?请以"压力"为话题,写一篇文章,可以发表议论,可以记叙经历,也可以抒发情感。所写内容必须在"压力"的范围内。文体自选,题目自拟,不少于700字。

【参考范文】

压力下浴火重生的WPS

如文中材料所说,压力确实会破坏人的情绪。但是,人们又常说没有压力就没有动力。到底应该如何认识压力、应对压力呢?看看中国国产办公软件WPS的历史,就能更清晰地得出结论。

1988年5月,一个普通的程序员求伯君在深圳苦干半年,天天吃方便面,用一台386电脑编写出了中文写作软件WPS 1.0版,开创了中国人自己开发的中文文字处理时代。这一创造迅速引起国人的热情,到1994年WPS用户超过千万占领了中文文字处理市场的90%。就在这一年,国际软件大鳄微软Windows系统"登陆"中国,它的Word文字系统给WPS带来了巨大的压力。为了缓和竞争,拥有WPS产权的金山软件公司与微软达成协议,通过设置双方可以分别在文字处理软件上互相读取。这样似乎可以缓解WPS的压力,保住WPS的用户数额。但实际情况是大量的WPS用户跑到Word那边去了,"减压"不成反而变成了泰山压顶的处境。

困境之下WPS终于明白躲避压力是不行的,必须迎难而上把压力化为动力。1999年经过艰苦的奋斗,金山软件公司成功开发WPS 2000,它集成了文字办公、电子表格、多媒体演示制作和图像处理等功能,成为与微软的Office办公系统一较高下的强大对手。两年后更加成熟的WPS Office改进版成为我国各级政府机关的标准办公平台。金山软件公司没有停步,重写了几十万行代码,又研发出更加完善的WPS Office 2005。如今WPS已经拥有Windows、Android两种平台的版本,支持微软Office、PDF等23种文档格式,是当今名副其实的中文办公软件之王。

回顾WPS的起伏历程,金山软件公司曾经回避压力,把WPS逼到了几乎消失的绝境,一度只剩下四个程序员在坚持。后来它终于明白:自古华山一条路,再险也要上。幸好它醒了过来,并且付出了极大的毅力,让中国人避免了仰赖比尔·盖茨的Office办公的尴尬。人们常说,"是金子总会发光的",但若是没有压力,再纯的金子也没有光彩。中国人还有一句话:"真金不怕火炼。"这才是更振奋的人生精神,也是企业文化的核心。

【2001年MBA联考真题】

根据所给材料写一篇600字左右的议论文，题目自拟。

1831年瑞典化学家萨弗斯特朗发现了元素"钒"。对这一重大发现，后来他在给他朋友化学家维勒的信中这样写道："在宇宙的极光角，住着一位漂亮可爱的女神。一天，有人敲响了她的门，女神懒得动，再等第二次敲门，谁知这位来宾敲过后就走了。她急忙起身打开窗户张望：'是哪个冒失鬼？啊，一定是维勒！'如果维勒再敲一下，不是会见到女神了吗？过了几天又有人来敲门，一次敲不开，继续敲。女神开了门，是萨弗斯特朗。他们相晤了，钒便应运而生。"

【参考范文】

成功贵在坚持

维勒由于没有坚持继续敲门，丧失了发现的机会；萨弗斯特朗则因坚持不懈，取得了最后的成功。读了这个小故事，我在为维勒惋惜的同时，更为萨弗斯特朗感到高兴。发现新的元素对于一个化学家而言，是一个很大的功绩，也是努力工作的回报。但我更从中体会到一种做人、做事的哲理，这就是：成功贵在坚持！

成功贵在坚持，成功是美好的。每个人都在追求，但成功也不是那么轻易就能获得的，它需要一个人付出艰辛的劳动，一次又一次的尝试和探索。

在追求的道路上，有的人浅尝辄止，遇到困难、挫折或失败就掉头离去，虽然有些人是因为方法不当，但更多的人是因为缺少这样一种精神——成功贵在坚持。也有人不这样，他们碰到挫折没有怀疑自己，更没有就此放弃，而是潜心分析失败的原因，然后重整旗鼓，再来一次！正是在这种锲而不舍的精神动力的支持下，他们最终得到了成功之神的垂青。

这样的例子可以举出很多，大到一场战争，一项重大成果；小到生活中一些具体的平凡小事。在一次次锲而不舍、不言放弃的试验中，诺贝尔发明了炸药，给人类征服自然带来了锐利的武器；爱迪生发明了白炽灯，为人们带来了光明。也正是在一次次坚持到底的奋斗中，我们的工作、学习才取得了令人欣喜的成绩。成功贵在坚持，要求我们不是只会喊这样的口号，而是要求我们将之牢记心中，体现到行动中去，这是最重要的！

不要再只是幻想成功，或因为没有这种坚持到底的信心而徘徊于成功的门外。冰心老人说："成功的花儿，人们只惊于她现时的明艳，殊不知，她当初的芽儿，浸透了血和泪花。"是啊，成功不会轻易获得，她就像美艳的花，需要辛勤的培育，这个过程是一个不断追求、坚持到底的过程——成功贵在坚持！

【2000年MBA联考真题】

根据所给材料写一篇500字左右的议论文，题目自拟。

解放初期，有一次毛泽东和周谷城谈话。毛泽东说："失败是成功之母。"周谷城回答说："成功也是失败之母。"毛泽东思索了一下，说："你讲得好。"

【参考范文】

论"成功是失败之母"

作为拥有上下五千年悠久历史的文明古国，中国经历了岁月的洗礼和年代的更替，从中也提炼出了大量的名言古训。"失败是成功之母"便是为大家公认的耳熟能详的真理。但此言似乎尚不全面，正如解放初期，毛泽东与周谷城先生谈话时周先生提出了"成功是失败之母"的概念，毛泽东深为赞许。此言是对"失败是成功之母"的极好补充，令人击节叫好，可谓"醍醐灌顶"。

的确"失败是成功之母"，失败者可以从失败中吸取教训，审视自己还有哪些不足并加以克服，以更高昂的斗志再次拼搏，从而摘取成功的花环。同时此话也是对失败者最好的心灵慰藉，使其面对失败永不言弃。但是成功后就可以高枕无忧了吗？答案显然是否定的，古往今来的事例不胜枚举，择其几点足以说明成功后惨败的状况：李自成革命成功后管理疲弱，居功自傲，不能有效巩固战果，革命的功臣又骄横放纵，最后导致惨败收场；美裔华人电脑巨子王安在事业成功后盲目乐观，由于错误决策而把江山拱手让出；巨人集团在信息业获胜后大兴土木盲目扩张而黯然收场。

分析这些企业和人失败的原因，不难发现共性都是成功后输给自己，最终导致胜果尽失，印证了"成功是失败之母"。能够成功当然源于能力及努力，但成功只代表一个阶段的结束，并不能代表永远成功。很多成功者在面临着鲜花、掌声、财富、名望、称赞的包围时极易忘乎所以，沾沾自喜，头脑发热而做出错误决策。

成功确实令人喜悦，但短暂的喜悦和庆功后应保持清醒的头脑和平和的心态，全面、冷静、仔细地分析成功的原因以及还有哪些应注意克服的缺点。毕竟当今是一个竞争极为激烈的时代，充满了机遇和挑战，每个人都可能成功和失败。如果不能妥善处理成功后的心态、工作方法、奋斗精神，那么失败的萌芽便已在不知不觉中萌生，更有甚者成功后可能伴随着程度更大的失败，所谓"创业难，守业更难"便是这个道理。

当然，正如"失败是成功之母"，并不代表失败后一定能成功，"成功是失败之母"也不代表成功后必然失败，关键看成功后如何看待自己的成功，"居安思危"是不可忽视的人生准则。

让我们在人生的道路上秉持"成功是失败之母"和"失败是成功之母"的两条秘诀，完好地去处理失败与成功的关系吧！

【1999年MBA联考真题】

根据所给材料写一篇500字左右的议论文，题目自拟。

一位画家在拜访德国著名画家门采尔时诉苦说："为什么我画一张画只要一天的时间，而卖掉一张画却要等上整整一年？"门采尔严肃认真地回答说："倒过来试试吧，如果你用一年的时间去画它，那么只需要一天的时间就能够把它卖掉。"

【参考范文】

厚积才能薄发

"不积跬步,无以至千里",门采尔作一幅画需要一年的时间,却可以在一天时间内卖掉,而普通画家用一年的时间才能卖掉一天作的画。这则故事蕴藏着厚积才能薄发的道理。

所谓"厚积",是指在真正去完成一件事情前尽可能做更加充足的准备,大量地、充分地积蓄;所谓"薄发"是指只有在经历了厚积的过程后才能源源不断地释放出潜力。如果没有厚积,人们显然难以达到使得事物状态发生改变的必要条件,薄发也就更无从谈起。

厚积薄发需要敢于吃苦的毅力。徐霞客是一位敢于求索的行者,他历尽千难万险游遍祖国的大江南北,最终厚积而薄发著成地理巨著《徐霞客游记》。居里夫人是一位探求真知的勇士,她在矿场简陋的棚子下不懈研究,最终厚积而薄发发现镭和钋两种放射性元素,一生两度获诺贝尔奖。梅花香自苦寒来,厚积的过程不是一朝一夕所能完成,没有长期艰苦的过程,没有坚韧不拔的毅力就难以坚持到最后。

厚积薄发需要耐得住寂寞的勇气。普通画家急于求成一天就将一幅画画好,究其原因是他总想着如何把画尽快卖出去而没有静下心来潜心研究,其结果却是适得其反。非宁静无以致远,厚积薄发就是要像门采尔那样长期甘坐冷板凳,只问耕耘不问收获。只有达到心无旁骛的状态,不为外界的诱惑所干扰,厚积才会真正开始。

厚积薄发需要选择恰当的时机。厚积只是完成了对成功必备要素的积累,并不意味着一定就能薄发,能否薄发还要看时机是否恰当。如果时机选择的不恰当,那么积累了再多的努力也会因为贸然的行动而成为付诸东流的无用功。反之如果选择恰当的时机,就能发挥厚积的最大效用。

泰山不辞抔土,故能成其高;河海不择细流,故能就其深。只有厚积薄发,才能让今天的努力成就明日的辉煌!

【1998年MBA联考真题】

根据所给材料写一篇500字左右的议论文,题目自拟。

当前,儿童高消费已经越来越严重,许多家长甚至让孩子吃名牌、穿名牌、用名牌、玩名牌,而自己却心甘情愿地过着节俭的日子。

【参考范文】

勿将关爱变"溺爱"

过去大部分家长认为应该让孩子从小养成艰苦朴素的习惯,随着物质生活水平的提高,不少家长的看法却发生了变化,认为只要家庭经济条件允许就要给孩子最好的。也正是在这样观念的熏陶下,在金字塔尖的独生子女都成了家里的"小皇帝""小公主",形成"衣来伸手,饭来张口"的习惯。家长关爱子女无可厚非,但是关爱也要讲究适度,莫将关爱变成溺爱。

爱应有正确的方向和丰富的内涵,物质上的满足并不等于精神上的富足。"由俭入奢易,由奢入俭难",家长们宁可自己节衣缩食,也要让自己的孩子用名牌。事实上这种看似无私的付出,往往教导出来的不是具备爱心和感恩之心的孩子,反而可能导致孩子自私自利、爱慕虚荣。在这样环境下长大的孩子,怎能有足够的力量来支撑未来的发展呢?所以家长对孩子的关爱更应当侧重于精神上的引导教育和培养,让孩子适应社会环境,更要懂得与他人分享和关爱他人。

溺爱与关爱有着根本的区别,前者爱的盲目,后者爱的开阔;前者爱的单一,后者爱的深刻。中国的家庭不需要"小皇帝""小公主",中国家长那种物质上单一的爱也该适可而止了。与其让孩子锦衣玉食、唯名牌是从,不如在点滴的生活中让他们学会感恩和独立。通过一些典型的实例和活动,让孩子明白他们比贫困失学的儿童要幸福很多,平时多培养孩子的爱心和责任意识,鼓励他们学会奉献和分享,这样岂不是一举多得吗?

【1997 年 MBA 联考真题】

根据所给材料写一篇 500 字左右的议论文,题目自拟。

时下,商店、企业取洋名似乎成了一种时尚,许多店铺、厂家竞相挂起了洋招牌,什么爱格尔、欧兰特、哈勃尔、爱丽芬、奥兰多等触目皆是。翻开新编印的黄页电话号码簿,各种冠了洋名的企业也明显增多。甚至国货产品广告,也以取洋名为荣。

【参考范文】

扬名不能仅靠洋名

最近几年,大小商家都争先恐后地挂起了洋招牌。洋品牌一时间风光无限,而其受追捧很大一部分原因就是国货假冒伪劣产品太多。国货质量欠佳,相关部门监管不严整治不力,使得消费者对本品牌的信心大打折扣,印象恶劣,久而久之消费者甚至认为洋产品一定优于本土产品。

其实商家为了迎合消费者的"崇洋"心理,将商店、企业搞好,给产品取洋名无可厚非,然而所谓洋名也只是虚有其表,并不能展现商店的质量和企业真正的实力。要想经营好一家商店或是企业,仅仅靠取个洋名走个包装流程是远远不够的。取洋名的背后其实折射出一个问题:有很大一部分的商家和企业的管理者不懂得管理学,不会按市场经济规律办事,妄图仅靠换个招牌、沾个洋风就能把商店、企业搞好。这样做可谓是挂羊头卖狗肉,到最后只会让消费者寒心。

放眼市场,历数各大成功企业,没有一个是靠取洋名发展起来的。想从根本上将商店、企业搞好,核心是要提高商店、企业管理者的素质。所谓"崇洋"心理无外乎是认为洋货质量优于国货,这恰恰表明消费者需要的是保质保量提供完善的优质产品。

"打铁还需自身硬",如今的市场竞争愈演愈烈,要站稳阵脚只能靠自身的实力,企业应该将目光放远,在质量保障上加大投入。只有这样,企业才能提高品牌的价值,逐步赢得消费者的信赖。

第三节 十月MBA联考真题

【2013年10月MBA联考真题】

根据下述资料,写一篇700字左右的论说文,题目自拟。

改革开放以来,中国经济发展的速度举世瞩目,据国际货币基金组织的统计,在188个国家与地区中,1980年,我国按美元计算的GDP位列第11位,只是美国的7.26%,日本的18.63%,从2010年起位列世界第2位,成为世界第二大经济体,到2012年我国的GDP是美国的52.45%,日本的137.95%,与30年前不可同日而语。然而,从能源消耗看,形势非常严峻,1980年,我国能源消耗总量为6.03亿吨标准煤,到2012年增加到36.20亿吨,约为1980年的6倍,按石油进口的排名,1982年我国在世界排名中为第43位,从2009年起上升到第2位,而且面临继续上升的困境。与能源消耗相关的污染问题也频频现于报端,引起全国民众和政府的极大关注。能源消耗和污染问题已经成为阻碍我们实现中国梦的两个难关,对此,我们要群策群力,攻坚克难。

【参考范文】

绿水青山换笑颜

正如同材料中说的一样,我国的经济在改革开放以后得到了飞速的发展,但是深究就会发现,我们的发展是建立在以能源消耗和环境污染为沉重代价的基础上的,为了最终能走上复兴的大道,我们就必须坚持可持续发展策略。

早在2005年的时候,时任中共浙江省委书记的习近平就提出了"绿水青山就是金山银山"这一关乎文明兴衰、人民福祉的发展理念。那么什么才是可持续发展?早在我国古代,这一理念就被多人强调。《道德经》中说:"人法地,地法天,天法道,道法自然。"《孟子》有云:"不违农时,谷不可胜食也;数罟不入洿池,鱼鳖不可胜食也;斧斤以时入山林,材木不可胜用也。"可见可持续发展这个理念一直从古代流传到今天,其内涵与智慧润养了华夏数千年历史,润泽了全球亿万生灵。

我们为什么要坚持可持续发展?无论是历史的经验告诉我们,还是未来的形势要求我们,我们都必须坚持可持续发展的方针。黄沙下的罗布泊,飞沙下的古楼兰,都在为我们叙说可持续发展的重要性;从北京的雾霾锁城到全国雾霾飞扬,都在告诉我们环境保护的必须性;我们在经济发展的道路上已经牺牲了太多的资源与环境,如果我们现在再不重视环境的保护与资源的节约,就会导致未来没有一条干净的河流,没有一片绿色的森林,没有一丝新鲜的空气,而我们人类也会在这样的环境下最终走向末路。

如何才能坚持可持续发展呢?人们的意识与严苛的法规缺一不可。可持续发展是一场硬仗,我们面对的敌人不仅是被污染了的环境,更多的是被利欲熏心的企业与个人。杨善洲老人用自己的白发换来了5.6万亩的郁郁葱葱的森林,大亮山从此旧貌换新颜，而且我们还要牢牢树立生态发展的红线意识，对违反法律法规的个人与企业要坚决打击，用法律的强硬手段来保证未来的绿水蓝天。

《齐民要术》有云："顺天时，量地利，则用力少而成功多。"我们坚持可持续发展，不但是为了我们能够有好的生存环境，更是要对得起我们的祖祖辈辈，对得起后世的子子孙孙。

【2012年10月MBA联考真题】

阅读以下报道，写一篇论说文，题目自拟，700字左右。

2012年7月6日《科技日报》报道：

我国主导的TD-LTE移动通信技术已于2010年10月被国际电信联盟确立为国际4G标准。TD-LTE是我国自主创新的第三代移动通信技术TD-SCDMA的演进技术。TD-SCDMA的成功规模商用为TD-LTE的快速发展奠定了坚实的基础。目前，TD-LTE已形成由中国主导、全球广泛参与的产业链，全球几乎所有通信系统和芯片制造商都已支持该技术。

在移动通信技术的1G和2G时代，我们只能使用美国和欧洲的标准。通过艰难的技术创新，到3G和4G时代，中国自己的通信标准已经成为世界三大国际标准之一。

【参考范文】

开拓创新，走向成功

我国通过艰难的技术创新后成功地让中国自己的通信标准成为世界三大国际标准之一，这个令人鼓舞的事例启示我们：开拓创新才能走向成功。

个人的成功需要创新。我国化学工程专家侯德榜独创的侯氏制碱法减少了对环境的污染，降低了成本，在全球享有盛誉。我国铁路工程师詹天佑建造京张铁路时也曾多次使用创新的方法。需要指出的是，创新并不意味着创造。借鉴前人的方法并从中归纳总结、实践出更有效率的新方法也是创新；创造性地提出新观念、新想法也是创新，而其中的关键在于思维不能受到局限，需要有开拓性的思想。

企业的成功需要创新。我国家用电器品牌海尔推出的酒柜式小冰箱在美国市场上保持较高的占有率，华为公司对技术投资和对技术创新的重视使华为变成中国创造的标杆。相较于个人而言，企业创新更多地体现在产品与理念上重视市场规律与消费者的需求，企业要立足于核心技术的创新，就应该积极发展、开拓进取，而不是故步自封，这已经成为现代企业成功的必要因素，而技术创新也为企业取得长远利益提供了重要保障。

国家的发展需要创新。国家综合实力的发展离不开创新，现如今中国的高铁技术已然成为一张名片；超级计算机系统"天河一号"雄踞世界第一，诸如此类的事例体现了我国科技创新的实力，这种实力体现在方方面面，有关于国防力量的，也有关于民生生活的。理论创新、制度创新更是无须多言。国家实力蒸蒸日上，与各方面基于创新的快速发展是分不开的。

第十七章 以终为始——百战归来悟真题

创新是一种理念、一种思路,要求有开拓进取的心态与高瞻远瞩的眼光。无论是一个人,一个企业,还是一个国家,都需要不断创新,进而走向成功。

【2011年10月MBA联考真题】

阅读以下报道,写一篇论说文,题目自拟,700字左右。

2010年春天,已持续半年的干旱让云南很多地方群众的饮水变得异常困难,施甸县大亮山附近群众家里的水管却依然有清甜的泉水流出,他们的水源地正是大亮山林场。乡亲们深情地说:"多亏了老书记啊!要不是他,不知道现在会是什么样子。"

1988年3月,61岁的杨善洲从保山地委书记的岗位上退休,婉拒了省委书记劝其搬至昆明安度晚年的邀请,执意选择回到家乡施甸县种树。20多年过去了,曾经山秃水枯的大亮山完全变了模样:树木郁郁葱葱,溪流四季不断;林下山珍遍地,枝头莺鸣燕歌……一位地委书记,为何退休后选择到异常艰苦的地方去种树?

"在党政机关工作多年,因工作关系没有时间去照顾家乡父老,他们找过多次我也没给他们办一件事。但我答应退休后帮乡亲们办一两件有益的事,许下的承诺就要兑现。至于具体做什么,考察来考察去,还是为后代绿化荒山比较现实。"关于种树,年逾八旬的杨善洲这样解释。

【参考范文】

一诺千金,一言必行

杨善洲老书记在退休之后为了兑现对乡亲们的承诺毅然决然地拒绝了省委书记劝其在昆明安度晚年的邀请,执意回到了家乡去种树,他用他的行动阐述了什么叫作"一诺千金,一言必行"。

重承诺是什么?泱泱华夏,五千年历史,守承诺、重承诺、行承诺的人和事层出不穷,而"诺必行"也是我们民族傲立于世界民族之林屹立不倒的原因之一。纵观历史,重承诺是尧、舜、禹三位帝王以天下黎民为任,修立法、平山河、重教化,使民有所食,国有所安,礼法不乱的责任心;重承诺是姜子牙为周朝鞠躬尽瘁死而后已的忠心;重承诺是苏武牧羊哪怕尸横荒野也要尽忠国家的决心;重承诺是我国现在走到了扶贫的攻坚阶段,但是仍然坚持一个都不落下的恒心!

为什么要重承诺?重承诺不但提升了人生境界,而且重承诺更加提高了人生格局。一个人言必信,行必果,这不但会增加他在其他人心目中的地位,而且其人生境界也不会因为自己的私欲止步不前。季礼带剑而归,虽徐君去世但是自己送徐君佩剑的承诺并不能因徐君的去世而作罢,挂剑墓前,名留千古。反观周幽王,把承诺和信用当成儿戏,最后不但失信于诸侯,而且连江山也拱手送人,沦为千古笑柄。

那么怎么做才能言必信,行必果呢?那就是谨言慎行,有诺必行。老子说过:"多言数穷,不如守中。"一个人要时时刻刻注意自己的言行,不要肆意妄为,随便承诺,如若承诺就需竭尽全力实现和落实。我国在国际社会上开始担任越来越重要的角色,更多的国家开始和我国一道,为实现全球和平发展的新格局而共同奋斗,原因就在于我国言必信,行必果,正因如此我国的国际地位和威信才在世界上不断地提升。

杨善洲的行动告诉我们,遵守承诺的人会在人生的大道上越走越远;而不履行承诺的人会难以在这个社会立足,他们最终会在越来越重视诚信的社会中逐渐被淘汰。

【2010年10月MBA联考真题】

阅读以下报道,写一篇论说文,题目自拟,700字左右。

唐山地震孤儿捐款支援汶川灾区

2008年5月18日,在中宣部等共同发起的《爱的奉献》抗震救灾大型募捐活动中,天津民营企业荣程联合钢铁集团有限公司董事长张祥青代表公司再向四川灾区捐款7000万元,帮助灾区人民重建"震不垮的学校"。至此,荣程联合钢铁集团公司在支援四川灾区抗震救灾中累计捐款1亿元。

"我们对灾区人民非常牵挂,荣钢集团人大多来自唐山,亲历过32年前的唐山大地震,接受过全国人民对唐山灾区的无私援助,32年后为四川地震灾区捐款,回馈社会,是应尽的义务,我们必须做!"张祥青说。

张祥青在1976年唐山大地震时失去父母,年仅8岁的他不幸成为孤儿,他深深感受到来自全国四面八方的涓涓爱心。1989年,张祥青与妻子开始了艰苦的创业历程,从卖早点、做豆腐开始,最后组建了荣钢集团。企业发展了,荣钢集团人不忘回报社会,支援汶川地震灾区是其中一例。

【参考范文】

滴水恩,涌泉报

荣钢集团董事长是唐山大地震的受灾群众之一,怀一颗感恩之心回报社会,在汶川地震中捐献了近一亿元。像他这样的企业家有很多,他们从事各行各业,但是他们都有一个相同点:拥有一颗金子般的感恩之心。

一颗感恩心,是做人的基础。子曰:"弟子入则孝,出则悌,谨而信,泛爱众,而亲仁。行有余力,则以学文。"感恩是做人的基础,万丈高楼平地起,个人的知识、地位、眼界都需要建立在这样的基础上。伯牙一曲,子期闻意,俞伯牙与钟子期成为知音,定期相约论琴,无奈子期逝世,伯牙愤然摔琴,以报知遇之恩,这个故事也被传为佳话,两人因此千古留名。韩信遇"漂母",在饥寒交迫的时候不至于饿死,他本人也心怀感恩,在功成名就的时候厚谢漂母以报答恩情。无论历朝历代,感恩是成人的基础,没有一颗感恩之心就很难有一番作为。

一颗感恩心,是成功的必要。一个企业必须怀有一颗感恩之心,回馈社会,这样社会才能反过来回馈你。阿里巴巴在发展过程中可谓是常怀一颗感恩之心,其懂得企业越大责任越大,积极回馈社会就是对自己最好的回馈,它资助乡村教师,为社会绿化出一份力,为贫困儿童、残障人士、孤寡老人提供各种各样的资助,正因为如此,阿里巴巴也在自己的奉献中收获了认可和公信力。反观三鹿、长春长生等企业,发迹于人民却觉得自己的收获就是应得的,开始胡作非为,最后落得不好下场。感恩心是成功路上的必需品,常怀一颗感恩之心才能不断地得到感恩带来的收获。

一颗感恩心,是心灵的归属。我们的社会物质化的程度在不断地提升,我们需要常怀一颗感恩之心,这样我们的精神世界才不会风雨飘零。2018年退休老人马旭向当地的教育局捐款1000万元,他毕生节俭,常怀感恩之心,将自己的全部积蓄捐助,耐得清贫从而收获了心灵的高贵。

知恩图报是荣钢集团成长的动力;知恩图报更是荣钢集团的灵魂。正是因为有了这样知恩图报的人,我们的社会才更加美好,我们的心灵才更加温暖。

【2009年10月MBA联考真题】

根据以下材料,写一篇700字左右的论说文,题目自拟。

《动物世界》里的镜头:一群体型庞大的牦牛正在草原上吃草。突然,不远处来了几只觅食的狼。牦牛群奔跑起来,狼群急追⋯⋯终于,有一头体弱的牦牛掉队,寡不敌众,被狼分食了。

《动物趣闻》里的镜头:一群牦牛正在草原上吃草。突然,来了几只觅食的狼。一头牦牛发现了狼,它的叫声提醒了同伴。领头的牦牛站定与狼对视,其余的牦牛也围在一起,站立原地。狼在不远处虎视眈眈地转悠了好一阵,见没有进攻的机会,就没趣地走开了。

【参考范文】

众人同心,其利断金

两群牦牛同遇狼袭,一边的牛群溃而急奔,终有体力不支者,被群狼分食。另一边的牛群则团结御敌,反而逼退群狼。观两者之别,牛群非异也,境遇之大不同,实为合力所致。

牛群如此,个人成败亦是如此。孔子云:"君子周而不比,小人比而不周。"君子与小人之别,莫不在于合力与独行。一箭易折,而五箭难摧,众志成城而天下归,人心散则百事衰。

于人如斯,企业沉浮亦是如此。市场竞争如逆水行舟,不进则退。若不能集众人之力,如何能驶得商业大船。凡遇市场萧条,企业唯有团结才能度过寒冬,有强敌威胁,必有合力方可冲破垄断。西方有英、法、德等国厂商团结一致,成立"空客"以力拒美国波音与麦道的竞争,中国企业有滴滴、快的合并,对抗优步的"入侵",而最后将其兼并。企业从"单打独斗"到"抱团取暖"已经成为自身发展的必要转变,只有懂得团结才能以不变应万变,从容应对市场竞争。

企业如斯,国家的兴衰更是如此。前有六国抗秦,文有苏秦孟尝信陵之才,武有孙膑李牧廉颇之勇,兵力十倍于秦,却落得兵败国亡;后有赤壁之战,庞统施连环计,诸葛借东风,吴蜀虽弱,倾力合作共御强敌,终得以笑看樯橹灰飞烟灭,成三国鼎立之局。六国破灭之因,非兵不利战不善,六国不能一心也;魏国溃败之由,非兵不众将不勇,吴蜀能够团结尔。历史兴衰,王朝更换,凡兴旺必有团结一心之力,但衰败必有分崩离析之殇。

独行虽可能快，众行方可致远。君子性非异也，善假于物也，而团结恰是世间最神奇之物。牦牛无智，尚知团结一心，何况乎我等众人哉！

【2008年10月MBA联考真题】

根据以下材料写一篇论说文，题目自拟，700字左右。

南美洲有一种奇特的植物——卷柏。说它奇特，是因为它会走。卷柏生存需要充分的水，当水分不充足时，它就会自己把根从土壤里拔出来，让整个身躯卷成一个圆球状。由于体轻，只要稍有一点风，它就会随风在地面打滚，一旦滚到水分充足的地方，圆球就会迅速打开，根重新钻到土壤里，暂时安居下来。当水分又一次不足，住得不称心如意时，它就会继续游走，以寻求更好的生存环境。

难道卷柏不走就不能生存了吗？一位植物学家做了一个实验：用挡板圈出一块空地，把一株卷柏放到空地中水分最充足的地方，不久卷柏便扎根生存下来。几天后当这里水分减少时，卷柏便拔出根须，准备漂移。但实验者用挡板对其进行严格控制，限制了它游走的可能；结果实验者发现，卷柏又重新扎根生存在那里；而且在几次将根拔出又不能移动的情况下，便再也不动了；而且，卷柏此时的根已经扎入泥土，长势比任何时期都好，也许它发现，根扎得越深，水分越充分……

【参考范文】

以主动的扎根蓬勃成长

几千几万年以来，南美洲的卷柏游走在大地上，哪里适合生存就到哪里去。这是一种非常聪明的生存方式，融合了植物和动物的特长，既能扎根在一个地方，又能寻找更合适的生存环境。大自然遵循的是适者生存的道理，卷柏可以说是其中非常典型的代表。

我很奇怪的是，人们为什么要把它围起来，不让它继续游走。难道它没有地方可去了，人们像保护大熊猫一样，用人为的环境保护它？好像情况并不是这样，人们只是想做一个实验，也就是说将卷柏设定在一个假设的情景中，看一看它的反应。结果被围起来的卷柏"根已经扎入泥土，长势比任何时期都好，也许它发现，根扎得越深，水分越充分……"这个结果对于卷柏来说并没有普遍的意义，南美洲那么大，人类也不可能把所有的地方围起来，让卷柏扎根。卷柏也不需要深深地扎根，也许深深地扎根还会给它带来危害。它的根越来越深，变得跟其他树一样，几百年之后再也不会游走了，如果遇上干旱，它也会像其他的树一样枯萎、死亡。

但是，面对这个考题，我还是获得了很大的启示：人非草木，人需要深刻的生活，扎根对人来说实在是太重要了。尤其是当下形形色色的新事物很多，各种时尚、各种流行都在吸引人，很多人跑来跑去，追逐自己的感觉，使生活变得十分肤浅，表面快乐，内心却积累了很多焦虑。在这个丰富多样的时代里，我们每个人都需要扎根精神，在自己喜欢的领域积累经验、学习知识、深化内涵。也只有这样，每个人才具有自己的独特价值，可以和别人互动，可以为社会做出独特的贡献。俗话说，"不怕样样会,就怕一样精",说的就是这个道理吧!

因此,我们要学习卷柏的游走精神,在广阔的世界里获得自己的生活。同时我们也要从卷柏的扎根中获得启示:让我们的人生更有深度。植物只是适者生存,并没有很深的反思。人有根本的不同,人有无限的可能,尤其是认识到自己的可能性之后,我们需要克服一切力量,努力扎根,实现自己的可能性。

卷柏在无法游走的时候不得不深深地扎根,让自己获得生机。人却可以主动地扎根,深化自己的生存。让我们更好地发扬扎根精神,在全球化时代蓬勃成长。

【2007年10月MBA联考真题】

阅读以下材料,写一篇700字左右的议论文,题目自拟。

著名作家曹禺先生说过这样一段话:我看,应该给"眼高手低"正名。它是褒义词,而不是贬义词。我们认真想一想,一个人做事眼高手低是正常的,只有眼高起来,手才能跟着高起来。一个人不应该怕眼高手低,怕的倒是眼也低手也低。我们经常是眼不高,手才低的。

【参考范文】

给"眼高手低"正名

这段话读起来确实耐人寻味,"眼高手低"原本形容人好高骛远且又无所作为,然而在日常生活中却被通俗化地误用了。事实上并不是所有被称为"眼高手低"的人都是好高骛远,无所作为的。曹禺先生这里品出的意义是从另一角度来讲,是在鼓励人们应该拥有自己的理想和抱负,是在促进人们应该追求自己想要获得的某一领域的成功。

其实我们做任何事情,无不是先制定一个远景的目标或首先抛出一个愿望,然后再为这个目标和愿望努力奋斗。我们处于一个发展的社会,所以应该具备用发展的眼光看问题的能力,就像新中国成立前孱弱的祖国,在经受了百般凌辱之后仍希冀重新崛起,我们现在生活的和谐社会难道不就是当年人们心中最高的愿望吗?国虽弱,意却强;手虽低,眼放高,亦是这个道理。

要为"眼高手低"正名,也需要有一个前提做支撑,那就是行动。雄鹰之所以飞得高远,不单是它傲视天空,更重要的是它百折不挠地扇动翅膀。成功不是偶然的,而是要为此付出汗水和泪水的。假如理想是指南,那么行动就是基础。因为我们坚信梦里走的路再多,也不会给现实留下任何脚印。

要为"眼高手低"正名,只有眼高起来,手才能跟着高起来。也许现在的能力离目标相距甚远,也许我们穷其一生也无法到达彼岸,但可以肯定的是,如果不去追求,那就根本谈不上实现。如果说没有理想的人生是一片荒漠,那么有了理想却没有为此付诸努力就是荒漠中的海市蜃楼。

【2006年10月MBA联考真题】

根据以下材料,围绕企业管理写一篇论说文,题目自拟,700字左右。

20世纪80年代,可口可乐公司因缺少发展空间而笼罩在悲观情绪之中:它以

35%的市场份额控制着软饮料市场,这个市场份额几乎是反垄断政策下企业能达到的最高点;另一方面,面对更年轻、更充满活力的百事可乐的积极进攻,可口可乐似乎只能采取防守的策略,为一两个百分点的市场份额展开惨烈的竞争。尽管可口可乐的主管很有才干,员工工作努力,但是他们内心其实很悲观,看不到如何摆脱这种宿命:在顶峰上唯一可能的路径就是向下。

郭思达在接任可口可乐的CEO后,在高层主管会议上提出这样一些问题:"世界上44亿人口每人每天消费的液体饮料平均是多少?"答案是:"64盎司。"(1盎司约为31克)"那么,每人每天消费的可口可乐又是多少呢?""不足2盎司。""那么,在人们的肚子里,我们的市场份额是多少?"郭思达最后问。

通过这些问题,高管和员工们关注的核心问题不再是可口可乐在美国可乐市场中的占有率,也不再是其在全球软饮料市场中的占有率,而变成了其在世界上每个人消费的液体饮料市场中的占有率。而这个问题的答案是:可口可乐在世界液体饮料市场中的份额微乎其微,少到可以忽略不计。高层主管们终于意识到,可口可乐不应该只盯着百事可乐,还有咖啡、牛奶、茶甚至水,而这一市场的巨大空间远远超过人们的想象。

【参考范文】

革新思维观念,成就美好未来

"世界上44亿人口每人每天消费的液体饮料平均是多少?在人们的肚子里我们的市场份额是多少?"可口可乐公司CEO郭思达在高层主管会议上提出的这些问题,深深启示着我们:企业经营者一定要学会革新思维观念。

企业经营者为什么一定要革新思维观念呢?因为我们处在一个经济全球化的时代,企业间对市场的竞争日益激烈。尤其随着技术的不断革新,市场信息也瞬息万变,原先固有的思维方式随着市场格局的变化已经跟不上形势需要,这就要求我们的企业管理者要不断革新思维观念,唯有此企业方能在竞争日益激烈的市场中生存、壮大。可以说革新思维观念是企业进步的不竭动力之源。

企业通过革新思维观念而大获成功的例子在社会上并不罕见。分众传媒董事局主席江南春在刚开始创业时,本来打算立足于传统媒体,但不成功。在他很无助的时候,突然想到不能老是跟着别人走,于是革新自己的思维观念,终于他发现了公用电梯广告蕴含着几十亿的巨大的商机,从而成就了分众传媒。阿里巴巴的马云和蒙牛的牛根生亦是如此,通过思维创新,他们找到了适合自己的道路,从而在各自的领域大获成功。由此可见,思维创新对于当今的企业是何等重要。

当然,许多不注重思维创新而失败的例子是非常令人心痛的。曾经是中国民族饮料业骄傲的健力宝集团,在最辉煌时其品牌价值以亿元计,但是其管理层固守原有的思维模式,因循守旧,不积极寻求思维创新,最终一代民族企业之星陨落了。如材料所示,可口可乐公司如果没有郭思达的思维创新,不可能取得今天如此大的成功。

既然思维创新是企业前进的基石和不竭动力之源,那么怎样才能做到思维创新呢?企业经营者首先要有打破原有思维惯性的勇气,思想无禁区,但同时也要遵循客观规律,不能盲目创新。

让我们记住爱因斯坦的名言"创新是人类进步的根本动力",在企业经营中要像材料中的郭思达那样具有创新开拓意识,只有这样我们的民族和国家才能真正屹立于世界强国之林。

【2005年10月MBA联考真题】

根据下面这首诗,写一篇700字左右的论说文,题目自拟。

如果你不能成为山顶的苍松,

那就做山谷一棵小树陪伴溪水淙淙;

如果你不能成为一棵大树,

那就化作一丛茂密的灌木;

如果你不能成为一只麝香獐,

那就化作一尾最活跃的小鲈鱼,享受那美妙的湖光;

如果你不能成为大道宽敞,

那就铺成一条小路目送夕阳;

如果你不能成为太阳,

那就变成一颗星星在夜空闪亮。

不可能都当领航的船长,

还要靠水手奋力划桨;

世上有大事、小事需要去做,

最重要的事在我们身旁。

【参考范文】

做最好的自我

山顶的高松因险峻而获得荣耀,湖里的鲈鱼因自由而获得幸福,明媚的阳光因温暖而获得尊敬,满天的星斗因灿烂而获得快乐。正如文中所言,决定成败的不是尺寸的大小,而是做一个最好的自我。

其实,大道的宽阔固然引人注目,但小路的通幽也有自己的风味。太阳虽然被人高歌,受人关注,但那些距离我们遥远的星辰,或许比太阳更大、更亮。"条条道路通罗马""三百六十行,行行出状元",实现人生价值的方法是不同的,结果却是相同的。这些正是告诉我们,成功来自做好自我。

做好自我,来自人生兴趣的选择。王羲之正是对书法的迷恋,苦心研习,方有《兰亭序》留给后人;李时珍正是对祖国医药的浓厚兴趣,尝百草不畏艰辛终成《本草纲目》。陈景润对"哥德巴赫猜想"的执着,邓亚萍对乒乓球的迷恋,都说明了这个道理:兴趣是实现自我价值的关键。

做好自我,来自人生大道上的自信。"我之所以成为贝多芬是靠我自己,你之所以是公爵是因为你偶然的出身。公爵以前多的是,现在多的是,将来多的是,而贝多芬只有一个。"这是一个音乐家的自信,正是这份自信让他在失聪的状况下,依旧能够为人类献上伟大的乐章。请相信每天给自己一点点掌声,每天给自己一点点激情,每天给自己一点点希望,你就会带着自信实现自我。

做好自我,来自人生逆境中的超越。文王拘而演《周易》,仲尼厄而作《春秋》,屈原放逐乃赋《离骚》,左丘失明厥有《国语》,孙子膑脚兵法修列。意外的幸运会使人冒失,狂妄,然而经过磨炼的幸运,却是实现自我的必然途径。

即使我是一根火柴,也要在生命的最后闪耀奋斗的火花,这是做好自我给予的力量;即使我是一根粉笔,也要在粉身碎骨的那一刻,耕耘在智慧的黑土地上,这是做好自我给予的高尚;即使我是一支蜡烛,也要为不能照亮所有的黑暗而默默流泪,尽自己最大的努力去拯救光明和希望,这是做好自我给予的勇气。

【2004年10月MBA联考真题】

根据以下材料,自拟题目撰写一篇700字左右的论说文。

在滑铁卢战役的第一阶段,拿破仑的部队兵分两路。右翼由拿破仑亲自率领,在利尼迎战布鲁查尔;左翼由奈伊将军率领,在卡特勒布拉斯迎战威灵顿。拿破仑和奈伊都打算进攻,而且,两个人都精心制订了对各自战事而言均为相当优秀的作战计划。但不幸的是,这两个计划均打算用格鲁希指挥的后备部队,从侧翼给敌人以致命一击,但他们事前并没有就各自的计划交换意见。当天的战斗中,拿破仑和奈伊所发布的命令又含糊不清,致使格鲁希的部队要么踌躇不前,要么在两个战场之间疲于奔命,一天之中没有投入任何一方的作战行动,最终导致拿破仑惨败。

【参考范文】

滑铁卢之败,败在管理

对于历史来说,滑铁卢已经不仅仅是个地名,而是失败的代名词。尽管是两个优秀的将军,尽管是两套优秀的作战计划,曾经横扫欧洲的军队却在滑铁卢战役中惨遭重创。有效管理的缺失,让拿破仑征服欧洲的雄心成为一个凄美的历史童话,不由使我发出感慨:滑铁卢之败,败在管理!

滑铁卢之败,败在组织。两种不同的声音,两个不同的命令,必然导致"后备部队要么犹豫不决,要么疲于奔命"。拿破仑所犯错误,恰恰是管理大忌,违背了"统一指挥"原则。对于组织而言,每项活动都应该在一个管理者和一个计划下行动,而组织中的每个人都只应接受一个上级的指挥,否则下属必将陷入不知所措、疲惫不堪的局面。也正是这个错误,使后备部队不能及时增援,拿破仑在焦急和无奈中结束了他一生中打得最被动、最悲惨的一次战役。

滑铁卢之败,败在沟通。如此重要的战役,两位将军战前过于轻视沟通,双方"互相没有对作战计划交换意见",可是"两人的计划都要用另一将军率领的后备部队"。悲剧的上演已经不能用草率二字来概括了。没有有效的沟通,必然会导致组织的内耗,同时使组织的资源得不到合理的利用。沟通的缺失使拿破仑的命运就像雨果曾写的一样："1815年6月18日,罗伯斯庇尔从马背上摔下来了。"

滑铁卢之败,败在协调。协调对组织而言不仅重要,甚至可以将其视为组织管理的核心。上述管理职能的缺失,在战争展开之际,两位将军带领的部队无法进入协调的状态中。因此组织也无法收到"1+1>2"的协同效应。虽然两位将军都很优秀,虽然两套方案都很完美,但是在没有充分协调的状况下,滑铁卢之败抹去了拿破仑一切胜利的记忆。

尘埃落定,拿破仑的时代过去了。两军对阵仅一天拿破仑就兵败滑铁卢。他的失败是必然的,历史已经证明了这一点,今天我们站在管理者的角度也都毫无困难地证实了这一点。我只是想假如历史让拿破仑重来一次,他还会倒在这里吗?但我已经明白,作为未来的管理者,管理的各项职能对企业有着重要的意义。

【2003年10月MBA联考真题】

"读经不如读史。"

对上述观点进行分析,论述你同意或不同意这一观点的理由,可根据经验、观察或者阅读,用具体理由或实例佐证自己的观点。题目自拟,全文500字左右。

【参考范文】

读史优读经

曾文正公有言:刚日读经,柔日读史,两者相较,读经不如读史。

所谓经史子集大多宣扬封建思维、家族文化,一般代表落后的生产力,纵然读来文学感强烈,但也只是文学感觉而已,很多内容已经与当今现实格格不入,借鉴力不足。

古来经史子集的传人,多半学优而仕,仕则从八股,八股禁锢思维扼杀创新,近代已有定论。所以有曹植、赵括之辈皓首穷经,满腹经纶,下笔成文洋洋洒洒,何奈胸中无策,葬身无处。

培根有言"读史使人明智"。读经可以成就文学造诣,读史却可以让人思想深刻,用联系的眼光看问题。恪守经文标准必使人抱残守缺,缺乏创新。如果能用联系、发展的眼光看问题,此时你看到的不是树木而是森林,不会一叶障目,而是能够找到历史规律与事物发展的经络,思考成功人士的成功之处,借鉴失败人物的失败教训。借古鉴今,从古人那里找经验,指导现今生活。读史使得共产党知道只有时时刻刻依靠人民,为了人民,才能长久发展;只有重视科技进步,重视商业,才能振兴民族,发展生产。读史让执政者知道水能载舟亦能覆舟,从而以民生为重。凡此种种不一而足。

故步自封必致失败,条条框框限制思维,一味读经必会使头脑僵化难以自拔。唯有读史才能促进思维活跃,闪烁出思维的火花,站在前人、伟人时代的顶端审视古往,开辟今来。

【2002年10月MBA联考真题】

阅读下面的材料,根据要求作文。

中国古代的《易经》说："穷则变,变则通。"这就是说,当我们在解决一个问题而遇到困难无路可走时,就应该变换一下方式方法,这样往往就可以提出连自己也感觉到意外的解决办法,从而收到显著的效果。

请以"穷则变,变则通"为话题写一篇作文,可以写你自己的经历、体验或看法,也可以联系生活实际展开议论。文体自选,题目自拟,不少于700字。

【参考范文】

不断变革才能真正地"通"

多年以来在中国市场上,美国戴尔公司以广告见长,可以说是铺天盖地。它的广告集中突出一件事:便宜。戴尔的多款笔记本电脑在6000元人民币以下,与戴尔的广告语"国际品质,本土价格"相呼应。

面对戴尔这样的"外国狼"中国企业当然不会掉以轻心。多年以来神舟小米甚至联想也开发了大量的低价电脑,抢得不小的市场份额。然而仔细算账,企业从这种价格战中得到的利润微乎其微,仅仅表面上实践了"穷则变",并没有充分达到"变则通"的效果,结果只能以"惨胜"来形容。于是另辟蹊径便成当务之急,这些年各大IT企业集中资本,开辟了智能手机的一波波浪潮。这可真是抓住了市场的牛鼻子,如今的中国人没有电脑问题不大,没有一部智能手机那可是寸步难行啊!

看到国产智能手机风生水起,作为中国人自然暗喜不已,但喜悦之中惆怅也浓。愁什么?愁未来。中国人在手机产业掀起滔天巨浪,这固然是了不起的本事,可这浪头高端依然是我们没有自主产权,手机的安卓、苹果操作系统,终究还在美国人手里。我们的"变",还处于中低端,还没有达到走向顶峰的"通"途,能不能持久,还要看下一步的努力。当今世界IT业的竞争热点已经转移到围绕网络、电子商务、智能化管理等新领域。国外正在大力研制适应这一需求的新一代产品,例如德国科学家从蜗牛身上取下约20个神经细胞,然后在20摄氏度的环境下培养了两三天,再与数个半导体晶片连接起来,利用电子突触形成一个网络。这意味着电脑与生命体的深度结合,诞生了新的"生命电路"。

这些动态都说明"穷则变"是世界潮流,而"变则通"是最具难度的时代命题。从可持续发展的角度看,"变"是一个不停歇的奋斗,是一个难度不断攀升的连续性挑战,一次"通"还不是真正的"通",不断创新永不停息的"变"才是"通"的根本保障。

【2001年10月MBA联考真题】

近些年来,新闻媒体经常报道公开招考公务员,乃至招考厅局级干部的消息,这同我国传统习惯中的"伯乐相马"似乎有了不同。请以"相马""赛马"为话题,写一篇600字左右的议论文,题目自拟。

【参考范文】

人才选拔"赛马不相马"

"拔尖""冒尖",这两种方式都能使人才脱颖而出,但选拔的过程却截然不同。"拔尖"如同伯乐相马,而"冒尖"实则赛马。企业的人才管理何尝不是如此,不能只是领导层在选拔人才,而更多的是要建立良好的"赛马"机制,让更多优秀的人才通过努力奋斗,真正脱颖而出。

"赛马"是人才选拔的基础。在当今的人才管理中,适才适岗是人力资源的核心,但没有通过"赛马"的方式,如何能够判断人才被真正放对了位置,使其发挥出最大的效能呢?当年田忌与齐王赛马,同样是上等、中等与下等马,马没有改变,但不同的对阵方式却使得最终的结果截然不同。因此"赛马"是人才选拔的基础。

"赛马"是科学的人才选拔方式。虽然管理者可以通过对人选充分地了解,客观公正地用人,但这种依靠主观判断的方式一则难以复制,二则难以服众。如同通用电气集团前CEO韦尔奇先生,通过12年对近30位接班人的不断比较,最终选择了伊梅尔特作为通用的接班人。其采用的方式正是通过比较候选人对各项工作、任务的完成情况而做出的选择。因此"赛马"是客观、公正的人才选拔方式。

"赛马"机制给予奋斗者努力的希望。虽然韩愈曾经说过:"世有伯乐,然后有千里马。"但没有伯乐一样可以选出千里马,路遥知马力,是不是千里马,跑一下就知道了。就像海尔集团主张"人人是人才,赛马不相马",为海尔人提供公平竞争的机会和环境,避免"伯乐"相马过程中的主观局限性和片面性,这为海尔长期的经营积累了大量的优秀人才。这种人才机制给予每个人相同的竞争机会,把静态变为动态,把相马变为赛马,充分挖掘每个人的潜质。

将相无种,英雄无根,历来如此。赛马没有先天的尊卑贵贱之分,它为每个人提供了公平、公正的比赛道路。人人都可以成才,成才的机会是平等的,人才选拔"赛马不相马"。

【2000年10月MBA联考真题】

根据下面一则材料,写一篇不少于500字的议论文,题目自拟。

有人问一位诺贝尔奖获得者:"您在哪所大学学到了您认为最主要的一些东西?"出人意料,这位学者回答说是在幼儿园。他说:"把自己的东西分一半给小伙伴们,不是自己的东西不要拿,东西要放整齐,做错了事情要表示歉意,要仔细观察大自然。从根本上说,我学到的全部东西就是这些。"

【参考范文】

好习惯使人终身受益

有人问一位诺贝尔奖获得者,在什么地方学到的东西最重要,他说是在幼儿园。因为他在幼儿园学到了把自己的东西分一半给小伙伴,不是自己的东西不要拿,东西要放整齐,吃饭前要洗手,做错了事情要表示歉意,要学会观察大自然等。

这位科学家的回答发人深省,从幼儿园学到的基础理念,老年时还记忆犹新,可见留下的印象是非常深刻的。这说明从小养成的良好习惯会伴随人的一生,时时处处都在起作用。

习惯意味着对所做的习以为常,我们常说的素质正是习惯的体现。因此没有能一朝一夕产生的品质,也没有能刻意雕琢而成的素质。品德和素质正是一个人良好习惯的升华和流露,是良好习惯的外在表现。

培根说过:"习惯是一种顽强而巨大的力量,他可以主宰人生。"但凡成功的人士无一不是因为他们拥有良好的习惯。前苏联的教育家苏霍姆林斯基习惯清晨就开始工作,他的三十多本著作和三百篇论文都是在早晨五点半到八点间写成的;华盛顿习惯随身带一本《文明礼貌规则》的小册子,因而举止文雅;达尔文习惯留心观察大自然的细节,终成著名的生物学家。中国古代这样的例子也不胜枚举:祖逖坚持闻鸡起舞,成就伟业;王羲之习惯早起墨池洗砚,名誉九州;越王勾践坚持十年卧薪尝胆,一洗亡国之耻。在不同的人生天平上,习惯永远是不变的人生砝码,为成功奠定基础。

人人都羡慕那些名人的天才聪慧,羡慕他们屹立的伟岸身姿,却很少有人意识到他们本来是和我们一样的平凡人,只是他们拥有良好的习惯,是良好的习惯造就了他们的辉煌人生,点缀了他们的光芒。

人生的道路曲折而漫长,但请相信好习惯可以为你披荆斩棘!心若改变,你的态度跟着改变;态度改变,你的习惯跟着改变;习惯改变,你的性格跟着改变;性格改变,你的人生跟着改变。

【1999年10月MBA联考真题】

以"小议企业领导者素质"为题,写一篇500字左右的议论文。

【参考范文】

小议企业领导者的素质

诸葛亮挥泪斩马谡的故事众所周知,我更钦佩的是,作为"领导者"的他事后自贬三级、公布己失、号召批评的做法。故事虽旧,道理仍新,这就是"严于律己""敢担责任"的精神。我们现在的企业领导者有没有这种精神呢?

诚然,企业领导者应该有许多良好的素质,但我认为除了必要的政治业务素质外,"严于律己"这一点是十分重要的。因为领导者是有一定权力的,按照权力基础来划分,其中就有一条个人影响权力,况且随着人们民主意识的提高,这一条越来越被看重。如果一位企业领导者没有"严于律己"的素质,恐怕难以做到"众望所归",更谈不上企业的凝聚力和团队精神了。

"敢担责任"也是企业领导者必须具备的一条素质。因为在充满竞争、纷繁复杂的市场中,有许多风险和机遇同在的挑战,这些都需要领导者来决策和拍板。当然现在不少企业领导者已经不是家长作风,不是独断专行,不是个人说了算,而是广纳意见、集体决策,然而总也免不了有诸如"失街亭"的情况发生。若此时领导者不是"敢担责任",而是相互推诿,甚至互相指责,岂不"雪上加霜",企业又怎能发展?

所以我认为"严于律己""敢担责任"是企业领导者必备的素质。从更深一层的意义上讲,这两条素质也是领导者必备的政治素质和业务素质。但愿我们的企业领导者都具备这两条素质。

第十七章 以终为始——百战归来悟真题

【1998年10月MBA联考真题】

用下面的一段话作为一篇议论文的开头,接下来写完一篇立论与其观点一致的议论文。字数要求500字左右。题目自拟。

投下一着好棋,有时可以取得全盘主动。但是,光凭一着好棋,并不能说有把握最后胜利,还必须看以后的每着棋下得好不好。

【参考范文】

细节是成败的关键

投下一着好棋,有时可以取得全盘的主动,但是光凭一着好棋,并不能把握最后的胜利,还必须看以后每着棋下得好不好。一朝得胜不足为傲,步步为营做好每一个细节,才可能取得最后的成功。

老子曾说:"天下难事,必作于易;天下大事,必作于细。"它精辟地指出了想成就一番事业,必须从简单的事情做起,从细微之处入手。一心渴望伟大、追求伟大,伟大却了无踪影;甘于平淡,认真做好每个细节,伟大却不期而至,这就是细节的魅力。牛顿发现地心引力,是从一个苹果的掉落开始的,如果他当时没对这个细微平常的现象进行仔细的研究,他就没有今天的成就。美国"哥伦比亚"号遇难,举世震惊。事后调查表明,造成这一灾难的凶手竟是一块脱落的泡沫,可见有时一个微小的细节可以将全局毁于一旦。

一个人的价值不是以数量而是以他的深度来衡量的,成功者的共同特点就是能做小事情,能够抓住生活中的一些细节。无论环境怎样,只要敢于克服困难,从小事做起不断积累,终会取得骄人的成绩。

成大业若烹小鲜,做大事必重细节。从古至今我们不仅需要雄韬伟略的战略家,而且更需要精益求精的执行者。抓好细节才能抓住成功,成就完美的一盘棋。

对于萨拉热窝事件,我们并不陌生。1914年6月28日,奥匈帝国在其吞并不久的波斯尼亚邻近塞尔维亚的边境地区进行军事演习,以塞尔维亚为假想敌人。6月28日是塞尔维亚和波斯尼亚联军在1389年被土耳其军队打败的日子,是塞尔维亚的国耻日。奥匈帝国演习选定在这一天具有挑衅意味。奥匈帝国皇储斐迪南大公亲自检阅了这次演习,演习结束后,斐迪南大公返回萨拉热窝市区时,被塞尔维亚青年普林西普击中毙命。这就是著名的萨拉热窝事件。德奥帝国立即以此作为发动战争的借口,挑起了第一次世界大战,这一事件遂成为第一次世界大战的导火线。一次刺杀事件,成了一次世界大战的导火线,这就是蝴蝶效应。

第十八章　乾坤在手,写作必备素材

【素材1】时尚江小白

2011年,重庆江小白酒业成立。一次聚会上,陶石泉不经意听朋友说,他每天都少不了小酌一杯,于是关于开发一款面向年轻人白酒的想法开始涌动于他的心中。白酒大多定位于高端市场,似乎专供那些"有点闲,同时又有点钱"的中年人社交饮用。然而,不懂白酒的新一代年轻人,却不再被邀上圆桌。于是,江小白就肩负着这样的使命出现了。

江小白的名字很简单,叫起来简直像江"菜鸟",其实这名字还是有来头的,源于"江边酿造,小曲白酒"。它的代言人更是简单,一身休闲装,小短发、半方不长大众脸、戴眼镜、黑白格子围巾,低调极了。而这个可爱的形象正是出自江小白创始人兼CEO陶石泉之手。从创立之初,江小白一路以"我是江小白,生活很简单"的理念,抓住时代潮流,迎合时代的需求,致力于老味新生,主打自然发酵并蒸馏的轻口味高粱酒。加之简单小巧的包装,很快就吸引了年轻人的目光,独得年轻人恩宠。

为什么不少年轻人都为江小白疯狂打call?其实并不是因为酒有多好喝,而是因为江小白的灵魂。酒有灵魂吗?江小白是有的,那些直戳人心的文案就是它真正的灵魂!它还被称为"酒中段子手",如"表达瓶""青春版500毫升""三五挚友""拾人饮"……光看产品名就感觉到了没有一般传统酒业的古老气息。喝酒,从来不是为了"酒",而是为了"情",或亲情,或友情,或爱情,也契合了江小白敢于直面感性自我,并且不断追寻内心的"真我世界"的特点。光说不练假把式,若单单把江小白的成功归结为文案,那就大错特错了。文案只是江小白成功的冰山一角,江小白整体的系统运营创新战略规划才是最为关键的。白酒行业有着6200多亿市场,面对着传统模式难有突破的现状,江小白的杀入看似不精明,但其董事长陶石泉紧抓时代特性,构建出新型"白酒生态"。

与一切快消品一样,江小白定位于新兴、叛逆、不服输、敢于挑战权威的"80后""90后"主体。产品理念紧密贴合用户想法,搭乘互联网之势,填补了白酒行业消费群体固化造成的空缺。

白酒作为中国四大国粹之一,其历史之悠久,品类之繁多,非一言可蔽之。光是按原料就可分为大米、小麦、玉米、高粱等多类,其中以高粱为原料的白酒最受欢迎。江小白采用高粱作为原料,依照年轻人的特点深度挖掘,改变了高粱酒一向以来重口味的特点,开发出更适合年轻人饮用的轻口味高粱酒,深得用户喜欢。以2016年"江小白表达瓶"为例,江小白总是紧抓年轻人重参与感的特点,借用户之手编辑文案、转发活动,再加之赠送用户专属酒,不经意间大大火了一把。而后,江小白酒业经常以相似的手段发起用户参与活动,轻易地让年轻人产生共鸣,这样的案例可谓数不胜数。除此之外,江小白在热播剧里频现身影,甚至还出现了《我是江小白》的动漫,讲起了江小白背后的故事。

江小白成功了,可它的成功并不只是它的。在它之前,传统酒业似乎从未曾想过走时尚年轻化道路。而今,一大批传统名酒的"步履"似乎也矫健了起来,泸州老窖推出了"三生三世"定制的"桃花醉",西凤酒也在某影视剧中奋力露脸,而今白酒业甚至进军直播、网游界。江小白一个品牌的成功,可以说连锁带动了整个行业的变革。可谓品牌虽小,影响可不小。虽然成功不可复制,但是每个成功的创业背后,都有很多值得我们学习的地方。

【素材2】马斯克:创业很难,坚持很酷

前不久埃隆·马斯克(Elon Musk)在Twitter上说,他的人生是辉煌的高潮,加上残酷的低潮,还有无穷无尽的压力,可是人们通常不愿意听到低潮和无穷压力的故事,而只看到他成功的辉煌。那我们就来看看Musk版的"创业很难,坚持很酷"。

1995年,Elon Musk从斯坦福退学,决定创业。他从父亲那里借了2万8千美元,和弟弟Kimbal创立了Zip2——最早的城市黄页。可糟心的是董事会坚决不同意他当CEO。4年后公司卖给Compaq,尽管Musk拿到2千2百万美元,但是无法掌控自己创办的公司,始终是他心底永远的痛。

1999年,Musk自己投资1千万美元,创立在线支付公司X.com,一年后与竞争对手Confinity合并,在2001年改名为PayPal。由于和Peter Thiel理念不一致,被迫让出CEO的位置,很郁闷地被架空。2002年,PayPal被ebay收购,Musk拿到1亿6千万美元回报。尽管回报巨大,可Musk作为创始人,依然无法掌控自己的公司。

2000年年底,Musk和家人去非洲旅行,结果染上了疟疾,差一点死掉。这个工作狂意识到生命短暂之后,产生了与乔布斯类似的想法:要抓紧时间做伟大的事情,决定进军火箭业,完成自己儿时的太空梦。

2002年,Musk投入自己的一亿美元身家,创立SpaceX,开始进军可回收火箭发射,要将太空飞船发射升空成本降低100倍。可是SpaceX的火箭发射连续失败了3次,几乎花光了Musk投入的所有的钱,无数个无眠之夜,其寻找失败的原因,直到第四次火箭发射成功。

Tesla电动汽车公司创立于2003年,Musk原本只是Tesla的A轮投资人,投入了自己的7千万美元,但Tesla一直发展不顺,在公司遭遇2008年金融危机时,Musk开始亲自担任CEO,要求所有员工拼命工作,没有周末,困了就在桌子底下睡觉。但那一年,Tesla还是走到山穷水尽的地步——投资没有着落,消费者也不愿意购买汽车。为了给员工发工资,一向心高气傲的Musk开始向朋友求援,要求有钱的朋友投资50万—200万美元,没钱的朋友投资2.5万—5万美元,连他在金融危机中差点破产的弟弟也没有放过。那一年的圣诞节,他惨到甚至没有钱给自己的女朋友莱莉买一份像样的礼物。

多年以后,Musk把这段经历形容为"一边嚼着玻璃,一边凝视死亡的深渊",他的女友莱莉则称Musk当时"看起来就像个行走的僵尸",好像随时会突发心脏病死去。好在老天有眼,在山穷水尽之际,SpaceX"猎鹰1号"的第四次发射终于成功,也因此从NASA拿到16亿美元的大订单,活了下来。而Musk也设法征得NASA同意,从SpaceX借给Tesla一大笔钱。2010年1月,Musk又为Tesla从美国能源部拿到4.65亿美元的贷款,终于熬过生死危机。

Musk的员工都知道他的坏脾气,也能理解。Musk自己承受着巨大风险,他认为如果不要求员工像自己一样拼命工作,成功的希望为零。他对员工苛刻,对自己更加苛刻,他每天睡6小时,除了陪5个儿子外,其余时间都在工作。世人只看到Musk的巨大成功,却不知道他为此付出了什么。

可以预见,未来十年,Musk还将一直处于风口浪尖之上。不用提SolarCity,还有他的Boring Company以及Hyperloop。当然,还有他的Neuralink和防止人类被人工智能取代的OpenAI。硅谷有个有趣的估算——Musk正在活出常人7倍的人生。

【素材3】新飞电器的破产

新飞成立于1984年,由河南一家兵工厂改造而来。前10多年里,在老一代新飞人的带领下,它在家电市场所向披靡,打哪灭哪! 2005年,新飞冰箱销量高达300万台,巅峰时期市场份额一度直逼20%。

对于新飞这次停产,其实它的问题早在2012年就曝出来了。当时厂里员工罢工抗议"十年不涨工资",甚至把去世11年之久的新飞创始人刘炳银的遗像搬到了厂门口。人力资源经理上台安抚,台下鸡蛋像炮弹打了过来。

一位员工把新飞的没落说得非常形象:1994年旺季,工厂一个月给他开了1700元的工资,而当时的平均工资是四百元左右。当年新飞一发工资,员工就担心下班被打劫。穿着新飞的制服去相亲,远比西装革履要管用!以前新飞人穿工服去买菜,菜市场的老板开价总要高一点,知道新飞人有钱,而现在他们知道新飞人没钱,直接报底价!这个一落千丈的差距,是个人都会接受不了。

新飞到底是怎么没落的?可能的原因如下。

(1) 业绩难堪,市场份额大跌。

新飞的破产源于它不仅没在规模和产能上获得突破,而且在新产品、新技术的把握上也很落后,另外它还要面临一批二、三线企业的追击。

早在2011年,新飞就已巨亏2亿元。2012年,新飞业绩继续下降194.89%,全年继续亏损近3亿元!后来的状况简直可以用惨不忍睹来形容,三个生产基地大部分生产线已经停产,市场占有率跌到1%,只能在一些小镇还能看到新飞。而同期,海尔净利润增长21%,海信增长11%,奥玛增长26%。

(2) 盲目引进外资,失掉控股权埋祸根。

2002年新飞电器在政府主导下,同新加坡企业丰隆集团实现合资。2005年,新飞电器国有股权再次转让,39%国有股再度落入外资公司手中。至此,新加坡丰隆集团股权上升到90%,且从中方手中拿到新飞电器经营管理权。

在外资全面接管新飞的几年间,新飞急转直下,关闭了空调线、新飞九厂、小冰箱线。入股后丰隆集团派驻的管理层为改变新飞过于"乡土"的品牌形象,投入巨资赞助很多项目,但是并没有树立起与海尔、西门子对垒的高端品牌形象,最终沦落到停产倒闭。

(3) 大股东和经营层矛盾致命。

新飞控股方丰隆集团是新加坡的地产和酒店业大亨,旗下共有11家上市公司。然而它并不具备冰箱等家电业务的专业化运营队伍和市场经验,只擅长资本运作,没有做实业的想法。另外,控股方派遣的管理团队管理无能,"外行领导内行、保守谨慎"等问题层出不穷,从而错失了中国冰箱产业多轮发展的契机。

曾担任新飞总经理的李根公开表示:"6年前新飞市场排名第二,现在许多原来的'游击队'都跑到我们前边。我们不仅要做正确的事,而且要正确地做事。"最后一句话含沙射影说出了公司决策层保守谨慎,不思进取。

(4) 新产品研发及品牌推广乏力。

新飞电器沦落到今天这样的地步,冰冻三尺非一日之寒。自原管理团队失掉控股权后,新飞的新产品研发推出力度不足和品牌推广不够的弊端被无限放大,这使得新飞由早年国内市场的中高端品牌形象下滑,沦为乡镇市场的常客,并最终走向了灭亡。

新飞内部人士指出,管理层辜负了股东和新飞员工的信任,不加大新品开发和广告宣传,消极应对市场挑战,将经营不好的责任全部推给了市场和不利的经济形势。

(5) 草率进军小家电,问题频曝拖累形象。

新飞向来以冰箱、冰柜等大家电出名,但被外资收购后,却开始摸索进入小家电行业的道路。果然,新飞的小家电上市后一直负面消息不断,比如山西电视台和质监局就曾曝光一款新飞电饭煲存在严重的质量问题。一些业内人士分析,新飞本身就不具备小家电的技术、工艺和人才,草率进入该市场非常容易导致质量安全事故频发,最终损害整个企业的品牌形象。新飞闭厂停产标志着一代家电霸主消失在了历史长河中!33年,它从一个乡镇小厂成长为家电巨头,最后又走向破产,让无数人扼腕叹息。

新飞的破产是时代的一个缩影。那些不思进取、原地踏步的人和事,总有一天会被这个突飞猛进、不断创新的世界所淘汰!

【素材4】安然公司沉浮

作为世界最大的能源交易商,安然在2000年的总收入高达1010亿美元,名列

《财富》杂志"美国500强"的第七名。掌控着美国20%的电能和天然气交易,是华尔街竞相追捧的宠儿;安然股票是所有的证券评级机构都强力推荐的绩优股,股价高达70多美元并且仍然呈上升之势。

2001年年初,一家有着良好声誉的短期投资机构老板吉姆·切欧斯公开对安然的盈利模式表示了怀疑。他指出,虽然安然的业务看起来很辉煌,但实际上赚不到什么钱,也没有人能够说清安然是怎么赚钱的。据他分析,安然的盈利率在2000年为5%,到了2001年初就降到2%以下,对于投资者来说,投资回报率仅有7%左右。

切欧斯还注意到有些文件涉及了安然背后的合伙公司,这些公司和安然有着说不清的幕后交易,作为安然的首席执行官,斯基林一直在抛出手中的安然股票——而他不断宣称安然的股票会从当时的70美元左右升至126美元。而且按照美国法律规定,公司董事会成员如果没有离开董事会,就不能抛出手中持有的公司股票。

也许正是这一点引发了人们对安然的怀疑,并开始真正追究安然的盈利情况和现金流向。到了2001年8月中旬,人们对于安然的疑问越来越多,并最终导致股价下跌。

2001年8月9日,安然股价已经从年初的80美元左右跌到了42美元。10月16日,安然发表2001年第二季度财报,宣布公司亏损总计达到6.18亿美元,即每股亏损1.11美元。同时首次透露因首席财务官安德鲁·法斯托与合伙公司经营不当,公司股东资产缩水12亿美元。11月28日,标准普尔将安然债务评级调低至"垃圾债券"级。11月30日,安然股价跌至0.26美元,市值由峰值时的800亿美元跌至2亿美元。12月2日,安然正式向法院申请破产保护,破产清单中所列资产高达498亿美元,成为美国历史上最大的破产企业。

【素材5】褚橙的精神

他曾是风云一时的政治人物,荣膺过改革风云人物的称号;他曾是企业家的旗帜,亚洲第一烟草企业"红塔帝国"的缔造者;他也曾从巅峰重重跌下,自己身陷囹圄,女儿自杀身亡。他没有顺从残酷的命运,75岁再次进行创业,在哀牢山中种橙至今,85岁褚时健东山再起,他成了"中国橙王"。

1999年1月9日,褚时健被处无期徒刑、剥夺政治权利终身,黯然离开执掌18年的红塔集团。再后来,褚时健减刑为有期徒刑17年。2002年春节,褚时健办理保外就医。保外就医后,与妻子承包荒山开始种橙,褚时健的二度创业就此开始。

2003年,52岁的王石成功地登上了珠穆朗玛峰,成为中国登顶珠峰年龄最大的一位登山者。下了珠峰,带着裤腿上的泥点子,王石来到云南的哀牢山,看望在这里种橙的一位老人。此时的褚时健已经75岁高龄,在监狱里度过了十几年的他患有严重的糖尿病。王石见到他的时候,老人家戴着一顶破草帽,穿一件衣领破旧的衬衫,正中气十足地和帮他修水泵的人讨价还价。"这个得80。"修水泵的人说道。"最多给你60。""80,一分不能少。"两人围绕着20元差价,一去一来争论了十多分钟。

王石站在边上看着,几乎落下泪来。谁能想到这个曾经为国家纳税近千亿的企业老板,竟为了20块钱而与人僵持不下。感人的不是今非昔比的辛酸,而是这位老人古稀之年重新创业的认真与执着。种橙子并不是件简单的事,刚开始,褚时健找来的农民经常受不了苦,干两天就走了。没有人手,他只好和自己的老伴亲自动手,两个年龄加起来140多岁的老人,在田里搭了个棚子,白天干完活晚上就住在里面。"抬头就能看到天。"老人笑道。雨季来的时候,橙子一地一地往下掉,急得夫妻俩每晚都睡不着觉。后来,褚时健买来一堆书,比如《柑橘技术100问》等,10多块钱就能买到一本。

据悉,褚时健当时承包的2000亩荒山,刚经历过泥石流的洗礼,一片狼藉。虽然当时他的身体并不是很好,但是这些困难并没有阻止他的"疯狂"行为。2016年,褚时健为了让橙子的味道更好,毅然决然砍掉了3万棵树。

褚时健未来还有梦想吗?他经常告诉自己的身边人,未来他的第一个目标就是要种出适合中国人口感的橙子,在价格上也不输给外国。第二个目标就是种植出好的橙子之后,褚时健还在酝酿加工饮料产品,争取二十年后,他自己能做出一个比国际品牌还好的橙汁。

10年后,褚橙天下闻名。"人生总有起落,精神终可传承。"这句广告语不仅是褚时健的人生写照,更成为激励无数年轻人的名言。

【素材6】陆步轩与陈生

陆步轩是当年的高考文科状元,北大才子。但他毕业后没有成为人们想象中的教授、商人、高管,而是变成了屠夫,卖猪肉。在这件事被媒体曝光后,所有人都在不可思议和批驳。陆步轩也在后来的北大讲座中几度哽咽:"我给母校丢了脸、抹了黑,我是反面教材。"但是,北大的许校长说了句"北大可以出政治家、科学家、卖猪肉的,都是一样的"。这句话给了与陆步轩有相似经历的陈生一个启发。陈生是陆步轩的师兄,从北京大学毕业后被分配至广州市委办公厅。然而不到几年时间,他就在众人的反对声中毅然辞职下海,摆地摊、种菜、做房地产、卖酒和饮料,成为一名商人。当媒体曝光陆步轩后,"不安现状"的陈生决定与陆步轩联手卖猪肉,立志要"卖出北大水平"。

陈生和陆步轩自己养猪、自己卖猪。他们卖的猪,品种土,猪场还拒绝采用现代常用的定位栏,取而代之的是半开放式的大空间,让猪自由活动,猪场里还设有音响,专门给猪听音乐,因为陈生说猪和人一样,只有心情愉悦,才会长得又肥又壮。

陈生还成立了"屠夫学校",聘请陆步轩做名誉校长,他亲自为"屠夫学校"撰写20万字的教材。2007年年初壹号土猪上市后,很快打开市场,企业也顺利步入正轨,每年都能保证200%的增长速度。目前在整个珠三角地区有400多家档口,年销售量达22万头猪,是行业第二名的7倍。

伴随着壹号土猪的成功,陈生也渐渐在不知不觉中被贴上了"寒门贵子""北大才子"等标签。如今再回顾高考,陈生感慨地说:"我的人生在过去的四五十年里,总是会有一些出人意料的事情,或者是看似天方夜谭的奇迹出现。"

【素材7】鲁冠球的万向节

18岁那年,进城养家糊口做打铁学徒的鲁冠球,遇上了全国精简2000万工人的政策,于是他下岗了。被打回原籍的鲁冠球,在他的家乡小镇鼓捣出了一个铁匠铺。他用自己学徒生涯中学习到的机械农具知识,为附近的村民打铁锹、镰刀,修理自行车。但是在20世纪60年代,鲁冠球的这种做法被视为"资本主义尾巴",在哪儿都会被割掉。他反复换地方,然后反复被"割"。在此后的6年间,铁匠铺一共换了7个地方,他因此负债累累。

这种执拗终让他迎来转机,1969年国家出台文件,允许每个人民公社可以搞一个农机修配厂。于是,总也"割"不掉的鲁冠球成了受重视的对象,他被公社邀请去接管了宁围公社农机修配厂——一处只有84平方米的破旧平房。

这个修配厂最典型的特点是小而弱,但鲁冠球并没有因此不敢睁眼看世界,而是渴望着一个改变的世界的到来。1978年,他在报纸上看到关于国家安排1981年国民经济计划中,汽车货运指标达到5.4亿吨的信息。鲁冠球敏锐地嗅到了汽车生产需要万向节的商机。随后,鲁冠球将农机厂门口七八块招牌全部撤下,只留萧山万向节厂,只专注生产汽车零部件万向节,并将万向节品牌命名为"钱潮"。

1980年,鲁冠球带领员工,带着两卡车"钱潮"万向节,从浙江萧山,去往山东胶南县(现青岛市黄岛区)的全国汽车零部件订货会,但是作为乡镇企业的萧山万向节厂,被拒绝入场。无法入场就意味着无法获得目前买卖双方的最新动态,更意味着他们一行人很可能无功而返。但是一向随机应变的鲁冠球,急中生智,他派人进内场打探情况,他发现订货会上买卖双方很多时候都因为价格原因而陷入胶着状态。于是,他破釜沉舟,以低于场内20%的价格斩获了210万元的订单。

后来,鲁冠球开始积极拓宽业务范围,工厂从单纯生产万向节,变成了生产轿车减震器、汽车传动轴和轿车驱动轴的综合性企业,此后其还尝试进军了地产、农业、金融等领域。正是这种敢为人先的魄力,在1992年,鲁冠球将萧山万向节厂变成了万向集团。在资本的支持下,万向集团先后收购了美国舍勒公司、美国洛克福特公司和美国UAI公司,一举成为世界汽车零部件巨头。

【素材8】建筑师贝聿铭

2019年5月16日,世界著名的华裔建筑师贝聿铭逝世,享年102岁。法国卢浮宫的玻璃金字塔、苏州博物馆、香港中银大厦等知名建筑的设计,都出自他手。

贝聿铭祖籍苏州,1917年生于广州,后随父亲工作调动,先后迁往香港和上海。18岁赴美留学,先后在麻省理工学院和哈佛大学学习建筑学。

1960年,贝聿铭成立了自己的建筑公司。在这之前,他在纽约某地产公司工作,其间完成了诸多商业及住宅群的设计,在美国建筑界开始崭露头角。这一切,也奠定了他成立个人事业的基础。

1979年,由贝聿铭设计的肯尼迪图书馆落成,这在美国建筑界引起轰动,被公认是美国建筑史上最佳杰作之一。晚年的贝聿铭仍然接收了多个项目,例如卢浮宫玻璃金字塔、中银大厦、苏州博物馆和伊斯兰艺术博物馆。

贝聿铭从香港搬去上海居住后,见证了著名建筑师邬达克设计的上海国际饭店拔地而起。当时10岁的他深深感受到了建筑的美感,成为建筑师的想法也生根发芽。苏州"狮子林"是贝家的私人园林,每年暑假贝聿铭都会回苏州探望祖父。在那里,贝聿铭目睹了传统中国的园林工艺之美。后来他回忆说,这成为他个人创造力的启蒙。

进入哈佛之后,贝聿铭认识了现代主义建筑的一位领军人物——格罗皮乌斯。激进的格罗皮乌斯反对传统建筑艺术和历史,推崇绝对的功能性和国际化。但贝聿铭清醒地认识到,国际风格不能枉顾一地独有的气候、环境、历史和传统。

毕业后贝聿铭加入了纽约某地产公司,这在建筑学界看来是"堕落"的。但贝聿铭却从那里学到了真正的房地产和商业知识,为他的职业生涯打下了基础。而聘用他的地产商人威廉·柴根道夫也是眼光独到,不顾世俗首次聘用中国人贝聿铭为建筑师,打破了美国建筑界的惯例。

1980年贝聿铭受邀在清华大学进行演讲。建筑系的学生希望他讲讲玻璃幕墙,介绍最新的摩天大楼的设计形式,但贝聿铭却告诉他们,不要忘了中国的传统文化。这种重视当地传统的观念,也体现在了他设计的中银大厦中——不信风水的他,加入风水规则评估设计图样。

【素材9】万能反例

材料一:

富贵鸟是曾经和李宁、361度同时排在第一阵营的国民品牌,曾经夺下中国真皮鞋王的荣誉。2019年8月26日富贵鸟集团宣布破产,2013年是富贵鸟最巅峰的一年,同样也是淘宝发展最迅速的一年,富贵鸟还是没有搭上电商的顺风车。曾经市值高达百亿港元,万众瞩目的富贵鸟还是没有飞起来。

材料二:

2019年12月23日,一汽夏利正式对外披露资产重组方案,取而代之的竟是素有中国铁路总后勤部之称的中铁物晟,业内人士指出本次重组将是一道分水岭,重组后之前主营汽车制造和销售业务的一汽夏利将变为铁路物资供应服务和生产性服务业务。这也意味着一汽夏利正式告别汽车舞台,只希望大家永远铭记记忆中的那道红色闪电。

材料三:

爱屋吉屋在2014年扎堆竞争激烈的房产中介行业,黎勇劲、邓薇正式入局。他们自信地想用之前的互联网玩法走出一番天地来。三个连续创业者发起创办爱屋吉屋,曾经在18个月里快速融资5轮,融资总额超过21亿人民币,被称为创业以来融资最快的独角兽公司。2019年,这家4年多的明星企业却从巅峰坠落,黯然关张。

材料四:

2019年10月12日,韦博英语创始人兼CEO高卫宇发表公开信称,由于经营失败导致资金链断裂，无法履行当初对大家的承诺。2015年韦博英语融资接近2亿美元，刷新了教育行业的单笔融资记录。直至2019年该项记录才被少儿英语培训品牌VIPKID打破。如今韦博英语拖欠员工薪资，学员退不出学费。最惨的是传言部分学员被韦博英语忽悠，办了教育贷款，现在人走了，课没了，钱还要继续还。

材料五：

2018年8月上线的淘集集，其发展速度曾被行业冠以神话之名。上线两个月淘集集用户总量高达1000万以上，月增幅位居当月增幅榜第1名。同年10月估值已达2.42亿美元。就在2019年10月淘集集创始人张正平放言，"要把淘集集做到百亿美元以上体量的企业。"然而仅仅两个月以后，张正平便改口说，"资金未能如期到账，本轮并购重组失败"。创始人谈到急转直下的命运背后，可能是黑客攻击，也或者是恶意投诉等诸多因素。

材料六：

2015年创立于深圳南山区的吃个汤，主打椰子炖汤。2018年3月吃个汤获得近亿元A轮融资，线下门店60余家，一年卖出400万份。一年半后，曾经备受瞩目的创业新星已溃不成军，门店一夜之间全部关停，线上也全部停止售卖。有员工爆料，他们先是被迫放年假，然后就被迫被裁员。

材料七：

2015年10月，含着"金汤匙"诞生的熊猫直播创立之初就自带明星光环，王思聪凭借个人人脉关系，挖来大量的主播和娱乐圈明星，一度曾让熊猫直播近乎登顶直播平台宝座的位置。但公司内斗加佛系管理的双重打击最终没能让这家曾经的行业新贵笑着走到最后。

事实上，奇虎360投资熊猫直播后，曾派高管入驻熊猫，架空了王思聪团队，使得核心管理层大量出走，其中不乏熊猫直播的副总裁。早在2018年就有传闻称王思聪作价30亿欲将熊猫直播卖给斗鱼，由于价格没谈拢，这件事也就不了了之了。

直至2019年3月6日传出熊猫直播申请破产，紧接着，3月7日深夜，熊猫直播一哥、停播一年多的PDD突然修改了自己停播多年的直播间房间名，上书三个大字加一个感叹号：全完了！

材料八：

"团圆一刻，总有汇源"这句传遍大街小巷的广告语一度曾让汇源几十年如一日地出现在我们过年的餐桌上，甚至让人产生没有汇源就没了"年味"的感觉。

2008年汇源果汁创始人朱新礼看准了可口可乐向汇源提出收购的计划，做出了加大产量、降低成本、裁员等一系列动作，试图让汇源看起来比之前预估的还要值钱，力争拿更多钱去开始自己的下一步计划。

2019年，朱新礼已四度被限制消费，并多次被列为失信被执行人，朱新礼的境况让大家不尽感慨："团圆总有一刻，也许再无汇源。"

材料九：

曾几何时，优酷、爱奇艺、腾讯视频都还没有创立，在那个下载速度以每秒几十KB计速的年代，正是暴风影音的横空出世，解决了将近680种视频播放格式问题，其迅速占领了国内播放器市场70%以上的份额，播放"神器"之名可谓是如雷贯耳。

如今，昔日的暴风集团的所在地北京海淀区首享科技大厦13层，已是人去楼空，从2016年的数千名员工到2019年仅剩10余名员工，从巅峰到谷底，暴风集团只用了三年。再谈起"暴风"，可能只剩下"70后""80后"一代人仅有的记忆了吧。

【素材10】名人名言

在MBA、MEM、MPA、MPAcc管理类联考论说文写作中，恰当地使用名言警句将提高文章的深度和理论高度，形成意境高远的写作思路，也可以成为写作中画龙点睛之笔，可以极大丰富文章内涵，提高写作文采，为文章增色不少。

百学须先立志。（朱熹）

笔落惊风雨，诗成泣鬼神。（杜甫）

别裁伪体亲风雅，转益多师是汝师。（杜甫）

博观而约取，厚积而薄发。（苏轼）

博学之，审问之，慎思之，明辨之，笃行之。（《中庸》）

不登高山，不知天之高也；不临深溪，不知地之厚也。（《荀子》）

不飞则已，一飞冲天；不鸣则已，一鸣惊人。（司马迁）

不患人之不己知，患不知人也。（孔子）

不入虎穴，焉得虎子？（《后汉书》）

不塞不流，不止不行。（韩愈）

不识庐山真面目，只缘身在此山中。（苏轼）

不畏浮云遮望眼，只缘身在最高层。（王安石）

不以规矩，无以成方圆。（《孟子》）

采得百花成蜜后，为谁辛苦为谁甜？（罗隐）

仓廪实而知礼节，衣食足而知荣辱。（《管子·牧民》）

操千曲而后晓声，观千剑而后识器。（刘勰）

察己则可以知人，察今则可以知古。（《吕氏春秋》）

差之毫厘，谬以千里。（《礼记·经解》）

长风破浪会有时，直挂云帆济沧海。（李白）

臣心一片磁针石，不指南方不肯休。（文天祥）

沉舟侧畔千帆过，病树前头万木春。（刘禹锡）

吃一堑，长一智。（王阳明）

尺有所短，寸有所长。（屈原）

出师未捷身先死，长使英雄泪满襟。（杜甫）

春蚕到死丝方尽，蜡炬成灰泪始干。（李商隐）

春风得意马蹄疾,一日看尽长安花。(孟郊)
春色满园关不住,一枝红杏出墙来。(叶绍翁)
春宵一刻值千金。(苏轼)
从善如登,从恶如崩。(《国语·周语下》)
大丈夫宁可玉碎,不能瓦全。(《北齐书·元景安传》)
大直若屈,大巧若拙,大辩若讷。(《老子》)
丹青不知老将至,富贵于我如浮云。(杜甫)
但愿人长久,千里共婵娟。(苏轼)
当断不断,反受其乱。(《史记·春申君列传》)
当局者迷,旁观者清。(《新唐书》)
得道者多助,失道者寡助。(《孟子》)
登山则情满于山,观海则意溢于海。(刘勰)
东边日出西边雨,道是无晴却有晴。(刘禹锡)
读书百遍,其义自现。(《三国志》)
读书破万卷,下笔如有神。(杜甫)
读书之法,在循序而渐进,熟读而精思。(朱熹)
读万卷书,行万里路。(刘彝)
多行不义必自毙。(《左传》)
尔曹身与名俱灭,不废江河万古流。(杜甫)
凡事豫(预)则立,不豫(预)则废。(《礼记·中庸》)
防民之口,甚于防川。(《国语·周语上》)
非学无以广才,非志无以成学。(诸葛亮)
风萧萧兮易水寒,壮士一去兮不复还。(《易水歌》)
富贵不能淫,贫贱不能移,威武不能屈。(《孟子·滕文公下》)
感时思报国,拔剑起蒿莱。(陈子昂)
高山仰止,景行行止。(《诗经·小雅·车辖》)
工欲善其事,必先利其器。(孔子)
古之立大事者,不惟有超世之才,亦有坚忍不拔之志。(苏轼)
观众器者为良匠,观众病者为良医。(叶适)
光阴似箭,日月如梭。(《增广贤文》)
滚滚长江东逝水,浪花淘尽英雄。(《临江仙》)
海阔凭鱼跃,天高任鸟飞。(《古今诗话》)
海内存知己,天涯若比邻。(王勃)
海上生明月,天涯共此时。(张九龄)
忽如一夜春风来,千树万树梨花开。(岑参)
会当凌绝顶,一览众山小。(杜甫)

祸兮,福之所倚;福兮,祸之所伏。(《老子》)

己所不欲,勿施于人。(《论语》)

兼听则明,偏信则暗。(《资治通鉴》)

见兔而顾犬,未为晚也;亡羊而补牢,未为迟也。(《战国策》)

见义不为,非勇也。(《论语》)

江山代有才人出,各领风骚数百年。(赵翼)

金玉其外,败絮其中。(刘基)

近水楼台先得月,向阳花木易为春。(苏麟)

近朱者赤,近墨者黑。(傅玄)

镜破不改光,兰死不改香。(孟郊)

九州生气恃风雷,万马齐喑究可哀。我劝天公重抖擞,不拘一格降人才。(龚自珍)

鞠躬尽瘁,死而后已。(诸葛亮《后出师表》)

捐躯赴国难,视死忽如归。(曹植)

君子成人之美,不成人之恶。(《论语》)

君子坦荡荡,小人长戚戚。(孔子)

君子忧道不忧贫。(《论语·卫灵公》)

君子之交淡若水,小人之交甘若醴。(《庄子·山木》)

老当益壮,宁移白首之心?穷且益坚,不坠青云之志。(王勃)

老骥伏枥,志在千里。烈士暮年,壮心不已。(曹操)

梨花院落溶溶月,柳絮池塘淡淡风。(晏殊)

流水不腐,户枢不蠹。(《吕氏春秋·尽数》)

路漫漫其修远兮,吾将上下而求索。(屈原)

路遥知马力,日久见人心。(《争报恩》)

落红不是无情物,化作春泥更护花。(龚自珍)

落霞与孤鹜齐飞,秋水共长天一色。(王勃)

满招损,谦受益。(《尚书》)

梅须逊雪三分白,雪却输梅一段香。(卢梅坡)

靡不有初,鲜克有终。(《诗经·大雅·荡》)

敏而好学,不耻下问。(孔子)

莫愁前路无知己,天下谁人不识君。(高适)

莫道桑榆晚,为霞尚满天。(刘禹锡)

莫等闲,白了少年头,空悲切!(岳飞)

木秀于林,风必摧之。(《运命论》)

浓绿万枝红一点,动人春色不须多。(王安石)

皮之不存,毛将焉附?(《左传·新序·杂事》)

蚍蜉撼大树，可笑不自量。（韩愈）
其曲弥高，其和弥寡。（宋玉）
其身正，不令而行；其身不正，虽令不从。（《论语·子路》）
奇文共欣赏，疑义相与析。（陶渊明）
千古兴亡多少事？悠悠。不尽长江滚滚来。（辛弃疾）
千里之行，始于足下。（老子）
前不见古人，后不见来者。念天地之悠悠，独怆然而涕下。（陈子昂）
前事不忘，后事之师。（《战国策·赵策一》）
锲而不舍，金石可镂。（《劝学》）
青山遮不住，毕竟东流去。（辛弃疾）
清水出芙蓉，天然去雕饰。（李白）
穷则变，变则通，通则久。（《周易·系辞下》）
穷则独善其身，达则兼济天下。（《孟子·尽心上》）
人固有一死，或重于泰山，或轻于鸿毛，用之所趋异也。（司马迁）
人生自古谁无死，留取丹心照汗青。（文天祥）
人谁无过，过而能改，善莫大焉。（《左传》）
仁者见之谓之仁，智者见之谓之智。（《周易·系辞上》）
塞翁失马，焉知非福？（《淮南子》）
三军可夺帅也，匹夫不可夺志也。（孔子）
山不厌高，水不厌深。（曹操）
山不在高，有仙则名；水不在深，有龙则灵。（刘禹锡）
山高月小，水落石出。（苏轼）
山河破碎风飘絮，身世浮沉雨打萍。（文天祥）
山重水复疑无路，柳暗花明又一村。（陆游）
少年辛苦终身事，莫向光阴惰寸功。（杜荀鹤）
身既死兮神以灵，子魂魄兮为鬼雄。（屈原）
身无彩凤双飞翼，心有灵犀一点通。（李商隐）
生当作人杰，死亦为鬼雄。（李清照）
绳锯木断，水滴石穿。（罗大经）
圣人千虑，必有一失；愚人千虑，必有一得。（《晏子春秋》）
盛年不重来，一日难再晨，及时当勉励，岁月不待人。（陶渊明）
失之东隅，收之桑榆。（《后汉书·冯异传》）
十年树木，百年树人。（《管子·权修》）
时危见臣节，世乱识忠良。（鲍照）
士为知己者死。（《史记》）
世事洞明皆学问，人情练达即文章。（《红楼梦》）

试玉要烧三日满,辨材须待七年期。(白居易)
书到用时方恨少,事非经过不知难。(陆游)
疏影横斜水清浅,暗香浮动月黄昏。(林逋)
谁言寸草心,报得三春晖。(孟郊)
水至清则无鱼,人至察则无徒。(《汉书·东方朔传》)
岁寒,然后知松柏之后凋也。(孔子)
它山之石,可以攻玉。(《诗经·小雅·鹤鸣》)
踏破铁鞋无觅处,得来全不费工夫。(《夏元鼎》)
桃李不言,下自成蹊。(《史记·李将军列传》)
天时不如地利,地利不如人和。(《孟子·公孙丑下》)
天下事有难易乎,为之,则难者亦易矣;不为,则易者亦难矣。(彭端淑)
天下兴亡,匹夫有责。(顾炎武)
天行有常,不为尧存,不为桀亡。(《荀子·天论》)
天意怜幽草,人间重晚晴。(李商隐)
往者不可谏,来者犹可追。(《论语·微子》)
为人性僻耽佳句,语不惊人死不休。(杜甫)
位卑未敢忘忧国。(陆游)
文武之道,一张一弛。(《礼记·杂记下》)
文章合为时而著,歌诗合为事而作。(白居易)
闻道有先后,术业有专攻。(韩愈)
问君能有几多愁,恰似一江春水向东流。(李煜)
问渠那得清如许?为有源头活水来。(朱熹)
我自横刀向天笑,去留肝胆两昆仑。(谭嗣同)
无边落木萧萧下,不尽长江滚滚来。(杜甫)
无可奈何花落去,似曾相识燕归来。(晏殊)
无意苦争春,一任群芳妒。(陆游)
吾生也有涯,而知也无涯。(《庄子》)
勿以恶小而为之,勿以善小而不为。(刘备)
物以类聚,人以群分。(《战国策·齐策三》)
夕阳无限好,只是近黄昏。(李商隐)
先天下之忧而忧,后天下之乐而乐。(范仲淹)
小荷才露尖尖角,早有蜻蜓立上头。(杨万里)
心事浩茫连广宇,于无声处听惊雷。(鲁迅)
新沐者必弹冠,新浴者必振衣。(屈原)
信言不美,美言不信。善者不辩,辩者不善。(《老子》)
星星之火,可以燎原。(毛泽东)

学而不思则罔,思而不学则殆。(孔子)
学而不厌,诲人不倦。(孔子)
学然后知不足。(《礼记·学记》)
学无止境。(《荀子》)
血沃中原肥劲草,寒凝大地发春华。(鲁迅)
言者无罪,闻者足戒。(《诗经·周南·关雎·序》)
业精于勤,荒于嬉;行成于思,毁于随。(韩愈)
一年之计,莫如树谷;十年之计,莫如树木;百年之计,莫如树人。(《管子·权修》)
一日暴之,十日寒之,未有能生者也。(《孟子·告子上》)
衣莫若新,人莫若故。(《晏子春秋·内篇杂上》)
以铜为镜,可以正衣冠;以古为镜,可以知兴替;以人为镜,可以明得失。(《旧唐书·魏徵传》)
忧劳可以兴国,逸豫可以亡身。(欧阳修)
有情芍药含春泪,无力蔷薇卧晓枝。(秦观)
有志者,事竟成。(《后汉书·耿弇传》)
玉不琢,不成器;人不学,不知义。(《礼记·学记》)
欲加之罪,何患无辞。(《左传·僖公十年》)
欲穷千里目,更上一层楼。(王之涣)
欲速则不达,见小利,则大事不成。(《论语·子路》)
曾经沧海难为水,除却巫山不是云。(元稹)
张而不弛,文武弗能也;弛而不张,文武弗为也;一张一弛,文武之道也。(《礼记》)
知不足,然后能自反也;知困,然后能自强也。(《礼记》)
知己知彼,百战不殆。(《孙子兵法·谋攻篇》)
知无不言,言无不尽。(苏洵)
纸上得来终觉浅,绝知此事要躬行。(陆游)
至长反短,至短反长。(《吕氏春秋》)
智者千虑,必有一失;愚者千虑,必有一得。(《史记》)